니체와 함께 아모르파티

지은이 **류재숙**

지식공동체 [수유너머 파랑] 연구원. 니체 철학 연구자. 공동체는 무엇보다 공동의 신체라는 생각으로, 지식
공동체 [수유너머]와 먹고 놀고 공부한다. 함께하는 기쁨을 기억하는 신체로서 코뮌의 파토스를 욕망한다.
어느 정오, 니체를 읽기 시작한 이후로 니체 읽기를 멈추지 않았다. 니체 철학이 신체를 아름답게 하고, 세
계를 건강하게 만드는 기술이라고 믿는다. 세계와 사물을 해석하는 것을 넘어, 우리 안의 춤추는 욕망을 노
래하는 책을 쓰고 싶다. 『복지논쟁』(2012), 『행복한 노동』(2014), 『협동조합 이야기』(2015), 『행복한 생명』
(2019) 등의 책을 썼다.

니체와 함께
아모르파티

류재숙 지음

니체철학으로 배우는
여섯 가지 삶의 기술

그린비

니체와 함께 아모르파티 —니체철학으로 배우는 여섯 가지 삶의 기술

초판1쇄 펴냄 2024년 7월 23일

지은이 류재숙
펴낸이 유재건
펴낸곳 (주)그린비출판사
주소 서울시 마포구 와우산로 180, 4층
대표전화 02-702-2717 | **팩스** 02-703-0272
홈페이지 www.greenbee.co.kr
원고투고 및 문의 editor@greenbee.co.kr

편집 이진희, 구세주, 정미리, 민승환
물류유통 류경희 | **경영관리** 이선희

ISBN 978-89-7682-865-1 (03160)

독자의 학문사변행學問思辨行을 돕는 든든한 가이드 _(주)그린비출판사

책머리에

지금 시대를 정의하는 일반적 정서는 '니힐리즘'이 아닐까? 너나없이 삶에 대한 허무와 일상의 불안·우울·무기력을 호소하고 있으니 말이다. 놀랍게도 니체는 19세기에 이미 21세기 니힐리즘의 도래를 경고한다. "다가오는 두 세기는 니힐리즘이 도래할 것이다. 앞으로의 두 세기는 니힐리즘이 아닌 다른 방식으로 올 수 없으며, 니힐리즘의 도래를 지금 백 가지의 징후로 말하고 있다." '삶의 기술로서의 철학'을 기획했던 니체에게 니힐리즘은 반드시 극복되어야 할 대상이었다. 니체는 스스로 '유럽 최초의 완벽한 니힐리스트'로서 니힐리즘을 온전히 살아냈으며, 이제 니힐리즘을 극복하고 거기서 벗어났다고 고백한다. 그런 의미에서 니체야말로 우리 시대의 니힐리즘에 대한 훌륭한 참조 자료가 아닐 수 없다. 이것이 이 책을 쓰려고 했던 집필 이유이다.

　니체 철학을 삶을 위한 기술로 정립하려고 할 때 니체가 사용한 무기는 힘에의 의지와 그를 통한 가치전환이다. 시대를 지배하는 절대가치는 세계를 진리와 오류 같은 이분법으로 나누지만, 삶의 광학에서는 결코 그렇게 구분되지 않는다. 삶은 그렇게 간단치 않다. 절대가치는 모든 가치를 대립적인 것으로 파악하는 반면, 힘에의 의지는 능동·반동, 긍정·부정을 무기로 가치전환을 시도한다. 이를테면 힘에의 의지는 인간을 지배하는 신을 인간에게 유용한 신으로 전환한다. 또한 내 안의 약자·강자·위버멘쉬를 활용하여 새로운 신체를 구성한다. 이어 니힐리즘의 극단적 형식이 영원회귀라고 정의함으로써 니힐리즘을 긍정한다. 그리고 필연적 세계에 대한 태도에 의해 운명론을 운명애로 전환시킨다. 이것이 이분법적 대립을 해체하는 힘에의 의지와 가치전환이고, 이 책의 기본적인 집필 방법론이다.

한편 나는 차라투스트라의 기획에 따라 세 가지 파토스를 구별하는 것에 집중했다. "나 이제 너희에게 정신의 세 가지 변화에 대해 이야기하련다. 정신이 어떻게 낙타가 되고, 낙타가 사자가 되며, 사자가 마침내 어린아이가 되는가를." 이를테면 낙타의 정신은 남성·비장애인·이성애자 중심주의 등 지배적 가치에 복종하는 '시대의 중력장'에 속해 있다. 반면 사자의 정신은 여성 차별 반대, 장애인 불복종, 성소수자 혐오 반대 등 시대적 가치와 대결하는 '거리의 파토스'로 정의된다. 그런데 힘에의 의지는 거리의 파토스를 넘어 비극의 파토스로 나아가려고 한다. 지금 시대에 반대하는 것만으로는, 새로운 가치를 생성할 수 없기 때문이다. 그래서 어린아이의 정신은 여성·장애인·성소수자 등 소수적 가치를 보다 높은 위계로 긍정하는 '비극의 파토스'로 이 시대를 넘어가려고 한다. 이것이 내가 이 책에서 일관되게 견지했던 집필의 태도이다.

니체가 작품 속에서 '우리 새로운 자들', '우리 실험자들' 그리고 가끔 '우리끼리 말하자면'이라고 할 때, 나는 은밀한 기쁨을 느낀다. 다른 사람들은 알 수 없는 그 말을 할 때의 니체의 어펙트를 나는 안다고, 그 '우리' 속에 내가 있다고 믿기 때문이다. 니체는 『차라투스트라는 이렇게 말했다』 1/2/3부가 거의 팔리지 않은 가운데 4부를 자비로 출간해야 했던 고독 속에서, "언젠가 차라투스트라의 해석을 위한 강좌가 개설될 날"을 예견했다. 니체에 대해 강의를 하거나 책을 쓸 때, 니체가 말한 그 언젠가를 '지금 여기'서 실행하고 있다는 생각에서 혼자 즐거웠다. 이것이 이 책 『니체와 함께 아모르파티』를 쓰는 동안 내 신체를 들뜨게 했던 집필 정서이다.

어느 정오, 니체를 읽기 시작한 이후로 나는 니체 읽기를 멈추지 않았다. 이 책은 10년을 전후한 그 시간의 결과물이다. 나와 함께 니체를 읽어 준 고병권, 이진경 선생님, 그리고 질 들뢰즈에게도 감사드린다. 그들은 내게 니체를 가르쳐 준 스승이자 내가 넘어야 할 무엇이었다. 책을 쓰라고 처음 제안한 삼월, 지칠 때마다 활력이 되어 준 라라, 책 제목을 정해 준 이수정 감독, 니체를 노래하는 손현숙 가수, 니체의 좋은 친구 박소원 시인, 그리고 나의 오랜 동지 황산에게도 고마움을 전한다.

원고에 대한 그린비출판사의 따뜻한 회의와 조언도 아름다운 콜라보(Collaboration)로 기억될 것이다. 무엇보다 [수유너머]가 없었다면, 정말이지 이 책은 없었을 것이다. [수유너머] 동료들이 책을 낼 때마다 "수유너머가 없었다면"이라는 말을 서문에 관용사처럼 달았는데, 나는 그러려니 했다. 이 책의 서문을 쓰려고 하는 이제, 그 말을 알겠다.

[수유너머] 세미나에서 니체 작품의 대부분을 읽었고, 차라투스트라에 관한 열네 번의 강의를 했다. 그 모든 세미나와 강의에서 함께했던 니체 회원들이야말로 내 공부의 진정한 페이스메이커(pacemaker)였다. 그들이 없었다면 이만한 강도로 니체를 만나지 못했을 것이다. 시즌마다 매번 다른 회원들을 만났고, 나는 니체라는 바다 위에서 새로운 파도를 타는 기분이었다. 때로 힘들게 시즌을 넘기도 했지만, 대체로 즐겁게 유희하며 니체를 읽었다. 그때마다 니체라는 근본 텍스트에 다른 주석을 다는 방식으로 니체를 읽을 수 있었다. 그들은 니체라는 바다에서 영원회귀의 방식으로 만난 파도들이었다. 모든 파도들에게 감사를! 이 모든 감사와 유희와 기쁨은 코뮌의 파토스에서 기원한 것이며, '수유너머'는 그것의 이름이다.

2024년 7월
류재숙

차례

우리는 왜
니체를 사랑하는가

니체,
잘 알지도 못하면서 매혹적인

춤추는 별 하나를 탄생시키기 위해, 사람은 자신 속에 혼
돈(*카오스)을 지니고 있어야 한다.

— 『차라투스트라는 이렇게 말했다』, 차라투스트라의 머리말, 5

그를 잘 알지도 못하면서 때로 그에게 매혹되기도 합니다. 니
체가 그렇지요. 니체에 대한 매혹은 대체로 심장에 바로 꽂히
는 그의 문장(아포리즘) 때문인데요. 『차라투스트라는 이렇게
말했다』에서 인용된 이 아포리즘은 다양한 맥락이 있겠지만

나의 해석은 이렇습니다. '춤추는 별'로 비유되는 이전의 질서로부터 자유로운 어떤 것(가령 다른 삶의 방식, 새로운 예술 스타일)을 준비하려면, 자기 내부로부터 이전 것을 해체시키는 '카오스'(혼돈)를 가지고 있어야 합니다. 낡은 질서를 해체시키는 자기 안의 카오스 없이 어떤 새로운 자유도 생성될 수 없습니다. 우리가 이 문장을 좋아하는 것은, 그것을 해석하기도 전에 일어나는 감응(Affect) 때문이지요. 니체의 말들은 이성에 호소하기보다 직관적이며, 철학적 진리보다 삶의 지혜로 읽힙니다.

> 삶 — 이것이 우리의 모든 것이고, 우리가 빛과 불꽃으로 변화시키는 모든 것이며, 또한 우리와 만나는 모든 것이다. 그밖에 다른 **도리**가 없다.
>
> — 『즐거운 학문』, 제2판 서문, 3

니체만큼 많이 소비되고, 많이 사랑받는 철학자가 있을까요? 물론 그만큼의 오해까지 포함해서요. 철학이 탄생한 이래 수많은 철학자들이 나타나고 그만큼의 철학자들이 잊혀지는 가운데, 계속해서 니체가 소환되는 이유는 무엇일까요? 이제까지 철학적 가치가 삶을 평가했다면, 니체는 삶이 철학을 평가하게 합니다. 이때 삶이 모든 가치의 척도이며, 모든 가치는 삶의 광학 아래 평가됩니다. 어떤 종교·도덕·철학도 삶이 아니라면 그 자체로는 가치를 갖지 못합니다. 이처럼 삶의 철학으로서 니체가 가진 힘이 100년의 시간을 가로질러 그를 살아 있게 하는 게 아닐까요?

철학에 관한 오랜 질문이 하나 있습니다. "철학이 삶을 구원할 것인가?" 하지만 이 질문은 다르게 던져져야 합니다. "어떤 철학이 삶을 변화시킬 것인가?" 우리의 삶과 관련해서, '철학 일반'이 아니라 '어떤 철학'인가를 물어야 합니다. 그리고 삶은 신이든 철학이든 외부에 의해 구원되는 것이 아니라, 우리 자신에 의해서만 달라질 것입니다. 따라서 철학이 삶을 변화시킨다면, 그것을 받아들이는 자에게 새로운 감응을 주는 데 성공할 때뿐입니다. 인간을 움직이는 것은 지식이 아니라 감응이기 때문입니다. 그런 의미에서 니체 철학이야말로 건강한 감응의 생산기계입니다.

> 인식한다는 것은 항상 "자기 자신을 어떤 것과 관계에 두는 것"이다. … 그러므로 인식한다는 것은 "무엇인가와 관계를 맺는 과정"이다.
>
> —『권력에의 의지』, 555

213. 인식한다는 것은 갈망한다는 것이다. 인식은 생식이다. 신체적인 것과 세계에 대한 사랑은 하나의 의지로서의 인식의 결과이다. 창조로서의 모든 인식은 비-인식이

다. … 창조라는 형식 외에 다른 인식의 형식은 결코 없다.

— 『유고(1882년 7월~1883/1884년 겨울)』, 5[1]

우리가 진실로 무엇을 안다는 것은 무슨 의미일까요? 그 것이 '나 자신'과 무슨 상관이며, '나의 삶'을 어떻게 변화시킬 것인가를 이해하는 것입니다. 근대 철학이 '삶에서 분리된 지식'으로 변질된 것에 반해, 니체에게 철학이란 언제나 '자기 삶과 긴장 관계'를 형성하는 것이었습니다. 니체와 우리 삶의 긴장 관계를 형성한다는 것은, 니체를 자기 삶의 체험으로 읽어내는 것입니다. 이것이 진정한 의미에서 니체를 사랑하는 방식이며, 이러한 사랑은 삶을 새롭게 창조하게 될 것입니다. 이때 인식이란 또 다른 의미에서 사랑이며 창조일 것입니다. 그렇다면 니체를 자기 삶으로 해석한다는 것은 어떤 것일까요?

예를 들어 「봄날은 간다」라는 노래는 1953년 백설희가 처음 부른 이후, 우리 가요 중에 가장 많이 리메이크되었다고 해요. 조용필, 나훈아를 비롯하여 이미자, 최백호, 장사익, 한영애 등 많은 가수들이 불렀어요. 하지만 이들이 부른 '봄날'은 다 같은 '봄날'이 아니지요. 조용필의 '봄날'과 한영애의 '봄날'이 같을 수 없습니다. 우선 조용필과 한영애의 소리와 창법이 다르고, 또 그들의 삶에 따라 노래에 대한 해석이 다르기 때문입니다. 이처럼 많은 가수들이 다양한 방식으로 불러 왔기 때문에 '봄날'이 여전히 살아 있는 것일 테지요.

마찬가지로 니체 철학도 어떤 삶을 경유하는가에 따라 다르게 해석되어야 합니다. 각자의 삶이 다른 것처럼, 우리는 각각 다른 방식으로 니체를 읽을 수밖에 없을 겁니다. 즉 같은 텍스트를 가지고 다르게 읽어내는 것, 이것이 삶의 철학으로 니체를 읽는 방식입니다. 니체 철학의 의미는 니체의 말(의도)이 아니라, 내 삶과의 관계 속에 있습니다. 이것이 니체를 경전처럼 해석하는 '딱딱한 방식의 니체 읽기'가 아니라, 자기 삶으로 해석하는 '생성적 방식의 니체 읽기'지요. 따라서 하나의 니체가 아니라, 천 개의 니체가 창조될 것입니다. 이런 방식의 니체 읽기야말로, 내 삶을 변화시키고 니체 철학을 새롭게 만들 것입니다. 이것이 또한 수많은 철학이 사라지는 가운데, 니체가 사랑받는 이유일 것입니다.

철학이란,
다른 방식으로 웃는 법을 배우는 것

철학은 개인이 건강해지는 법에 대한 본능이 아닐까?

— 『아침놀』, 553

육체적으로 피로하면 사물들이 흐릿한 색깔로 보이고, …
독감을 앓고 있으면 사물들이 괴물로 보인다!

— 『아침놀』, 539

나는 그 웃음의 등급에 따라 —**황금**의 웃음을 웃을 수 있는 사람들에 이르기까지 — 심지어 철학자들의 순위가 있음을 인정하고 싶다. 만일 신들도 철학을 한다면, … 위버멘쉬적이고 새로운 방식으로 웃을 수 있다.

— 『선악의 저편』, 294

철학을 이렇게 정의하는 사람이 또 있을까요? 니체에게 철학이란, 이성적 사유라기보다 건강에 대한 본능이며 건강한 삶을 정신적으로 번역한 것입니다. 그래서 피로하면 세상이 흐리게 보이고, 독감이라도 앓으면 모든 것이 괴물로 보인다고 하지요. 우리의 건강 상태에 따라 세상이 달리 보인다면, 먼저 해야 할 것은 건강한 신체를 만드는 것이겠지요. 그리고 웃음의 등급에 따라 철학자들의 순위가 매겨진다고 합니다. 그의 웃음이나 걸음걸이 같은 것이 결국 그 철학의 신체적 표현이기 때문이지요. 철학이 지금과는 다른 방식으로 웃는 법을 배우는 것이라고 할 때, 니체 철학의 독창성이 황금처럼 빛납니다.

78. 너는 안이하게 살기를 바라는가? 그러면 언제나 무리 곁에 머물고, 무리 속에 묻힌 채 너를 잊으라.

— 『유고(1882년 7월~1883/1984년 겨울)』, 5[1]

인생을 쉽고 편하게 살고 싶으면, 아무 생각 없이 다른 사람들과 같은 방식으로 살면 되지요. 하지만 이것은 자신을 잃어버리는 대가입니다. 니체는 우리가 보다 위험해져야 하고, 좀 더 가벼워져야 한다고 합니다. 위험은 주어진 삶의 방식을 거부하고 다른 삶을 꿈꾸기 시작하면서 생겨납니다. 가족-학교-사회 등 나를 둘러싸고 있는 모든 관계들이 나를 반대합니다. 다른 방식의 삶을 살기 위해서는 먼저 나의 세계와 맞설 수밖에 없겠지요. 그래서 니체를 읽는 것은 위험의 시작입니다. 한편 다른 방식의 삶이란 시대적 가치에 맞서 자기 가치를 창조하는 과정입니다. 이 과정이야말로 무수한 시도와 실패, 때로 심연으로 떨어지는 위기와 함께하는 것이지요. 니체적인 삶을 시도하는 것은 결정적인 위험입니다.

우리 사회는 우리가 '삶'을 이해하기도 전에, 살아남기 위한 '생존'을 가르칩니다. 초/중/고 12년을 입시생으로, 좋은 대학을 목표로 입시 경쟁에 시달립니다. 그리고 대학 4년을 취업 준비생으로, 좋은 직장을 목표로 취업 경쟁에 목숨을 걸지요. 취업 후에도, 회사에서 살아남기 위한 버티기 경쟁이 기다리고 있습니다. 이렇게 생존경쟁에 휘둘린다면, 언제 내 삶을 살 수 있을까요? 우리 인생의 8할은 '어떻게 먹고살 것인가' 하는 생계의 기술을 배우는 것입니다. 먹고사는 데 지친 어느 순간, 문득 깨닫지요. 이렇게 살아도 좋은 걸까? 어떻게 살 것인가? 하지만 어디서도 '어떻게 살 것인가'에 대한 삶의 기술을 가르쳐 주지 않습니다. 니체 철학은 삶에 정직한 물음을 가진 이를 위해, 건강한 삶의 기술을 제안합니다.

> 나는 다양한 길과 방법으로 나의 진리에 이르렀다. … 물어물어 길을 가는 것, 언제나 내 취향에 거슬렸으니! 그래서 나 차라리 직접 그 길에게 물어 가며 길을 가려 시도해 보았던 것이다. 시도와 물음, 그것이 나의 모든 행로였다. … "이제는 이것이 **나의** 길이다. 너희의 길은 어디 있지?" 나는 내게 '길'을 묻는 자들에게 이렇게 대꾸해 왔다. **그런 길**(*모두가 가야 할 단 하나의 길)은 존재하지도 않으니!
>
> ─『차라투스트라는 이렇게 말했다』, 중력의 악령에 대하여, 2

어느 날 길을 잃었다고 생각할 때, 니체가 길이 될 수 있지 않을까 생각합니다. 하지만 니체는 단호하게 말합니다. "이것은 나의 길이다. 너는 너의 길을 찾으라!" 실제로 니체는 죽고 나서 자신이 성자로 추앙받을까 봐 매우 불안해했어요. 니체가 남긴 모든 작품들은 결국 니체의 진리, 니체의 길인 것입니다. 우리는 그의 철학을 통해 그가 어떻게 삶의 진리를 찾았으며, 어떻게 삶의 행로를 걸어왔는지 보는 것입니다. 그의 진리와 길을 나의 진리와 길을 찾는 데 참조하는 방식으로 말이지요. 어쩌면 그는 나의 길을 함께 달려 주는 페이스메이커일 것입니다. 아무리 훌륭한 페이스메이커도 나의 길을 대신 달려 줄 수는 없지요.

차라투스트라를 믿고 있다고 말하려는가? 차라투스트라가 무엇이기에! … 아직 너희는 너희 자신을 찾아나서지 못했다. 그 상태에서 나를 찾아낸 것이다. … 너희에게 명하노니, 이제 나를 버리고 너희 자신을 찾도록 하라. 너희가 모두 나를 부인하고 나서야 나 다시 너희에게 돌아오리라.

— 『차라투스트라는 이렇게 말했다』, 베푸는 덕에 대하여, 3

니체에게 '나의 진리와 나의 길'은 자기 자신이 되는 것입니다. "인간은 어떻게 자기 자신이 되는가?" 니체는 이 물음을 평생 가슴에 품고 살았습니다. 차라투스트라는 자신을 추종하는 제자들에게 말합니다. 너희를 찾기 위해서는 나를 버리라고! 모두가 나를 부인할 때, 나는 다시 돌아올 것이라고. 즉 더는 나를 추종하지 않을 때, 너희의 친구로 돌아올 거라고 말이지요. 이것이 니체를 스승이 아니라 친구로 만드는 방식입니다. 이렇게 니체를 친구 삼을 때, 니체는 우리 곁에서 나 자신이 되는 방법, 삶을 사랑하는 기술을 들려줄 것입니다. 니체와 함께 아모르파티, 이제 우리 같이 니체를 읽어 볼까요.

1

신의 죽음과 인간적 우상

니체는 어떻게 신의 살해자가 되었나

니체는 '신은 죽었다'라는 말로 대표되는 철학자입니다. "신은 죽었다." 철학사를 통틀어 이토록 강렬한 명제가 또 있을까요? 니체는 이 말로 자신의 철학을 시작합니다. 니체 철학은 신의 죽음이라는 문제의식에서 출발하여, 위버멘쉬, 힘에의 의지, 영원회귀를 거쳐, 결국 아모르파티에 이르는 여정으로 요약되지요. 이 책도 니체의 철학적 여정을 따라, 차례대로 이 개념들을 살펴보려고 합니다. 그래서 신의 죽음이라는 처음의 문제의식은 니체 철학 전체를 이해하는 결정적인 키워드가 될 것입니다.

신의 죽음에
니체의 서명이 새겨지다

니체 "신은 죽었다."

신 "니체, 너는 죽었다."

청소 아줌마 "너네 둘 다 죽었어."

지금은 거의 사라졌지만, 화장실에 낙서를 하던 풍습이 있었어요. 위 내용은 '화장실 명언' 1위로 꼽히던 낙서입니다. 이 속에도 철학이 숨어 있어요. 우리가 아는 것처럼 니체가 "신은 죽었다"라고 말합니다. 하지만 이후에도 사람들이 여전히 신을 신앙하자, 신은 "니체, 너는 죽었다"라고 합니다. '너는 나의 죽음을 선언했지만, 결국 죽은 것은 너다'라는 냉소를 담아 자신의 승리를 선언합니다. 하지만 최종적인 승리자는 청소하시는 아주머니였지요. 그녀에게 니체와 신의 논쟁은 화장실을 어지럽히는 낙서일 뿐이지요. 그래서 화장실 낙서를 박박 지우며 "너네 둘 다 죽었어"라고 합니다. '신이든 철학자든 화장실에 낙서한 놈들은 가만두지 않겠다'라는 의지로 말이지요. 신이나 철학이나 모든 것은 삶의 가치 아래 있다는 것을, 이 낙서는 유머로 말하는 게 아닐까요? 결국 삶이 제일 힘이 세다는 거지요.

니체가 이 광경을 보았다면, 그는 분명 박수 치며 웃음을 터트렸을 거예요. 낙서의 기발함과 청소 아줌마로 상징되는 삶의 승리에 즐거워하면서 말이지요. 철학자라면 보통 근엄한 표정으로 진리를 말하는 이미지가 떠오르지요. 반면 니체는 언젠가 한 번은 들어본 문장, 과장된 콧수염, 때로 이런 낙서처럼 일상에 친숙한 모습으로 우리 옆에 있어 왔어요. '씹고 뜯고 맛보고 즐기는' 방식으로 니체는 우리에게 놀이와 유희의 대상이었지요. 니체에 동의하든 반대하든 상관없어요.

이러한 니체의 친숙함이야말로, 니체가 철학사에 박제되지 않고 시간과 함께 새로워지는 이유일 것입니다. 니체 철학이 우리의 삶을 변화시키지만, 반면 우리의 관심과 사랑은 니체를 살아 있게 하는 효과로 작동하지요. 니체의 개념을 이해하는 것이 결코 간단치는 않아요. 하지만, '삶의 철학'이라는 그의 철학 기획을 전제한다면, 그래서 그것을 삶으로 해석한다면 니체 철학이 어려울 이유도 없습니다.

신은 악을 막을 의지는 있지만, 능력이 없는 것인가?
그렇다면 신은 무능한 것이다.
악을 막을 능력이 있는데, 의지가 없는 것인가?
그렇다면 신은 악한 것이다.
악을 막을 능력도 있고, 의지도 있는 것인가?
그렇다면 이 세상의 악은 어디서 기인하는가?
악을 막을 능력도 없고, 의지도 없다면……!

왜 그를 신이라 불러야 하는가?

— 나무위키, 「에피쿠로스의 역설」

니체 이전에도 많은 철학자들이 신의 존재를 부정했습니다. 고대 그리스의 철학자 에피쿠로스는 세계에 존재하는 수많은 악(惡)을 통해 기발한 방식으로 신의 부재를 증명했는데, 이를 '에피쿠로스의 역설'이라고 해요. 또 스피노자는 『에티카』에서 신을 자연 혹은 우주로 정의함으로써, 인격신으로서 기독교 유일신을 부정했습니다. 포이어바흐는 『종교의 본질에 대하여』에서 인간의 상상력이 신을 불러들인다고 해요. 즉 신이 인간을 창조한 것이 아니라, 인간이 신을 만들었다는 거지요.

니체 이전에도 무신론을 주장했던 철학자들은 많았는데, '신은 죽었다'라는 말에 니체의 서명이 새겨지게 된 이유는 무엇일까요? 니체는 어떻게 해서 신의 살해자가 되었을까요? 그것은 그가 통상적 의미와는 완전히 다르게 신의 죽음을 해석했기 때문입니다. 니체는 신의 죽음을 어떻게 해석했을까요?

신의 살해 현장에 대한
니체의 스케치

그대들은 밝은 대낮에 등불을 켜고 시장을 달려가며 …
끊임없이 외치는 광인에 대해 들어본 일이 있는가? 그곳에는 신을 믿지 않는 사람들이 모여 있었기 때문에, 그는 큰 웃음거리가 되었다.

"신은 어디로 갔는가? 우리가 그를 죽였다. 바로 너희와 내가. 우리 모두는 신의 살해자다.

하지만 어떻게 우리가 이런 일을 저질렀을까? 어떻게 우리가 대양을 마셔 버릴 수 있었을까? 누가 우리에게 모든 지평선을 지워 버릴 스펀지를 주었는가? 태양으로부터 이 지구를 풀어놓았을 때, 우리는 무슨 짓을 한 것일까?

이제 지구는 어디를 향해 가고 있는 것일까? 우리는 어디를 향해 가고 있는 것일까? 모든 태양으로부터 떨어져나온 지금? 우리는 끊임없이 추락하고 있는 것이 아닐까? … 무한한 허무를 통과하고 있는 것처럼 헤매고 있는 것이 아닐까? 허공이 우리에게 한숨을 내쉬고 있는 것이 아닐까? …

살해자 중의 살해자인 우리는 이제 어디에서 위로를 얻을 것인가? 세상에서 가장 성스럽고 강력한 존재가 우리의 칼 아래서 피 흘리며 죽었다. 우리가 감당하기에는, 이 행위의 위대성이 너무 컸던 것이 아닐까? … 그런 행위를 할 자격이 있으려면, 우리 스스로가 신이 되어야 하는 것이 아닐까? 이보다 더 위대한 행위는 없었다. 우리 이후에 태어난 자는 이 행위 때문에 지금까지의 어떤 역사보다도 더 높은 역사에 속하게 될 것이다."

여기에서 광인은 입을 다물고 청중들을 다시 바라보았다. 청중들도 입을 다물고 의아한 눈초리로 그를 쳐다보았다. 마침내 그는 등불을 땅바닥에 내던졌다.

"나는 너무 일찍 왔다. 이 엄청난 사건은 아직도 진행 중이며 방황 중이다. 이 사건은 아직 인간의 귀에까지 도착하지 못했다. … 사람들에게 이 행위는 아직까지 가장 멀리 있는 별보다도 더 멀리 떨어져 있다."

— 『즐거운 학문』, 125

니체는 1882년 『즐거운 학문』에서 처음으로 신의 죽음을 언급합니다. 이 글은 신의 죽음에 관한 니체의 진술을 요약한 것입니다. 이 문장은 니체의 작품 전체를 통틀어 가장 탁월하고 아름다운 것에 속합니다. 스타일리시한 표현이나 은유의 날카로움, 그리고 사유의 독특함에 이르기까지. 이게 니체지요! 그는 광인으로 등장하여, 신의 죽음을 사건화합니다. 신은 죽었고, 인간의 칼 아래 피 흘리며 쓰러진 그의 시체가 눈앞에 있습니다. 이것이 신의 살해현장에 대한 스케치입니다. 이 사건은 여러 가지로 흥미롭습니다.

에피소드의 처음, 니체의 등장부터가 아이러니예요. 밝은 대낮에 등불을 들고, 신을 믿지 않는 사람을 향해 "신은 죽었다"라고 외치고 다니는 니체! 언뜻 생각하기에 "신은 죽었다"라는 말은 마치 맹목적으로 신을 믿는 사람들을 향해, 니체가 어리석음을 지적하는 것처럼 생각되지요. 그런데 에피소드에 등장하는 사람들처럼, 니체가 살았던 19세기 사람들은 더 이상 '신의 존재'를 믿지 않았어요. 어째서 니체는 신을 믿는 사람이 아니라, 신을 믿지 않는 사람들을 향해 이렇게 말하는 걸까요? 그것도 대낮에 등불을 들고서 말이지요.

에피소드의 마지막에 사람들을 이해시키는 데 실패한 그는 등불을 바닥에 던지고 탄식합니다. 왜 그는 너무 일찍 왔다는 걸까요? 대체 모든 사람이 다 아는 신의 죽음이, 어째서 인간의 귀에 도착하지 못했다는 걸까요? 신을 죽인 사람들의 행위는 정작 자신들에게 너무 멀리 떨어져 있다니! 니체의 진술을 토대로, 이 역사적 사건에 한 발 더 들어가 봅시다.

"우리 모두 신의 살해자다"

첫째, 신의 살해자 :
   인간은 어떻게 신을 죽였나

광인 니체는 인간이 신의 살해자라고 합니다. "그곳에는 신을 믿지 않는 사람들이 모여 있었기 때문에, 그는 큰 웃음거리가 되었다. … 우리가 그를 죽였다. 우리 모두는 신의 살해자다." 인간은 어떻게 신을 죽였을까? 인간은 어째서 자신이 살해자라는 걸 이해할 수 없었을까요? 바로 여기에 해답이 있습니다. 즉 신은 인간의 신앙으로 살아가며, 신에 대한 인간의 믿음이야말로 신의 생존조건이지요. 따라서 인간이 더 이상 신을 믿지 않게 되었다는 사실 자체가 신의 죽음을 의미하는 것입니다.

니체는 같은 책 『즐거운 학문』에서 이 에피소드에 대한 해석을 덧붙입니다. "근대의 최대 사건은 신이 죽었다는 것, 그리스도교의 신에 대한 믿음이 믿지 못할 것이 되었다는 점이다." 사람들은 더 이상 '신의 존재'를 믿지 않고, 교회에 나가는 사람조차 '성경'의 기적이나 가르침을 곧이곧대로 받아들이지 않게 되었지요. '인간이 신을 죽였다'라는 말의 실체는 '인간이 신을 믿지 않게 되었다'라는 거지요. 그런데 인간의 믿음 상실이 신의 죽음을 의미한다는 걸 깨닫지 못했기에, 인간은 자신이 신의 살해자라는 것 또한 이해할 수 없었던 거지요.

그렇다면 인간은 어떻게 신을 믿지 않게 되었을까요? 그것은 바로 19세기 과학과 산업혁명 때문입니다. 19세기 과학과 산업은 중세의 절대적 권위였던 신의 존재를 한순간에 허물어 버렸어요. 먼저 다윈의 진화론은 중세의 창조론을 뒤엎는 결정적인 계기였습니다. 인간이 '신의 창조물'이 아니라 '원숭이의 진화'라는 진화론은, 창조주로서 신의 역할을 근본적으로 뒤흔들었지요.

또한 18세기 중엽 산업혁명으로 시작된 산업화의 속도는 인간을 신앙생활의 한가로움에 머무를 수 없게 했어요. 길을 걷다가도 멀리서 들려오는 교회의 종소리에 '멈춰서서 기도하는 인간'은, 이제 「모던 타임즈」의 채플린처럼 산업기계의 리듬 앞에서 '속도에 쫓기는 신체'가 되었지요. 이로써 신은 창조주의 자리에서 내려오고, 인간은 더 이상 신의 은총에 감사하지 않게 됩니다. 이것이 인간이 신을 믿지 않게 된, 그래서 인간이 신을 살해한, 결국 신이 지상을 떠나 버린 슬픈 이야기입니다.

둘째, 신의 죽음이 갖는 의미 :
신의 죽음은 인간에게 어떤 의미인가

니체가 보기에 인간에게 신은 태양이라는 거대한 하나의 세계였고, 하늘과 땅을 구분하는 지평선처럼 선악을 구분하는 기준이었으며, 지구에게 태양이 그러하듯 자기 존재의 근거였지요. 따라서 인간이 신을 살해한 것은 하나의 세계를 마셔 버린 사건이며, 선악의 기준을 지워 버린 행위이며, 자신의 존재 근거로부터 인간이 떨어져 나온 사건입니다. 그래서 자기가 무슨 짓을 하는지도 모르고서 엄청난 일을 저지른 사람처럼 니체는 말합니다. "어떻게 우리가 이런 일을 저질렀을까? 우리는 무슨 짓을 한 것일까?"

　이어 『즐거운 학문』에서 이렇게 말합니다. "이 사건 자체는 너무 거대하고 너무 멀고 많은 사람들의 파악 능력을 벗어나 있어서, 이 소식이 도착했다고 말하기도 어려울 정도이다."

신의 죽음이 갖는 의미는 인간의 파악 능력을 벗어나 있다는 것. 그래서 우리가 그것을 파악하지 못하는 한에서 그 소식은 도착했다고 말할 수 없다는 거지요. 이미 사건이 벌어졌는데도, 아직 소식은 도착하지 않았다! 이미 벌어졌으나 아직 도착하지 않은 소식, 신의 죽음이라는 사건의 의미는 무엇일까요?

일차적으로, 신의 죽음은 기독교 유일신의 죽음이자 중세적 세계관의 붕괴를 의미합니다. 중세는 신이 지배하던 시대였습니다. 인간은 신의 창조물이었고, 진리는 신의 말씀이었으며, 참된 삶이란 신의 말씀에 따라 사는 것이었지요. 앞에서 말한 것처럼, 19세기 산업과 과학의 영향으로 사람들이 더 이상 신의 존재를 믿지 않게 되자, 기독교 신앙도 사라지고 신이 지배하던 중세도 끝나게 됩니다. 여기까지는 '신의 죽음'에 대해 모두가 아는 내용이지요.

다음으로, 신의 죽음은 이제까지 세계의 법칙이며 삶의 토대였던 절대적 가치의 몰락을 의미합니다. 신의 죽음과 중세의 붕괴는 단지 하나의 종교나 한 시대의 마감에 그치지 않았어요. 신과 중세가 붕괴될 때, 어떤 것이 함께 무너져 내렸습니다. 그것은 바로 인간과 세계를 지배하는 절대적 가치였지요. "인간이란 어떤 존재인지, 무엇이 참된 진리인지, 어떻게 살아야 하는지." 결국 신이란 '인간이 의지하고 살아가는 절대적 가치'의 다른 이름입니다. 신의 죽음과 더불어 이런 절대적 가치와 그 기준들이 함께 해체되었어요.

니체가 신의 죽음을 대양의 사라짐, 지평선의 지워짐, 태양으로부터 풀려남으로 비유했을 때, 그 의미가 바로 절대적 가치의 해체입니다. 신의 죽음이 갖는 진정한 의미는 이것입니다. 니체는 『즐거운 학문』에서 인간이 이 의미를 모른다고 지적하지요. "이 사건을 통해 일어나고 있는 일에 대해, '이 신앙의 기초가 무너진 이후, 이제 모든 것이 붕괴될 수밖에 없다'라는 것을 많은 사람들은 결코 알지 못한다." 신의 죽음과 중세의 붕괴라는 신앙의 기초가 무너진 이후, 세계에 존재하는 모든 절대적 가치가 붕괴될 수밖에 없습니다. 이것이 신의 죽음에 관해 사람들이 파악하지 못한 의미이고, 그래서 이미 벌어졌으나 아직 도착하지 않은 소식입니다.

셋째, 신의 죽음이 만든 효과 :
**   신의 죽음으로 인간은 어떤 운명에 놓이게 될까**

신에 비판적이던 니체조차 신의 죽음이 그저 기쁜 일만은 아니었어요. 이제까지 신에 의존해 살던 인간은 앞으로 어떻게 될 것인가? 신의 죽음 이후 인간의 불안감을 이렇게 표현합니다. "태양으로부터 이 지구를 풀어놓았을 때, 이제 지구는 어디를 향해 가고 있는 것일까?" 이제까지 태양 주변을 돌던 지구, 이제 태양으로부터 풀려난 지구 앞에 두 가지 가능성이 있습니다. 하나는 행로를 잃어버린 불안과 공허를 해소하기 위해, 또 다른 태양을 찾아 그의 위성이 되는 것이고. 다른 하나는 태양으로부터 풀려난 것을 독립의 계기로 삼아, 태양의 행로가 아니라 자신의 행로를 개척하는 것이지요. 마찬가지로 신으로부터 풀려난 인간 앞에 두 가지 길이 있습니다.

먼저, 신으로부터 풀려난 인간의 불안은 가치 상실의 허무와 신의 부활로 이어집니다. "모든 태양으로부터 떨어져나온 지금, 우리는 끊임없이 추락하고 있는 것이 아닐까? 무한한 허무를 통과하고 있는 것처럼 헤매고 있는 것이 아닐까? 허공이 우리에게 한숨을 내쉬고 있는 것이 아닐까?" 세계와 인간을 지배하는 절대적 가치가 무너졌으므로, 이제 아무것도 의미가 없어 보이지요. 이렇게 자신이 의지하던 절대 가치가 해체되자 모든 것이 무의미해 보이는 감정이 바로 니힐리즘(허무주의)입니다. 가치 상실의 허무에서 도피하는 가장 쉬운 방법이 신을 다시 불러들이는 거지요. 무의미·무가치를 대신하는 황금신이나 절대 권력 같은 인간적 형태의 절대 가치를 세워 그것에 기대려고 합니다. 또 다른 신의 부활이지요.

한편, 신을 살해한 인간의 위대함은 가치전환의 자각과 위버멘쉬의 등장을 예고합니다. "세상에서 가장 성스럽고 강력한 존재가 우리의 칼 아래서 피 흘리며 죽었다. 그런 행위를 할 자격이 있으려면, 우리 스스로가 신이 되어야 하는 것이 아닐까? 이보다 더 위대한 행위는 없었다. 우리 이후에 태어난 자는 이 행위 때문에 더 높은 역사에 속하게 될 것이다." 신을 살해한 인간은 스스로가 신이 되어야 하는 운명 앞에 놓이게 되지요. 즉 신이라는 절대 가치에 복종하는 대신, 인간 스스로 가치 창조자가 되어야 한다는 생각의 전환이 일어납니다. 이때 신을 살해한 인간의 행위는 더 높은 역사에 속하는 위대한 행위가 됩니다. 신으로부터 독립한 인간은 이제 스스로 가치를 창조하고 스스로 자기를 극복하는 존재가 되지요. 위버멘쉬의 등장입니다. (자세한 것은 「2장 위버멘쉬, 넘어서는 자」에서 살펴볼 것입니다. 여기서는 신에게 의지하는 대신 스스로 자기 삶의 주인이 되려는 존재, 가치 창조자 신을 대신하여 스스로 가치 창조를 시도하는 존재로 이해하고 넘어가기로 해요.)

신이란 '인간이 의지하고 살아가는 절대 가치'의 다른 이름이라고 했지요. 신의 죽음이라는 '절대 가치의 해체'로부터 두 가지 다른 방향이 존재합니다. 이처럼 서로 다른 두 가지 방향을 결정하는 것은 무엇일까요? 니체는 인간의 '힘에의 의지'라고 해요. (자세한 것은 「3장 힘에의 의지와 힘의 유형학」에서 다루겠습니다.) 즉 인간의 약한 의지는 신의 죽음에서 가치 상실의 허무를 보고, 인간을 지배하는 또 다른 신을 불러들이겠지요. 반면 인간의 강한 의지는 신의 죽음을 가치전환의 계기로 삼아, 인간의 자기 극복을 의미하는 위버멘쉬를 예고하지요. 니체는 신의 죽음을 계기로 한편으로 신의 부활을 경고하고, 다른 한편으로 위버멘쉬의 등장을 제안합니다.

넷째, "신은 죽었다" 니체의 메시지 :
그는 대체 무슨 말을 하고 싶었던 걸까

이제 우리는 광인 니체의 문제의식에 가까이 왔다고 생각합니다. 에피소드 처음에 던진 의문부터 해석해 볼까요. 니체는 왜 신을 믿지 않는 사람들을 향해 '신의 죽음'을 말했을까요? 앞에서 말한 것처럼 사람들은 신의 죽음을 '기독교 신의 죽음'이라는 일차적인 의미로만 이해하고 있었어요. 니체가 보기에 신의 죽음이 가지는 진정한 의미는 인간과 세계를 지배하는 '절대 가치의 해체'인데도 말이지요. 이렇게 사람들이 신의 죽음을 절대 가치의 몰락으로 이해하지 않으면 어떻게 될까요? 사람들은 '신은 죽었다'라고 생각하면서, 계속해서 '또 다른 신'을 부활시키게 되지요. 신이 죽은 자리에 황금신이나 절대 권력을 올려놓고 그것에 복종하는 방식으로.

이제야 왜 니체가 대낮에 등불을 들고 다녔는지 알 것 같지요. 니체가 보기에, 사람들은 신의 죽음에 관해 아무것도 모르고 여전히 어둠 속에 있는 거지요. 사람들은 '신의 죽음'에 관해 무엇을 모르는 걸까요? 인간들은 신을 죽이고도 '자기 행위'를 자각하지 못했고, 그 '행위의 의미'를 몰랐으며, 신의 죽음이 불러올 '행위의 결과' 또한 예측하지 못했지요. 그래서 니체는 우리가 신을 죽였다고, 그것이 어떤 의미이며 어떤 결과로 나타날지 외치고 다닙니다. 니체가 든 '대낮의 등불'은 사람들의 무지를 드러내는 은유 같은 것이지요. 하지만 신의 죽음의 진정한 의미를 모르는 사람에게, 신의 죽음을 외치는 니체는 그저 미친 사람으로 보일 뿐입니다. 음악이 들리지 않는 사람에게, 춤추는 사람이 그저 미친 사람으로 보이는 것처럼요.

우리 해석이 여기까지 오게 되면 나머지는 자연스럽게 해결되지요. 에피소드의 마지막에, 광인 니체와 사람들은 입을 다물고 서로를 낯설게 쳐다봅니다. "나는 너무 일찍 왔다." 이들은 같은 공간에 있지만, 같은 시간대에 있지는 않았던 거지요. "이 사건은 아직 인간의 귀에까지 도착하지 못했다. 사람들에게 이 행위는 아직 가장 멀리 있는 별보다도 더 멀리 떨어져 있다." 신의 죽음이라는 사건의 진정한 의미를 인간은 여전히 모르고 있다는 뜻이지요. "이 엄청난 사건은 아직도 진행 중이며 방황 중이다." 신의 죽음을 진정으로 이해하지 못하면, 인간은 계속해서 신의 자리에 인간적 우상을 세우겠지요. '신의 부활'이 계속되는 한, '신의 죽음' 역시 계속 선언되어야 하므로. 인간이 신의 죽음을 이해할 때까지, 이 사건은 아직도 끝나지 않고 방황하는 사건일 수밖에요.

이제 "신은 죽었다"라는 명제에 포함된 니체의 메시지를 정리해 봅시다. 먼저, 신이 지배하던 중세가 무너지고 현대로 넘어오면서, "신으로 대표되는 절대적 가치는 더 이상 가치가 없다"라는 선언! 그런데도, 인간이 신이 죽은 자리에 국가와 민족, 자본과 화폐, 시장과 대중, 도덕과 종교, 학문이나 과학 같은 인간적 우상을 만들어 신을 부활시키는 행위에 대한 경고! 마지막으로, 우리 외부에 우상을 만들어 그것에 의존하는 대신, "우리 스스로 가치를 창조하고 자기 삶의 주인이 되어야 한다"라는 제안! 이것이 '신은 죽었다'라는 선언에 포함되어 있는 복합적인 의미입니다.

우리는 1장의 처음에 던졌던 의문을 이해할 수 있게 되지요. 신의 죽음을 말했던 많은 철학자 가운데 니체가 신의 살해자가 된 이유, 즉 신의 죽음에 대한 그의 해석이 얼마나 탁월한지 말입니다. 니체는 우리가 신을 부정하는 것만으로는 신을 죽음으로 몰고 갈 수 없다는 걸 알았지요. 인간에게 신이 더 이상 필요 없게 될 때, 신은 진정으로 죽음에 이를 것이라고 보았어요. 다시 말해 '인간의 왜소함이 계속해서 신을 부활시킨다'라는 걸 알았어요. 그래서 '인간이 위대해져서 어떻게 신을 넘어설 것인가'를 철학의 출발로 삼았어요. 21세기 현재에도 인간의 왜소함은 계속해서 신을 불러냅니다. 신의 부활이 사건화될 때마다, 우리는 계속해서 니체를 소환하게 되지요. 니체야말로 신의 죽음을 증언할 유일한 자이기 때문에!

신의 죽음과 인간적 우상의 출현

"신이 죽었다고, 그래서 뭐? 그게 우리와 무슨 상관?" 우리는 이렇게 물을 수도 있을 것입니다. 하지만 방금 보았듯이 신이란 단지 중세의 어떤 존재가 아니라, '인간이 의지하고 살아가는 절대 가치'의 다른 이름이지요. 그래서 신이라는 이름의 절대 가치는 인간에게 삶의 기준이 되어, 우리의 삶에서 정답과 오답을 제시하지요. 따라서 신의 죽음이 우리에게 갖는 의미는 이것입니다. 인간에게 삶의 기준이 되는 절대 가치가 해체되었으니, "삶에 정해진 정답은 없다!"

그런데 신의 죽음 이후, 우리 앞에는 두 가지 길이 놓여 있었지요. 첫째, "신이 죽었으니, 새로운 신이 부활해야 한다." 이 말의 의미는 "삶에 정해진 정답이 없어졌으니, 새로운 정답이 필요하다"라는 것입니다. 둘째, "신이 죽었으니, 인간 스스로 위버멘쉬가 되어야 한다." 이 말의 의미는 "삶에 정해진 정답이 없어졌으니, 우리 스스로 자기 삶의 주인이 되어야 한다"라는 것이지요. 니체는 인간의 강한 의지로부터 위버멘쉬-되기를 제안하지만, 인간의 약한 의지는 신의 부활을 선택합니다. 이제 인간이 선택한 길에 대해 좀 더 자세히 살펴봅시다. 인간은 어떻게 신을 부활시키는가? 그리고 인간이 만든 새로운 우상 혹은 또 다른 절대 가치들은 무엇인가?

신은 죽었지만,
신앙은 살아남아 죽은 신을 부활시킨다

"하나같이 다시 **경건해졌구나. 기도를 하고 있구나.** 실성들을 했나 보다!" 그는 (*차라투스트라는) 이렇게 말하고는 몹시 기막혀했다. 참으로! 보다 높은 인간들, 곧 두 사람의 왕, 실직한 교황, 고약한 마술사, 제 발로 거렁뱅이가 된 자, 나그네이면서 그림자이기도 한 자, 늙은 예언자, 정신의 양심을 지닌 자, 더없이 추악한 자가 하나같이 아이들과 신앙심 깊은 늙은 여인네들처럼 무릎을 꿇고 나귀를 경배하고 있는 것이 아닌가.

— 『차라투스트라는 이렇게 말했다』, 각성, 2

교황이 대답했다. "… 눈에 보이지 않는 신을 경배하기보다는, 차라리 이처럼 형상이 있는 신을 경배하겠다! … 이 지상에 아직도 경배할 것이 있다는 사실에, 나의 늙은 마음은 기뻐 날뛰고 있다오. 오, 차라투스트라여, 늙고 경건한 이 교황의 심정을 용서하라!"

— 『차라투스트라는 이렇게 말했다』, 나귀축제, 1

『차라투스트라는 이렇게 말했다』에 나오는 이 에피소드는 '보다 높은 인간들'이 죽은 신을 대신하여 나귀를 새로운 신으로 모시는 '나귀축제'입니다. 보다 높은 인간들은 인간으로 는 가장 높은 경지에 올랐지만, 인간적 한계를 넘지 못한 존재 입니다. 먼저 이들은 눈에 보이지 않는 신보다 차라리 눈에 보 이는 나귀를 경배하겠다고 합니다. 신을 나귀보다 못한 존재 로, 웃음거리로 만들어 버리지요. 이로써 세계와 인간을 지배 하던 전지전능한 신의 권위를 단번에 무너뜨립니다. 이렇게 신 의 죽음을 사실화했다는 점에서, 이들은 인간 가운데 보다 높 은 경지에 있어요. 한편 그것이 나귀라 할지라도, 지상에 아직 도 경배할 것이 남아 있다는 사실에 기뻐합니다. 여전히 의지 할 수 있는 무엇을 찾고 있다는 점이 이들의 인간적 한계지요.

한 인간이 삶을 꽃피우기 위해 얼마나 많은 **신앙**을 필요로 하는지 … 그것이 인간이 가진 약함의 척도이다. … 대부 분의 사람들이 오늘날에도 여전히 그리스도교를 필요로 하고 있다. 이로 인해 그리스도교는 아직도 여전히 신심을 얻고 있다. 인간은 그런 존재이기 때문이다. 인간은 신앙 의 명제를 수천 번이라도 반박할 수 있다. 하지만 인간이 그것(*신앙!)을 필요로 하는 한, 언제라도 거듭해서 그것 (*신앙!)을 '진리'로 여길 것이다. … 의지가 결여된 곳에 서는 언제나 신앙이 가장 커다란 갈망과 가장 긴급한 필요 의 대상이 된다. … 명령할 줄 모르는 자는 그만큼 더 간절 하게 명령하는 자를, 신, 영주, 신분, 의사, 고해신부, 도그

마, 당파적 양심처럼 명령하는 자를 갈망한다.

— 『즐거운 학문』, 347

왜 이들은 나귀를 새로운 신으로 섬기게 된 것일까요? 신은 죽었지만, 인간에게는 절대적인 것에 의지하고 기대려는 신앙이 남아 있기 때문입니다. 남아 있는 신앙은 계속 경배할 대상을 찾게 되지요. 이처럼 쓰러진 신의 존재가 계속해서 복구되는 것은, 영원한 진리나 보편적인 가치 없이는 살아갈 수 없다는 어떤 신앙(믿음)이 인간을 지배하고 있기 때문이지요. 그래서 하나가 무너지면, 얼른 다른 하나를 세우는 것입니다. 영원하고 불멸하는 것은 신이 아니라, 인간들의 신앙이지요! 니체는 신보다 신앙이 더 오래된 것이고, 더 오래갈 것이라는 걸 깨달았어요. 신이 인간을 만든 것이 아니라 인간의 신앙이 신을 만드는 거지요. 따라서 신앙이 있는 한, 신은 죽지 않고 계속해서 살아날 수밖에 없습니다.

왜 신앙은 죽지 않고 계속해서 인간을 지배하고 있는 것일까요? 신은 죽었지만 인간에게는 스스로 가치를 창조할 수 있는 능력과 의지가 없기 때문입니다. 자기 스스로 삶의 가치를 만들지 못하면, 시대의 지배적 가치에 따라 살 수밖에 없는 것처럼 말이지요. 자기 스스로 가치 창조자가 되지 못한 채, 자기 외부에서 절대적인 가치를 찾으려는 태도가 계속해서 경배할 대상, 신!을 찾게 되지요. 인간이 스스로 가치 창조자로 독립하지 않는 한, 공허를 채우고 불안을 붙들어 줄 절대적 가치, 고단한 삶에 위안을 주는 절대적 존재를 요청하지요. 즉 인간의 나약한 본능이 계속해서 신앙을 필요로 하고 신을 부활시킵니다.

> 인간들이 우월한 가치들(*신, 본질, 선, 진리) 대신에 우리에게 제안하는 새로운 가치들은 적응, 진화, 진보, 만인의 행복, 공동체의 선이고, 인간들이 신 대신에 우리에게 제안하는 새로운 인물들은 신인 인간, 도덕적 인간, 진실한 인간, 사회적 인간이다. … 그(*신)의 뜨거운 자리를 차지하기 위해서가 아니었다면, 왜 인간이 신을 죽였겠는가? 하이데거는 니체에 주석을 달면서 다음을 주목한다. "만약 신이 초감각적 세계 속에서의 자기 자리를 떠났다면, 비어 있을지라도 그 자리는 남아 있다. 초감각적 세계, 이상적인 세계의 빈 곳은 유지될 수 있다. 비어 있는 자리는 … 다시 점유되기를, 다른 것에 의해서 신을 대체하기를 호소하기까지 한다."
>
> — 들뢰즈, 『니체와 철학』, 266쪽

누가 죽은 신의 자리를 차지했나요? 철학자 들뢰즈는 '인간'이라고 합니다. 인간이 신을 죽인 것은 신의 자리를 차지하기 위해서라는 거지요. 인간은 죽은 신을 대신해서 스스로 새로운 신으로 부활합니다. 그리고 인간은 신·본질·선·진리 같은 이전의 절대적 가치 대신, 적응·진보·만인의 행복·공동체의 선 같은 인간적 가치를 제안합니다. 또한 신이라는 절대적 존재 대신, 신인 인간·도덕적 인간·진실한 인간·사회적 인간 같은 인간적 존재를 제안합니다.

신이 '인간이 의지하고 살아가는 절대 가치'의 이름이라면, 인간이란 '옛 신을 대신하여 등장하는 새로운 절대 가치'의 이름입니다. 신이 아니라 인간의 모습을 한 절대 가치인 거지요. 인간이 신을 죽였으므로, 절대 가치는 '옛 신'의 모습으로는 등장할 수 없어요. 신이 인간의 창조자이고, 신의 말씀이 진리이고, 신의 말씀에 따라 사는 게 참된 삶이라는 '옛 신의 모습을 한 중세의 절대 가치' 말이에요. 그래서 절대 가치의 새로운 버전, '인간의 모습을 한 현대적 절대 가치'가 필요했던 거지요. 따라서 신적 가치를 인간적 가치가 대신하고, 신적 존재를 인간적 존재가 대신하게 된 거지요.

나귀축제에 등장하는 신을 대신하는 나귀는 하나의 상징입니다. 나귀의 자리에 국가와 민족, 자본과 화폐, 시장과 대중, 도덕과 종교, 학문이나 심지어는 과학을 놓아도 됩니다. 인간들이 최고의 가치로 삼아 신처럼 받드는 것이면 무엇이든 상관없지요. 이제 인간이라는 이름의 인간적 가치, 인간적 우상들이 새로운 절대 가치가 되어 다시 우리의 삶을 평가하고 우리의 존재를 지배합니다.

우리 시대의 신 :
인간주의와 자본주의

신의 자리를 대체하는 인간 혹은 인간적 가치에는 어떤 게 있을까요? 우리 시대가 신처럼 받드는 최고의 가치들에는 어떤 것이 있을까요? 우리 시대의 대표적인 가치로서 '인간주의'와 '자본주의'가 있습니다. 그리고 '성공적인 삶의 방식'과 '바람직한 도덕적 이상' 또한 우리의 삶을 지배하는 가치들입니다. 인간주의와 자본주의가 '우리 시대의 신'이라면, 삶의 방식과 도덕적 이상은 '신의 일상 버전'이라고 할 수 있겠지요.

> 마치 인간이 동물진화의 위대한 숨겨진 의도였다는 듯이 생각하는 허영심에 저항한다. 인간은 결코 창조의 극치가 아니다. 모든 존재자는 인간과 나란히 있고 같은 단계에 서 완전하다. … 인간은 상대적으로 보자면 모든 동물 중에서 최고의 실패작이다. 가장 병적이고 자신의 본능에서 가장 위험하게 벗어나 있는 동물이다. 물론 이 모든 것에도 불구하고 가장 흥미로운 동물이기는 하다!
>
> — 『안티크리스트』, 14

니체가 '인간의 극복'을 자기 철학의 과제로 삼았다면, 데카르트는 '인간'을 근대 철학의 출발로 삼았지요. '나는 생각한다, 고로 나는 존재한다'(Cogito ergo sum). 데카르트의 코기토는 근대 철학의 제1명제입니다. 데카르트는 '나'라는 주체가 존재하는 것은 바로 내가 생각하기 때문이라고 해요. 이는 '나'라는 존재를 신의 피조물로 본 중세의 관점과 결정적으로 갈라서는 것이지요. 이렇게 신으로부터 독립된 인간은, 이제 자연에서 분리됩니다. 중세까지만 해도 인간은 자연의 일부로, 자연의 다른 요소들과도 구별되지 않았어요. 이제 자연에서 분리된 인간이 주체가 되고, 자연은 인간의 대상이 되는 분할이 일어나지요.

이로부터 인간을 목적으로 하여 자연을 수단으로 지배하는 인간주의(Humanism)가 탄생합니다. 동물은 인간의 고기이고, 자연은 인간의 자원이며, 사물은 인간의 소비 대상으로 간주됩니다. 따라서 공장식 축산으로 동물을 착취하고, 자원개발을 명목으로 지구를 약탈하고, 물건을 과잉 생산하여 쓰레기로 폐기 처분하는 모든 것이 자연스럽고 당연해집니다. 인간을 위해서라면! 이때 인간은 다른 생명에 대해 신이 되고, 인간을 중심에 두고 생각하는 인간중심주의 역시 신적인 가치를 획득합니다.

오늘날 사람들을 범죄자로 만드는 이 과도한 초조함은 어디서 비롯되는 것일까? … 어떤 사람은 불공정한 저울을 사용하고, 어떤 사람은 위조화폐의 제조에 참여한다. 상류사회 사람 중 4분의 3이 합법적인 사기에 몰두하고 주식거래와 투기 … 그들을 부추기는 것은 무엇인가? 이는 그들이 실제로 궁핍하기 때문은 아니다. … 그들을 그렇게 부추기는 것은 돈이 쌓이는 속도가 너무 느리다는 초조감과 [이 초조감 못지 않게] 축적된 돈에 대한 끔찍한 욕망과 애정이 밤이든 낮이든 그들을 몰아대는 것이다. … 이전 사람들이 '신을 위해' 행한 일을, 지금 사람들은 '돈을 위해' … 행한다.

— 『아침놀』, 204

니체는 이전 사람들이 '신을 위해' 한 일을, 지금 사람들은 '돈을 위해' 그렇게 한다고 해요. 그 지금이 바로 자본이 주인이 되는 자본주의(Capitalism) 시대입니다. 자본주의란 자본의 이윤을 목적으로, 다른 것들을 이윤추구의 수단으로 간주하는 가치입니다. 자본은 이윤을 위해서라면 못할 것이 없지요. 성매매, 장기매매, 인신매매, 아기생산공장, 임신하청(대리모 사업) 등 신체와 성(性)까지 상품으로 사고팔지요. 모든 범죄가 이윤이라는 목적으로 합리화됩니다. 마르크스는 『자본』에서 이윤을 향한 자본의 욕망을 이렇게 말해요. "적당한 이윤만 보장되면 자본은 대담해진다. … 100% 이윤이 보장되면 인간의 법을 모두 유린할 준비가 되어 있고, 300%가 보장되면 저지르지 못할 범죄가 없다."

이윤을 위한 자본의 욕망은 돈에 대한 인간의 욕망으로 표현됩니다. 사람들은 돈을 위해서라면 무슨 짓이든 다 하지요. 사기, 도박, 살인 등 모든 잔인한 범죄에는 돈에 대한 욕망이 함께합니다. "10억이 생긴다면, 1년 정도 감옥에 가도 괜찮다." 초중고등학생 1만 1천 명을 대상으로 2012년과 2015년 두 차례 설문을 진행했지요. 2012년에 초등학생 12%, 중학생 28%, 고등학생 44%가 '그렇다'라고 응답했고, 같은 질문에 2015년에는 초등학생 17%, 중학생 39%, 고등학생 56%가 '그렇다'라고 응답했습니다(2015.12.29. 연합뉴스). 학년이 올라갈수록 그리고 시간이 갈수록 '그렇다'라는 응답은 더 많아집니다. 고등학생의 56%가 '10억 주면 감옥도 간다'라고 하는데, 응답자가 성인도 아니고 일부 특정한 학생도 아니라서 더 놀랍습니다.

'어떻게 살 것인가' 하는 삶의 질문이 던져지기도 전에, '돈이 된다면 뭐든!'이라는 돈의 욕망이 청소년들을 덮어 버린 것 같습니다. 그래서 자본주의가 낳은 괴물 '자낳괴'라는 말도 생겼지요. 이윤과 돈을 최고목표로, 법이나 윤리 같은 것은 아무래도 좋은 기업이나 사람들을 말하지요. 이때 자본과 돈은 신의 자리에 있고, 자본과 돈을 추구하는 욕망은 자연스러운 본성이 됩니다.

신의 일상 버전 :
성공적인 삶의 방식, 바람직한 도덕적 이상

> 세상에는 진짜보다 우상들이 더 많다: 이것이 세계에 대
> 한 나의 '못된 눈길'이자, 나의 '못된 귀'이다. … 우상들은
> 공허하지만, 이런 점이 우상들이 **숭배**되는 것을 방해하지
> 않는다. 가장 절실한 우상은, 결코 우상이라고 불리지 않
> 는다.
>
> ― 『우상의 황혼』, 서문

　니체는 새로운 신으로 인간적인 우상에 대해 경고하고 있
습니다. 여기서 그가 우상을 외부의 어떤 것이 아니라, "이 세
계에 대한 나의 못된 눈길이자 못된 귀"라고 한 것에 주목해야
합니다. 그것은 우상이란 '나의 그릇된 욕망'이 외부로 표현된
것이라는 의미지요. 결국 신과 마찬가지로 우상 역시 내가 만
든 것입니다. 또한 "가장 절실한 우상은 결코 우상이라고 불리
지 않는다"라고 해요. 즉 삶과 연결된 절실한 욕망들, 예를 들
어 좋은 대학, 좋은 직장, 안정된 삶과 같은 것은 결코 우상처
럼 보이지 않지요. 하지만 우리가 최고의 가치로 삼아 신처럼
받들고 있다면, 그래서 이를 기준으로 성공한 삶과 실패한 삶
을 평가한다면, 그것이 신이 아니고 무엇일까요?
　먼저 신의 일상 버전으로 건물주, 대기업, 중산층으로 대

표되는 우리가 추구하는 삶의 방식이 있지요. '조물주 위에 건물주'라는 유머가 돌더니, 건물주는 청소년들의 장래 희망 1위가 되었습니다. 건물주는 단지 유머가 아니라 우리 시대의 실제적인 신으로 추앙되지요. 한때 대학생의 85%가 공무원을 희망하더니(2019.8.5. 연합뉴스), 이제 Z세대(1997~2006년생) 취업준비생의 71%가 대기업을 희망합니다(2024.4.20. 국민일보). 우리나라에 직업 종류가 1만 개가 넘는데, 내가 하고 싶은 일과 상관없이 대기업을 욕망합니다. 청년 세대 대다수가 희망하는 대기업이야말로 신이 아닐까요? 그리고 우리가 생각하는 중산층이란 부채 없는 30평 이상 아파트, 월 급여 500만 원 이상, 2,000CC급 중형 자동차, 1억 이상 예금 잔고, 1년에 1회 이상 해외 여행이 가능한 계층입니다. 지금 사회를 살아가는 누구나 꿈꾸는 중산층의 삶 역시 신의 자리를 차지하고 있지요. 이러한 성공한 삶의 방식은 요즘처럼 취직하기 힘든 때에 아무 대책 없이 멀쩡한 직장을 그만두는 안티 워커(Anti-Worker)를 이해할 수 없을 것입니다.

신을 포기한 사람은 도덕에 대한 믿음에 그만큼 강하게 집착한다.

— 『권력에의 의지』, 18

"그래야만 하는데 그렇지 않다"라는 바람직성의 관점은 …

사물의 걸음걸이를 단죄하는 일이다. … **도덕은 어디서 그 럴 권리를 얻는가?** … 우리는 이렇게 말하면서, 우리가 비 난하는 바로 그것을 행한다. 바람직성의 관점, 권한이 없 으면서도 판관 역할을 하는 관점은 … 채워지지 않는 '완 전성'에 관한 우리의 개념이다. 충족되기를 원하는 모든 본능은 사물의 현재 상황에 대한 불만을 털어놓는다. '사 물의 걸음걸이'는 어쩌면 … 영원한 불만족 그 자체인가? 도덕적 이상이라는 개념 자체 … 그것은—신인가?

—『권력에의 의지』, 331

그렇게 존재해야만 하는 인간: 이것은 "그렇게 존재해야 만 하는 나무"처럼 어리석게 들린다.

—『권력에의 의지』, 332

니체는 신을 포기한 사람은 신을 대체할 무엇으로 도덕에 더 강하게 집착한다고 비판합니다. 우리가 '바람직하다'고 여 기는 도덕적 이상은 곧 신이 되지요. 도덕적 이상은 우리에게 '어떻게 살 것인가'의 기준을 제시하고 그렇게 살도록 강제하 기 때문이지요. 그리고 바람직한 도덕적 이상은 다른 것을 배 제하는 태도를 낳습니다. 왜냐하면 우리가 '옳음-정상'이라고 생각하는 도덕적 믿음을 전제로 다른 것들을 '잘못-비정상'이 라고 판단하니까요. 이렇게 어떤 특정한 성정체성이나 가족 형태, 인간형을 도덕적인 이상으로 삼아, 이를 기준으로 올바른 삶과 잘못된 삶을 평가한다면, 그것이 바로 신이겠지요!

이처럼 신의 일상 버전으로 바람직한 성정체성·가족·공동체·인간형으로 제시되는 도덕적인 이상이 있습니다. 예를 들어 '이성애'를 정상적인 성정체성이라고 간주하면, 동성애, 양성애, 무성애 등 다양한 성정체성은 모두 비정상적인 것이 되지요. 남성 가장 중심의 가족 형태를 바람직한 가족으로 생각하는 관점은, 조부모-손자의 조손 가족이나 한부모 가족, 1인 가족, 동성 가족, 비혈연 가족을 모두 결손 가족이나 결핍 가정으로 보게 합니다. 마찬가지로 '시대가 요구하는' 바람직한 남성상-여성상, 바람직한 남편상-아내상, 바람직한 교사상-학생상은 '있는 그대로의' 다양한 인간형을 모두 불완전한 것으로 불만스럽게 쳐다보게 하지요. 예를 들어 우리 시대의 도덕적 이상은 대학 밖에서 살아남기를 선택한 비진학자 '투명 가방끈'의 자유를 결코 긍정할 수 없을 것입니다.

진리에 대한
믿음이 있는 곳 어디에나 신은 있다

모든 믿음(신앙)은 **'무엇인가를 ― 진리로 ― 간주하는 것'**이다.

— 『권력에의 의지』, 15

이것은 내가 예상치 못한 곳에서 만난 신에 관한 이야기입니다. 나는 스스로를 니체 연구자로 소개하기를 즐겨합니다. "어느 정오, 니체를 읽기 시작한 이후로 니체 읽기를 쉬지 않았다." 내가 니체를 읽기 시작한 '어느 정오'는 언제였을까? 니체철학에서 '정오'는 태양이 머리 위에 있어서 인간의 그림자가 사라지는 순간을 말합니다. 니체는 신, 우상, 이상 같은 것을 인간이 만들어 낸 그림자-오류라고 하는데, 정오는 이 오류를 무화시키지요. 즉 인간이 자신의 한계를 넘어 다른 존재가 되는 순간, 정오는 위버멘쉬의 시간이지요. 그때 처음 니체를 읽은 것은 아니지만, 내 안의 위버멘쉬가 말을 걸어왔던 그때야말로 '정오'라 불릴 만한 순간일 것입니다.

'어느 정오'란 고병권 선생과 『선악의 저편』, 『도덕의 계보』, 『차라투스트라는 이렇게 말했다』를 읽던 2015년의 봄날을 말합니다. 나와 함께 니체를 읽어주던 그가 없었다면, 내가 그때 니체에 빠지는 일은 없었을 거예요. 그 이후 나는 니체 읽기를 멈추지 않았습니다. 친구들과 세미나를 하면서 니체 작품의 대부분을 읽었고, 짧은 에세이를 몇 편 쓰기도 했지요. 하지만 아직도 니체를 읽을 때마다 처음 만나는 것처럼 낯설고, 그래서 다시 사랑에 빠지게 됩니다.

내가 니체를 읽는 데 도움을 준 많은 사람들과 책들이 있었고, 이들은 어떤 의미로든 나의 스승입니다. 고병권 선생의 열정적인 강의와 그의 책들은 니체를 매혹적으로 만들었어요.

그리고 나의 오랜 스승 이진경 선생 또한 니체를 다채롭게 해석하는 것을 도와주었지요. 또 들뢰즈는 은유와 상징으로 가득 찬 니체의 텍스트 안에 날카롭고 아름다운 맥락을 만들어 주었습니다.

그렇게 사람들과 니체를 읽고 이야기할 때까지는 마냥 즐겁고 행복했지요. 그런데 니체를 가지고 강의를 하거나 책을 써야 하는 일이 생기면서, 예상하지 못한 고민이 생겼습니다. 나의 스승이었던 사람들과 책들은 내가 니체를 공부하는 동안 더없이 훌륭한 길잡이였지만, 내가 막상 니체에 관해 어떤 것을 생산하려는 순간 내 발목을 잡았습니다. 내가 니체를 공부할 때, 나의 스승들은 니체에게로 가는 길이었고 그들의 해석은 곧 진리였지요. 우리가 무엇인가를 '진리'로 여긴다면, 그것이 곧 '신'이 될 수 있습니다. 이때 차라투스트라가 말했던 용이라고 불리는 신의 목소리가 덮쳐 왔습니다.

그 용은 "모든 사물의 가치는 내게서 찬란하게 빛난다"라고 거들먹거린다. "가치는 이미 모두 창조되어 있다. 창조된 일체의 가치, 내가 바로 그것이다. 진정, '나는 하고자 한다'라는 요구는 더 이상 용납될 수가 없다." 용은 이렇게 말한다.

— 『차라투스트라는 이렇게 말했다』, 세 변화에 대하여

스승들의 탁월한 강의를 떠올리면, 내가 니체에 대해 무슨 말을 할 수 있을까 막막했어요. 더구나 그들만큼 훌륭한 책을 쓸 수 없다면, 내 책이 무슨 의미가 있을까 답이 없었지요. 무엇보다 나를 절망시킨 것은 융의 말이었습니다. "가치는 이미 모두 창조되었다. 더 이상의 가치 창조는 필요 없다." 니체에 관해 할 수 있는 말들을 누군가 다 했고, 니체에 관해 쓸 수 있는 글도 이미 다 쓰였을 것인데, 더 이상 할 말과 쓸 책이 남아 있을까?

신은 이 세상 어디에나 있습니다. 공부의 영역뿐만 아니라, 춤을 추거나 노래를 하거나 그림을 그리거나, 그 영역에서 내가 '진리'로 간주하는 무엇인가가 있다면, 그가 바로 '신'이지요. 새로운 삶, 새로운 가치, 새로운 스타일의 창조 의지를 가로막는, 그 어떤 절대적인 것도 바로 신입니다. 이런 방식으로 새로운 시도와 실험을 가로막는 것들은 또 다른 의미의 신입니다.

그런데 우리가 저 높은 곳의 '진리'에 주눅 들어 아무것도 하지 못한다면, 세상의 모든 창조 행위는 멈추게 될 것입니다. 나를 이끌어 준 스승들의 높은 경지에 목이 꺾였다면, 나는 더 이상 니체를 읽지 못했을 것입니다. 좀 더 극단적으로 말하면, 세상에는 가장 탁월하고 모두가 인정하는 니체에 관한 단 한 가지 해석만이 존재하게 되겠지요. 그 외에 어떤 새로운 해석도 어떤 새로운 책도 불가능할 테니까요. 결국 니체는 점점 생명력을 잃고, 아무도 니체를 읽거나 비평하지 않는 날이 오겠지요.

나는 어떻게 이 딜레마를 헤쳐 나왔을까요? 먼저 차라투스트라의 말을 따라, 나의 스승들을 부인하고서야 나의 길을 갈 수 있었습니다. '그들의 니체'가 절대 진리임을 부정하고서야 '나의 니체'를 시도할 수 있었어요. '그들의 니체'를 부정한다는 것은, 하나의 절대 기준을 부정하는 것입니다. 내가 진리라고 간주했던 '그들의 니체'는 수많은 니체 가운데 하나일 뿐입니다. 물론 어떤 기준에서 그들의 해석은 여전히 진리일 것이나, 다른 기준에서 더 이상 진리가 아니지요. 니체의 말대로 '하나의 절대 진리'가 아니라 '복수의 진리들'이 있을 뿐입니다. '하나의 절대 진리'를 해체했을 때, 수많은 진리들이 자기 목소리를 찾을 것입니다.

한편 내 삶을 통과하여 해석된 '나의 니체'를 구성하면서, 이 딜레마를 넘어설 수 있었습니다. 어느 순간부터 나는 해석의 탁월함이나 논리적 완결성으로 승부하는 것을 그만두었어요. 결국 탁월함이나 완전성은 하나의 '절대 니체'를 만들 뿐입니다. 내 삶으로, 내 신체로 니체를 해석해 내면서, 나는 누구와도 혼동되지 않는 '나의 니체'를 생성할 수 있었지요. 나는 압니다. 나보다 니체를 잘 아는 사람은 많겠지만, 아무도 나처럼 니체를 해석하지는 못한다는 것을요. 왜냐하면 누구도 나와 똑같은 삶을 살지 않았으며, 아무도 나와 같은 신체를 가지고 있지는 않기 때문이지요. 무엇보다 '나의 니체'를 생산하면서, '천 개의 니체'에 하나를 추가하는 것이 비할 데 없이 기쁩니다. 이 책으로 나는 이 기쁨을 여러분들과 나눌 수 있게 되었습니다.

생성하는 신, 영원회귀의 신

니체는 "신은 죽었다"라고 말함으로써, 신이라는 이름의 절대 가치의 종언을 선언했습니다. 그러나 그는 여기에서 멈추지 않습니다. 새로운 유형의 신을 창조하여, 낡은 유형의 신이 다시는 되돌아올 수 없게 합니다. 이러한 방식으로 절대 가치를 의미하는 신에서 새로운 가치를 생성하는 신으로, 신의 의미와 가치를 바꾸어 버립니다. 니체가 창조한 새로운 신이란 어떤 유형일까요? 니체가 가치 전도시킨 생성하는 신이란 어떤 의미일까요?

니체는 어떻게
신에 대한 가치를 전환시키는가

'신' 개념은 지금까지 인간 삶에 대한 최대의 **반박**이었다. … 우리는 신을 부정하고, 신을 부정하면서 우리는 책임

을 부정한다: **이렇게 해서야** 비로소 우리는 세계를 구원하
는 것이다.

— 『우상의 황혼』, 네 가지 중대한 오류들, 8

회복기의 환자인 우리가 예술을 필요로 한다면, 그것은 **다
른 종류의** 예술이어야 한다. 조롱조이며, 가볍고, 일시적이
고, 신처럼 방해를 받지 않고, 신처럼 인위적인 예술, 밝은
불꽃처럼 구름 없는 하늘로 솟아오르는 예술이어야 한다.

— 『즐거운 학문』, 제2판 서문, 4

니체는 서로 다른 두 가지 개념의 신을 말합니다. 첫 번째
신은 인간의 삶을 지배하고 구속하는 절대 가치로서 부정적 존
재지요. 우리는 신을 부정하고서야 비로소 우리의 세계를 구원
할 수 있었습니다. 이것이 이제까지 우리가 대결했던 신의 개
념이었지요. 두 번째 신은 자유로운 예술, 다른 종류의 예술을
의미하는 긍정적 존재예요. 새로운 신체를 구성하는 회복기 환
자에게는 다른 종류의 예술이 필요한데, 그것은 신처럼 방해받
지 않고 신처럼 인위적인 예술이라고 합니다. 즉 신은 창조자
이므로 누구에게도 방해받지 않으며, 주어진 자연이 아니라 자
신의 의도대로 예술을 할 것입니다. 이런 방식으로 우리는 우
리에게 필요한 다양한 의미를 가진 신들을 창안할 수 있겠지
요. 이때 이제까지와 다른 개념의 신이 출현합니다.

우리는 여기서 첫 번째 신에서 두 번째 신으로의 니체적 가치전환을 확인할 수 있습니다. 인간을 창조하는 신에서, 인간에 의해 창조되는 신으로의 가치전환! 인간을 속박하는 신에서 인간에게 유용한 신으로의 가치전환! 그리고 하나의 절대적 신에서 다수의 다양한 신으로의 가치전환! 이것이야말로 신의 가치에 대한 위대한 전환입니다. 이렇게 의미가 달라진 신은 더 이상 절대자, 혹은 절대 가치로서의 신이 아닐 것입니다.

이처럼 니체는 낡은 신을 부정하는 것을 넘어, 새로운 신을 창안합니다. 즉 신을 다른 의미로 사용함으로써 새로운 가치의 신을 창조하지요. 니체는 왜 신의 개념에 대해 가치전환을 시도할까요? 그것은 신을 부정하고 공격 대상으로 두는 한, 우리는 신으로부터 자유로울 수 없기 때문입니다. 계속해서 그것과 싸워야 하지요. 무엇보다 신을 우리 삶의 재료로 사용하기 위해서는, 신과 대결하거나 부정하는 것만으로는 충분하지 않기 때문입니다. 신을 우리 삶에 유용한 방식으로 만들어야 하겠지요. 이것이 신을 넘어선다는 진정한 의미일 것입니다.

새로운 가치로 전환하지 않고, 니힐리즘에서 도피하려는 태도가 문제를 보다 첨예화시킨다.

— 『권력에의 의지』, 28

이를테면 니체는 현대 사회의 니힐리즘 극복에 대해서도 가치전환이 얼마나 중요한지 경고합니다. 단지 니힐리즘에서 도피하려고 해서는 안 되고, 새로운 가치로 전환해야 한다고 말이지요. 니힐리즘을 새로운 가치로 전환한다는 것은 무엇일까요? 그것은 니힐리즘의 부정적 가치를 긍정적인 것으로 전환하는 것입니다. (니힐리즘의 가치전환에 대해서는 「5장 영원회귀, 몰락을 욕망하라」에서 자세히 다룰 것입니다.) 니힐리즘뿐 아니라 '어떤 것을 극복한다'라는 것은 이런 것이지요. 그것에 굴복하거나 도피해서는 안 되고, 그것과 맞서 싸우는 것만으로는 불충분하고, 그것의 부정성을 긍정성으로 가치전환하는 것입니다.

신을 죽음에 이르게 하는 방법에는 두 가지가 있습니다. 일반적 방법은 신과 대결하여 승리하는 것입니다. 신이라는 절대 가치의 허구를 폭로하여 사람들로 하여금 신을 믿지 않도록 하는 겁니다. 하지만 니체의 말처럼, 신이란 인간의 약한 의지가 만들어 낸 것이지요. 우리는 수천 번이라도 신을 반박할 수 있지만, 우리가 신을 필요로 하는 한 신은 언제든지 여러 가지 모습으로 부활할 테지요. 다른 방법은 새로운 유형의 신을 창조하는 것입니다. 절대 가치를 의미하는 신이 아니라, 다양하고 새로운 가치의 신을 창조하는 것입니다. 이런 새로운 유형의 신이야말로 존재 자체로서 낡은 유형의 신을 해체시킵니다. 우리가 새로운 신을 더 많이 만들어 낼수록, 절대 가치로서 신은 점점 무력하고 무의미해질 것입니다.

이를테면 섹슈얼리티에서 절대 가치를 차지하고 있는 이성애에 대하여, 동성애, 양성애, 무성애, 동물성애, 사물성애 … 등등 다양한 유형의 섹슈얼리티가 만들어지고, 새롭고 소수적인 유형일수록 더 높은 가치를 부여한다면 어떻게 될까요? 이성애는 섹슈얼리티의 절대적인 자리에서 내려와서, 다양한 섹슈얼리티와 동일한 평면에 놓이게 될 것입니다. 동성애, 양성애, 무성애, 동물성애, 사물성애와 같이, 이성애는 다양한 섹슈얼리티 중에 하나, 그것도 가장 오래된 유형 가운데 하나가 되겠지요. 이성애는 여전히 존재하겠지만, 이전과 같은 절대적인 것이 아니라 많은 것 중에 하나가 될 것입니다.

> 신이라는 개념에서 최고의 선을 제거하자. 그것은 신에게 합당한 것이 아니다. 마찬가지로 최고의 지혜도 제거하자. 신을 지혜의 괴물 같은 존재로 만든 것은 철학자들의 허영심이다. … 신이란 **최고의 힘으로서의 신**(*Gott die höchste Macht), 이것만으로 충분하다. 이것으로부터 모든 것이 나온다. 심지어 '세계 그 자체'도!
>
> — 『권력에의 의지』, 1037

니체는 기독교적 신(최고의 선, 최고의 지혜)의 개념을 지우고, 힘에의 의지로 정의되는 신(최고의 힘으로서의 신)으로 가치전환을 선언합니다. 우리 외부에서 신을 불러들이지 않더라도 힘에의 의지만으로 충분하다고 말이지요. 힘에의 의지에서 모든 것이 나오며, 이 세계 역시 신이 아니라 힘에의 의지로부터 나온다! 이것으로 니체는 신의 개념에 대한 가치전환을 성공적으로 완료합니다. 니체의 힘에의 의지는 세계의 작동 방식이자 존재 방식입니다. (이것은 「3장 힘에의 의지와 힘의 유형학」과 「4장 힘에의 의지와 자유의지」에서 다시 검토할 것입니다.)

이제 우리는 '신의 죽음이라는 사건'에 대한 니체의 가치전환의 정식을 요약할 수 있습니다. 그가 어떻게 새로운 신 개념을 창조하여 낡은 신 개념을 극복하는지. 첫 번째 단계로서 신의 부활. 신이 죽음에 이르렀는데도, 사람들은 여러 가지 우상의 형태로 새로운 신을 부활시킴으로써 신이라는 절대 가치에 복종하지요. 두 번째 단계로서 신의 죽음. 계속되는 '신의 부활'에 대항하여, 니체는 계속하여 '신의 죽음'을 선언함으로써 신이라는 절대 가치와 대결합니다. 세 번째 단계로서 신의 창조. 새로운 유형의 신을 창조함으로써 절대 가치로서 신적 존재를 해체하고 새로운 신의 가치를 생성합니다.

이러한 신 개념의 '가치전환'은 다른 한편 신 존재의 '자기극복'으로 해석할 수 있습니다. 첫 번째 신의 부활은 기존의 신의 가치에 대한 의존으로서 낙타적 복종입니다. 두 번째 신의 죽음은 기존의 신의 가치와 대결하는 사자의 저항입니다. 세 번째 신의 창조는 새로운 신의 가치를 창조하는 어린아이의 생성입니다. (낙타-사자-어린아이의 상징과 가치전환에 관해서는, 「2장 위버멘쉬, 넘어서는 자」에서 자세히 살펴볼 것입니다.)

　　이제까지 우상이라는 이름의 '신의 부활'과 대결하여(첫 번째 단계), 니체가 계속하여 '신의 죽음'을 선언하는 과정(두 번째 단계)을 살펴보았지요. 이제부터 검토할 것은 니체가 어떻게 새로운 신을 창조하여 신의 가치를 전환시키는지 하는 것(세 번째 단계)입니다. 니체는 여러 방식으로 새로운 신의 창조 작업을 진행하는데, 대표적으로 두 가지 작업을 살펴볼 것입니다. 먼저 기독교의 그리스도에 대하여, 그리스의 디오니소스라는 새로운 유형의 신을 개발합니다. 한편 인간 외부의 존재로서 신에 대하여, 위대한 인간들의 유형을 신으로 제안합니다.

신에 대한 가치전환 1 :
**　　디오니소스, 생성의 신 혹은 영원회귀의 신**

니체는 기독교의 그리스도에 대하여, 그리스의 디오니소스라는 새로운 유형의 신을 개발함으로써 신에 대한 가치전환을 수행합니다.

　　두 가지 유형. 디오니소스 대 **십자가에 매달린 자**(＊예수 그리스도)

　　　　　　　　　　　　　　　　— 『유고(1888년 초~1889년 1월)』, 14[89]

나 이전에는 디오니소스적인 것을 이렇게 철학적 파토스로 변형시키지 않았었다.

— 『이 사람을 보라』, 비극의 탄생, 3

'디오니소스 대 십자가에 매달린 자', 니체는 신의 두 가지 유형을 이렇게 정식화합니다. 그리스 신화에 등장하는 디오니소스와 십자가에 매달려 죽은 예수 그리스도. 신 개념의 가치 전도를 위해, 그는 그리스 신화에서 디오니소스를 건져 올려 그리스도에 대적할 만한 신으로 개발합니다. 그리고 『선악의 저편』에서 스스로를 '디오니소스의 마지막 제자이자 정통한 자'라고 말합니다. 그는 디오니소스를 신의 새로운 유형으로 제시하여, 그리스도를 낡은 신의 유형으로 만들어 버립니다. 니체는 디오니소스와 그리스도에게서 무엇을 보았을까요? 그리스도와 디오니소스를 어떻게 상징화할까요?

'십자가에 매달린 신'이라는 저 전율할 만한 역설에, **인간을 구원하기 위해** 신 스스로 십자가에 못 박힌다는 저 상상할 수 없는 마지막 극단적 잔인함의 신비에 견줄 만한 것이 있을까?

— 『도덕의 계보』, 제1논문, 8

니체는 예수를 '십자가에 매달린 신'으로 상징화합니다.

인간을 구원하러 온 신을 십자가에 매달다니! 예수의 죽음은 인류 전체를 죄의식에 빠뜨린 전율과 공포의 사건이었습니다. '십자가에 매달린 신'의 역설로부터 인간은 신을 살해한 영원한 죄인으로 전락합니다. 그런 의미에서 '십자가에 매달린 신'의 상징은 인간을 존재론적 죄인으로 만듭니다. 인간의 구원을 위해 희생된 '신의 역설'은, 구세주를 살해한 인간이라는 '원죄의 역설'로 치환되지요. 인간의 구원을 위해 희생양이 된 그리스도의 상징은 이제 그리스도교의 가치를 위해 인간을 희생양으로 삼는 방식으로 변질됩니다.

인간은 이제 살아서는 결코 속죄받을 수 없는 죄인, 그리스도를 통하지 않고는 구원받을 수 없는 죄인이 됩니다. 기독교는 '십자가에 매달린 신'이라는 상징을 이용하여 죄의식과 속죄, 천국과 지옥, 심판과 구원 같은 종교 감정을 만들어 냅니다. 이러한 종교 감정을 토대로 '십자가에 매달린 예수의 죽음'은 유대의 민족종교였던 기독교를 인류의 세계종교로 승격시키지요. 그래서 니체는 인간을 영원한 죄인으로 만든 '십자가에 매달린 신'이라는 상징을, 세계를 향한 기독교의 '가장 섬뜩하고 저항하기 어려운 유혹'이라고 합니다.

> 여기서 나는 그리스인의 **디오니소스**를 내세운다. … 삶 전체에 대한 종교적 긍정.
>
> — 『유고(1888년 초~1889년 1월)』, 14[89]

디오니소스적 철학의 결정적인 면, … **파괴**에 대한 긍정,
생성, … 영원회귀에 대한 가르침, 즉 무조건적이고 무한
히 반복되는 만사의 순환에 대한 가르침.

— 『이 사람을 보라』, 비극의 탄생, 3

니체가 디오니소스에 주목한 것은 '두 번 태어난 자'라는
탄생 설화입니다. 제우스와 페르세포네의 사랑으로 자그레우
스(디오니소스의 첫 번째 존재)가 태어납니다. 이들을 질투한
헤라는 거인족 티탄들에게 '자그레우스를 죽여 달라'고 하고,
티탄들은 자그레우스의 사지를 갈기갈기 찢어 죽인 후 먹어 치
우지요. 다행히 아테나가 자그레우스의 심장을 수습해서 제우
스에게 주고, 제우스는 그 심장을 자기 허벅지에 넣고 키워요.
이윽고 산달이 차서 제우스의 허벅지에서 아기가 태어나는데,
이 아이가 바로 디오니소스입니다. 그래서 두 번(Dio)-태어난
자(nysos)를 뜻하는 디오니소스(Dio-nysos)라는 이름을 갖게
된 것이지요.

디오니소스가 삶에 대한 종교적 긍정인 것은 그의 탄생과
운명 자체가 삶에 대한 긍정이기 때문입니다. 고통과 죽음은
피할 수 없는 삶의 근본 주제입니다. 고통 없는 삶, 죽지 않는
삶이란 생각할 수 없어서, 고통과 죽음은 삶을 쉽게 허무로 빠
뜨리지요. 디오니소스는 고통과 죽음에 대한 존재론적 긍정입
니다. 디오니소스에게 자신을 파괴하는 갈가리 찢기는 고통은

다른 존재를 창조하는 과정이며, 한 번의 죽음은 또 다른 삶으로 전환되는 필연적 계기이기 때문입니다.

이렇게 고통과 죽음을 통과하면서 디오니소스는 새로운 존재로 다시 태어납니다. 디오니소스에게 고통과 죽음은 부정되어야 할 그 무엇이 아니라, 영원한 생성을 위한 긍정의 과정입니다. 이처럼 고통과 죽음을 넘어서는 디오니소스적 긍정은 "존재하는 것에서 빼 버릴 것은 하나도 없으며 없어도 되는 것은 없다"라는 니체 철학의 절대 긍정을 위한 근거가 됩니다. 이로써 파괴와 죽음에서 살아나는 자, 영원히 되돌아오는 자 디오니소스는 생성의 신, 영원회귀의 신이 됩니다.

> 디오니소스 대 '십자가에 달린 자': … 죽음이 아니라, 죽음의 의미에 차이가 있다. 디오니소스에게서는 삶 자체가, 삶의 영원한 회귀가 고통과 파괴와 소멸을 향한 의지의 조건이 된다. '십자가에 매달린 자'에서는 고통이, 죄없이 십자가에 매달린 자가, 삶에 대한 단죄 형식으로 간주된다.
>
> — 『유고(1888년 초~1889년 1월)』, 14[89]

그리스도와 디오니소스의 결정적 차이는 고통과 죽음에 대한 태도에 있습니다. 그리스도의 죽음은 인간의 죄의식으로 치환되고, 인간의 고통은 자기 죄에 대한 대가로서 단죄 형식으로 간주됩니다. 반면 디오니소스는 고통과 죽음을 통하여 새로 태어나는 존재이므로, 그의 삶은 고통과 파괴를 의욕하게 됩니다. 그리스도의 죽음은 인간에게 죄의식을 심어주고, 그의 부활은 인간의 죄에 대한 심판을 수반합니다. 반면 디오니소스의 죽음은 인간에게 삶을 긍정하게 하고, 그의 부활은 인간의 영원한 생명을 의미합니다.

그래서 그리스도의 죽음이 인류를 죄의식에 빠뜨린 전율의 사건이라면, 디오니소스의 죽음은 인류에게 삶의 무구함과 생성의 영원함을 긍정하는 사건입니다. 따라서 그리스도가 삶을 부정하는 종교적 상징인 반면, 디오니소스는 삶을 긍정하는 종교의 상징이 됩니다.

비극적 인간(*디오니소스적 인간)은 가장 쓴 고통도 여전히 긍정하는데, 그만큼 그는 충분히 강하고 충만하며 신격화되어 있다. (*반면) 그리스도교적 인간은 가장 행복한 운명도 부정하는데, 그는 삶 때문에 고통받을 만큼 약하고 가난하며 가진 것이 없다. '십자가에 매달린 신'은 삶에 대한 저주이며, 그의 죽음은 삶으로부터 구원되리라는 표시이다. 반면 토막으로 잘린 디오니소스는 삶에 대한 약속이며, 영원히 다시 태어나고 파괴로부터 되돌아온다.

— 『유고(1888년 초~1889년 1월)』, 14[89]

그리스도교는 가장 심층적인 의미에서 허무적인 반면, 디오니소스적 상징 안에서는 **긍정**이 궁극적인 지점에까지 이르게 된다.

— 『이 사람을 보라』, 비극의 탄생, 1

그리스도교적 인간에게 삶이란 고통일 수밖에 없으며, 구원은 삶으로부터 벗어나는 것일 수밖에 없지요. 반면 디오니소스적 인간에게 고통이란 건강한 삶의 활력이며, 죽음과 파괴란 영원한 삶의 긍정입니다. 즉 그리스도교적 인간은 삶 자체가 고통일 만큼 약한 존재인 반면, 디오니소스적 인간은 고통이 삶이 활력이 될 만큼 강한 존재입니다. 그리스도교적 인간에게 고통이 삶을 부정하게 되는 이유가 된다면, 디오니소스적 인간에게는 삶이 고통을 긍정하게 되는 계기가 되지요.

결국 그리스도의 상징이 삶에 대한 저주라면, 디오니소스의 상징은 삶에 대한 약속입니다. 결국 그리스도교는 심층적인 허무의 상징인 반면, 디오니소스는 궁극적인 긍정의 상징입니다. 삶이 고통이고 구원은 죽음을 통해서만 가능할 때, 그 삶은 허무적일 수밖에 없습니다. 어떤 고통도 활력으로, 어떤 파괴도 생성으로 바꿀 만큼 충분히 강하다면, 그런 존재에게는 어떤 삶도 긍정적일 것입니다.

신에 대한 가치전환 2 :
웃고 춤추고 놀이하는 신, 위대한 인간들의 유형인 신

또한 니체는 인간 외부의 신에 대하여, 위대한 인간 유형의 신을 창조함으로써 신에 대한 가치전환을 시도합니다.

> Imagine there's no heaven. It's easy if you try.
>
> 상상해 봐, 천국이 없다고. 어렵지 않아.
>
> No hell below us. Above us only sky.
>
> 우리 아래 지옥도 없다고. 우리 위엔 오직 하늘뿐이라고.
>
> — 존 레논, 「Imagine」

존 레논은 말합니다. "천국이 없다고 상상해 봐." 우리는 현실의 고통을 회피하려고 천국 같은 것을 생각합니다. 하지만 천국은 현실을 잊게 하는 임시방편일 뿐, 고통을 치유하지는 않지요. 천국을 없애는 것은 어떻게 가능할까요? 존 레논처럼, 먼저 천국이 없다고 상상하는 것입니다. 그리고 이 세상을 천국 같은 것으로 만들면 됩니다. 신을 없애는 것은 어떻게 가능할까요? 니체라면 '신이 죽었다고 상상해 보라'고 말했을 것입니다. 그리고 이 세상을 천국으로 만드는 것처럼, 우리가 신이 되는 것입니다. 니체가 말하는 위대한 인간들의 유형으로서 신이란 어떤 모습일까요?

TV 프로그램 「유 퀴즈 온 더 블럭」에서는 '신들의 전쟁'이라는 제목으로 암산의 신, 취업의 신, 문서의 신, 연기의 신을 게스트로 초대한 적이 있습니다. 물론 이때의 신이 니체적 의미와 꼭 들어맞는 것은 아니지만, 전통적 의미와 다른 용법으로 신의 개념을 사용하고 있지요. 같은 용법으로 공부의 신, 게임의 신, 영업의 신, 투자의 신, 예능의 신, 레퍼들의 신 … 같은 것을 들 수 있어요. 대중적 차원에서 진행되는 신에 대한 가치 전환의 사례지요. 이렇게 신이 인간의 특별한 유형으로 사용되는 것은, 이미 전통적 유형의 신이 자기 가치를 잃어버렸음을 보여 줍니다.

> 만일 신도 철학을 한다면, 위버멘쉬적이고 새로운 방식으로 웃을 수 있다 … 신들은 조소하기를 좋아하며, 신성한 행위를 할 때조차 웃음을 멈출 수 없다.
>
> — 『선악의 저편』, 294

> 내 머리 위에 펼쳐져 있는 하늘이여, … 내게 있어서 너는 신성한 우연이란 것을 위한 무도장이며, 신성한 주사위와 주사위 놀이를 즐기는 자를 위한 신의 탁자라는 것이다!
>
> — 『차라투스트라는 이렇게 말했다』, 해뜨기 전에

> 나는 춤을 출 줄 아는 신만을 믿으리라. … 이제 나는 가

볍다. 이제 나는 날고 있으며, 이제 날고 있는 나 자신을
내려다보고 있다. 이제야 어떤 신이 내 안에서 춤을 추고
있구나.

—『차라투스트라는 이렇게 말했다』, 읽기와 쓰기에 대하여

웃기를 좋아해서 신성한 행위를 하면서도 웃음을 멈추지
않는 신! 하늘을 탁자 삼아 주사위 놀이를 즐기는 신! 춤출 줄
아는 신! 차라투스트라는 스스로 무신론자라고 하지만, 이런
신이 있다면 기꺼이 믿겠다고 합니다. 이런 신들은 우리가 이
제까지 알던 신과는 완전히 다르지요. 하늘나라에서 인간과 세
상을 내려다보는 하느님이 아니라, 마치 이웃에 사는 재미있고
유쾌한 할아버지 같은 신. 웃고 춤추고 놀이하는 신이라면 계
속해서 새로운 가치를 만들 수 있을 것입니다. 신은 좀 더 가벼
워져야 하고, 신의 행위는 좀 더 위험해져야 합니다. 새로운 가
치를 창조하려면 말이지요.

니체가 전통적 신을 대신하여 웃는 신, 놀이하는 신, 춤추
는 신을 말하는 것은 우연이 아닙니다. 니체는 웃음·놀이·춤이
야말로 낡은 가치를 해체하고 새로운 가치를 생성하는 긍정적
인 힘이라고 해요. 웃음과 놀이와 춤은 신체를 가볍게 만들고
긍정적 에너지와 즐거운 쾌감을 만들어 냅니다. 새로운 가치를
만들기 위해서 우리 신체는 안정된 에너지가 아니라 활성화된
에너지가 필요할 것입니다. 신체의 안정된 에너지는 새로운 가

치를 만들기보다 현재 가치를 고정하고 강화하는 데 기여할 것입니다. 그런데 웃음, 놀이, 춤은 신체의 활력을 깨워, 새롭고 낯선 것들을 향해 우리 신체를 개방합니다.

"신은 유일하다! 너는 나 이외에 다른 신을 섬기지 말라."
— 『차라투스트라는 이렇게 말했다』, 배신자에 대하여, 2

얼마나 많은 신들이 아직도 가능한가! 내 안에는 … 신을 **형성하는** 본능이 … 신적인 것이 매번 얼마나 다르게 얼마나 다양하게 나타나는가! … 그토록 많은 기이한 것들이 내 곁을 스쳐 갔다. … 시간을 초월한 저 순간에, 마치 달에서 떨어지듯 삶 속으로 떨어져 들어온 순간에 스쳐 간 것이다. 나는 다양한 종류의 신들이 존재한다는 것을 의심하지 않는다. 한가로움이나 경솔함을 빼놓고는 생각할 수 없는 신들도 있다. 심지어 가벼운 발걸음도 '신' 개념에 속할 것이다. 신은 언제나 모든 이성적인 것과 우직한 것의 저편에 머물기를 좋아한다 … 선악의 저편에, … **신은 자유로운 퍼스펙티브를 가지고 있다** … 다시 한번 말하자면, 얼마나 많은 신들이 아직도 가능한가! … 창조적 정신들의, '위대한 인간들'의 유형에 따른 신의 유형
— 『권력에의 의지』, 1038

옛 신은 "신은 유일하다"라고 외치지만, 니체는 "얼마나 많은 신들이 아직도 가능한가!" 말하지요. 니체는 엄격-근엄-진지함과 거리가 먼 이 신들을 이렇게 묘사합니다. 시간을 초월한 어떤 순간에 우리 삶 속으로 스쳐 가는 이상한 것들, 한가롭고 경솔한 신, 가벼운 발걸음으로 걷는 신, 이성적인 것과 우직한 것 너머에 있는 신, 선악의 저편에 존재하는 신, 자유로운 퍼스펙티브(관점)를 지닌 신.

니체는 전통적 신의 가치에서 전도된 가치를 가진 새로운 신을 유형화합니다. 먼저 전통적 유형이 오직 하나의 유일신이라면, 새로운 유형은 다양한 종류의 많은 신들이지요. 또한 전통적 유형이 인간을 창조한 신이라면, 새로운 유형은 인간이 창조한 신이지요. 그리고 전통적 신이 인간의 외부에 존재한다면, 새로운 신은 위대한 인간들의 유형이라고 하지요.

창조적 정신이 만들어 낸 '위대한' 인간들의 유형이란 어떤 존재일까요? 그것은 어딜 가나 만날 수 있는 무리적 유형, 지금 시대의 지배적 가치에 따라 사는 대중적 유형과는 다른 것일 것입니다. 지금의 인간적 가치와 인간적 한계를 넘어서는 새로운 존재 유형일 것입니다. "인간은 극복되어야 할 그 무엇이다. 나 너희에게 위버멘쉬를 가르치노라." 차라투스트라는 인간의 몰락 너머에서 출현하는 존재 유형을 '위버멘쉬'라고 정식화합니다. 즉 현재의 지배적 가치를 넘어서는 위대한 인간들을 우리는 위버멘쉬 유형이라고 부를 수 있을 것입니다. 이러한 위버멘쉬 유형이야말로 니체적 의미에서 새로운 신의 유형일 것입니다. 위버멘쉬는 어떤 존재일까요? 이제 위버멘쉬를 만나러 가 볼까요.

2

위버멘쉬,
넘어서는 자

위버멘쉬, 자기 극복으로 정의되는 존재

1장에서 신의 죽음을 검토하면서, 우리는 위버멘쉬라는 존재를 어렴풋이 알게 되었지요. 신의 죽음 이후 인간 앞에는 두 가지 길이 있었는데, 신의 부활과 위버멘쉬의 출현입니다. 니체는 인간의 강한 의지로부터 위버멘쉬-되기를 제안하지만, 인간의 약한 의지는 신의 부활을 선택했지요. 한편 낡은 신을 대체할 새로운 신으로 위대한 인간들의 유형인 위버멘쉬가 언급되기도 했습니다. 이제 인간이 가지 않았던 다른 길, 다른 가능성인 위버멘쉬-되기를 검토할 차례입니다.

위버멘쉬,
신의 죽음을 선언하고 인간의 몰락 위에서 출현하는 자

'**위버멘쉬**'라는 말은 최고의 완성된 존재 유형을 지칭하는 말로서, '현대'인, '선한' 자, 기독교인과 다른 허무주의자들과는 반대되는 말이다. … 그런데 위버멘쉬라는 말은 도처에서 차라투스트라가 의도하는 가치와는 정반대의 가치로 순진하게 이해되고 있다. 말하자면 (*위버멘쉬는) 반은 '성자'고 반은 '천재'인 좀 더 고급한 인간의 '이상적'인 전형으로 이해되고 있다. … 또 다른 어떤 멍청한 학자는 나를 다윈주의자가 아닌가 하고 의심하기도 했다. … 심지어 … 사람들은 위버멘쉬라는 말에서 '영웅 숭배'를 읽어 내기도 했다.

— 『이 사람을 보라』, 나는 왜 이렇게 좋은 책을 쓰는지, 1

위버멘쉬가 완성된 존재 유형이라는 것은 스스로 가치 창조자로서 신의 죽음을 선언하는 존재이며, 인간적 가치를 극복하면서 인간의 몰락 위에서 출현하는 존재이기 때문입니다. 니체의 위버멘쉬übermensch는 넘어섬을 뜻하는 'Über'와 인간을 뜻하는 'mensch'가 합쳐진 말입니다. 인간을 넘어섬, 인간을 넘어서는 존재, 인간의 한계를 극복하는 존재입니다. 인간의 한계를 극복한다는 것은 어떤 의미일까요? 우리는 어떻게 우리 자신을 넘어설 수 있을까요? 위버멘쉬는 대체 어떤 존재일까요? 혹은 위버멘쉬는 어떤 존재가 아닐까요?

위버멘쉬 유형은 먼저 당시 일반적 인간의 유형인 현대인·선한 자·기독교인·허무주의자들과는 반대입니다. 위버멘쉬라는 개념 자체가 인간적 한계, 인간적 가치에 대한 비판을 포함하고 있기 때문입니다. 위버멘쉬가 인간을 넘어선 존재라는 것은 한편 인간의 몰락을 기다리는 존재라는 의미입니다. 따라서 지배적인 인간 유형과는 반대 유형일 수밖에 없습니다. 그래서 Übermensch를 번역할 때도 요즘에는 대체로 독일어 발음 그대로 '위버멘쉬'_{Übermensch}로 씁니다. 위버멘쉬라는 말을 초인(超人)이나 오버맨(Overman), 슈퍼맨(Superman)으로 번역할 때 생기는 오해를 막기 위해서지요.

대체로 니체 철학이 그런 것처럼, 위버멘쉬 또한 처음부터 사람들에게 이해할 수 없는 존재로 출현했습니다. 니체가 이 말을 처음 사용했을 때, 위버멘쉬는 반은 성인이고 반은 천재인 '이상적 인간 유형'으로 오해되었어요. 심지어 위버멘쉬를 '한 단계 더 진화한 인간'으로 오해한 나머지, 니체를 다윈주의자로 의심하기도 했다네요 글쎄! 이러한 오해는 오늘날에도 마찬가지여서 위버멘쉬를 이상적 인간, 슈퍼영웅이나 초능력자로 생각하기도 하지요.

오늘날 소심하기 짝이 없는 자들은 묻는다. "어떻게 하면 살아남을 수 있을까?" 그러나 차라투스트라는 이렇게 묻는 최초이자 유일한 자이다. "어떻게 하면 인간이 **극복될** 수 있을까?" 내가 마음에 두고 있는 것은 위버멘쉬이다. 내게는 **그가** 최초이자 유일한 관심사이다. 내가 마음에 두고 있는 것…은 여느 사람이 **아니다.** 가장 가까운 이웃도, 가장 가난한 자도, 가장 고통받고 있는 자도, 가장 선한 자도 아니다.

― 『차라투스트라는 이렇게 말했다』, 보다 높은 인간에 대하여, 3

그런데 니체 철학에 대한 오해가 그러하듯이, 위버멘쉬에 대한 이런 오해는 사소한 실수나 이해 부족이 아닙니다. 거기에는 인간에 대한 근본적인 관점의 차이가 있어요. 니체의 시대나 오늘날이나 사람들의 관심사는 '어떻게 하면 살아남을 수 있을까?' 하는 생존에 있습니다. 그러나 니체의 물음은 언제나 '인간을 어떻게 극복할 것인가?' 하는 의지의 표현입니다. 인간의 자기 보존(self-preserving) 대 인간의 자기 극복(self-overcoming)!

이것은 '인간을 어떻게 보는가' 하는 관점의 문제입니다. 인간을 최종목적으로 보는가, 인간을 극복 대상으로 보는가 말이지요. 인간을 유지하고 강화해야 할 목표로 본다면, 위버멘쉬는 '인간'의 최고유형이거나 진화한 '인간'처럼 또 다른 인간 유형일 뿐입니다. 반면 인간을 극복하고 넘어서야 할 대상으로 본다면, 위버멘쉬는 일반적 인간과는 다른 존재 유형으로 해석될 것입니다. 근대 철학이 인간적 가치를 중심에 둔 휴머니즘에서 출발했다면, 니체 철학이야말로 인간적 가치를 비판하는 안티 휴머니즘에서 출발하고 있습니다.

위버멘쉬는 니체가 제안하는 존재의 형상입니다. "우리는 어떤 존재가 되어야 하는가?" 니체는 위버멘쉬를 통해 이 물음에 접근하려고 합니다. 우리는 1장에서 신의 죽음 이후, 인간의 모습을 한 절대 가치로서 신의 부활을 보았습니다. 이제 2장에서는 신의 죽음 이후, 인간이 스스로 가치 창조자가 되는 위버멘쉬의 등장을 검토하려고 합니다. 그런 의미에서 위버멘쉬는 '신의 죽음'과 '인간의 몰락'이라는 두 가지 사건과 관련하고 있습니다. 위버멘쉬는 신의 죽음을 기정사실화하고, 인간의 몰락을 주도하는 자이기 때문이지요. 즉 신의 죽음을 선언하고, 인간의 몰락 위에서 출현하는 존재가 바로 위버멘쉬입니다.

니체는 이미 경고했지요. 인간의 나약함이 의지할 무엇을 찾아, 계속해서 신이라는 이름의 절대 가치를 부활시킨다고. 그리고 이런 제안도 했지요. 인간이 위대해져서 스스로 가치 창조자가 될 때 신은 더 이상 필요 없게 된다고. 우리는 신의 죽음에 대처하는 인간의 두 가지 자세를 보게 됩니다. 하나는 인간적 한계에 갇히는 방식이고, 다른 하나는 인간의 한계를 극복하는 방식입니다.

위버멘쉬는 '인간의 자기 극복'으로 정의되는 존재입니다. 니체는 위버멘쉬의 정의를 두 가지 의미로 해석합니다. 먼저, "인간은 극복되어야 할 그 무엇"으로 위버멘쉬는 '인간을 극복'하는 존재입니다. 한편, "스스로를 극복하는 존재"로서 위버멘쉬는 인간의 '자기 극복'을 의미합니다. 전자가 '위버멘쉬는 어떤 존재인가'를 말하는 존재적 의미라면, 후자는 '어떻게 위버멘쉬가 될 수 있을까'를 말하는 방법적 정의라고 할 수 있어요. 즉 위버멘쉬는 인간을 넘어서는 곳에서 출현하는 존재이며, 나를 극복하는 방식으로 존재하는 자입니다. 인간은 어떻게 인간을 넘어설 수 있을까요? 우리는 어떻게 자신을 극복할 수 있을까요?

위버멘쉬의 존재적 의미 :
'인간'을 극복하는 존재

"모든 신은 죽었다. 이제 위버멘쉬가 등장하기를 우리는 바란다." 이것이 언젠가 우리가 위대한 정오를 맞이하여 갖게 될 최후의 의지가 되기를!

— 『차라투스트라는 이렇게 말했다』, 베푸는 덕에 대하여, 3

만약 신들이 존재한다면, 나는 내가 신이 아니라는 사실을 어떻게 참고 견뎌낼 수 있겠는가! **그러니** 신들은 존재하지 않는다. 실로 나 이 같은 결론을 끌어냈다. 이제는 그 결론이 나를 끌고 가고 있는 것이다.

— 『차라투스트라는 이렇게 말했다』, 행복한 섬에서

니체는 "신이 죽었으므로, 위버멘쉬가 등장해야 한다"라고 합니다. 니체는 신을 인간의 그림자에 비유하는데, 인간이 만든 것인데도 그것을 숭배한다는 거지요. 위대한 정오란, 태양이 인간의 머리 위에 있어서 인간의 그림자인 신이 사라지는 순간을 말합니다. 즉 신이 사라지는 위대한 정오의 순간에 위버멘쉬가 등장하기를 바라지요. 신의 죽음 이후에 두 유형의 존재가 등장하는데, 바로 인간과 위버멘쉬입니다. 신의 죽음이 인간적 우상인 신의 부활이 아니라 위버멘쉬의 출현으로 이어지기를 니체는 의지합니다.

인간은 죽은 신의 자리를 차지하고 새로운 신으로 부활했지요. 신이 '옛 신의 모습을 한 중세의 절대 가치'라면, 인간은 '인간의 모습을 한 현대의 절대 가치'를 의미합니다. 결국 신의 모습을 하건 인간의 모습을 하건, 신은 우리의 삶을 지배하는 절대 가치의 다른 이름이지요. 인간이 자기 삶을 외부에 의지하려는 존재라면, 위버멘쉬는 자기 삶의 주인으로 존재합니다. 인간이 외부의 절대 가치를 따르는 존재라면, 위버멘쉬는 자기 스스로 가치 창조하는 존재입니다. 이것이 '신이 죽었으므로 위버멘쉬가 등장해야 한다'라는 니체적 의미입니다.

나 너희에게 위버멘쉬를 가르치노라, 인간은 극복되어야 할 그 무엇이다. 너희들은 인간을 극복하기 위해 무엇을 했는가? … 인간은 짐승과 위버멘쉬 사이를 잇는 밧줄, 심연 위에 걸쳐 있는 하나의 밧줄이다. … 인간에게 위대한 것이 있다면, 그것은 목적이 아니라 하나의 교량이라는 것이다. 인간에게 사랑받을 만한 것이 있다면, 그것은 그가 하나의 **과정**이요 **몰락**이라는 것이다.

— 『차라투스트라는 이렇게 말했다』, 차라투스트라의 머리말, 3

"인간은 극복되어야 할 그 무엇이다!" 『차라투스트라는 이렇게 말했다』에서 가장 많이 반복되는 말입니다. 인간은 자신을 진화의 목적으로 간주하지만, 차라투스트라는 인간을 위버멘쉬로 넘어가는 교량으로 규정합니다. 니체는 위버멘쉬를 인간이 진화한 종으로 생각하지 않았고, 위버멘쉬가 인간진화의 최종목적지라고도 생각하지 않았습니다. 오히려 인간의 몰락으로 출현하는 존재가 위버멘쉬입니다. 인간은 왜 극복되어야 할 대상일까요? 이때, 인간이란 어떤 존재일까요?

인간은 본래부터 지상에 있던 존재가 아니라 최근에 탄생한 근대의 발명품입니다. 물론 생물학적 인류는 4~5만 년 전부터 있었지만, 사회적 의미에서 '인간'으로 존재한 것은 근대 이후였어요. 이전까지 인류는 자연의 일부였으며, 공동체의 구성원이었고, 신의 피조물이었어요. 그런데 근대로 넘어

오면서 자연에서 분리되어 자연을 대상으로 하고 자신을 목적으로 설정하는 존재, 공동체가 아니라 개인으로 불리는 존재, 신에서 분리하여 자신을 주체로 선언한 존재가 생겨났지요. 바로 이런 존재가 인간이며, 그런 의미에서 인간은 근대에 탄생한 것입니다.

인간을 극복한다는 것은 우리 시대를 지배하는 인간적 가치를 극복한다는 것입니다. 우리가 1장에서 검토했던 인간적 우상들 말입니다. 인간을 목적으로 자연을 수단으로 바라보는 인간주의, 자본의 이윤을 목적으로 다른 것들을 이윤의 수단으로 간주하는 자본주의가 우리 시대의 대표적 가치였지요. 그리고 건물주·대기업·중산층으로 대표되는 '성공적인 삶의 방식'과 정상적인 성정체성·가족·공동체·인간형으로 제시되는 '바람직한 도덕적 이상'도 우리 삶을 지배하는 일상적 가치였지요. 이런 가치가 바로 니체가 극복 대상으로 설정한 인간적 가치입니다. 니체는 근대의 발명품인 인간에 대하여, 탄생과 동시에 극복 대상으로 설정한 급진적인 사상가입니다. 그래서 니체를 근대로부터 탈주를 수행하는 '탈근대'를 대표하는 철학자라고 부르지요.

위버멘쉬의 방법적 정의 :
'자기 극복'의 인격화

지금까지 모든 존재는 자신을 넘어서는 무엇인가를 창조해 왔다. 너희는 사람을 극복하기 위해서 무엇을 했는가?

— 『차라투스트라는 이렇게 말했다』, 차라투스트라의 머리말, 3

보라, 나 끊임없이 자신을 극복해야 하는 존재다.

— 『차라투스트라는 이렇게 말했다』, 자기 극복에 대하여

삶은 항상 자기 자신을 극복하지 않으면 안 된다 … 삶은 오르고자 하며, 오르면서 자신을 극복하고자 한다.

— 『차라투스트라는 이렇게 말했다』, 타란툴라에 대하여

우리는 어떻게 위버멘쉬가 될 수 있을까요? 위버멘쉬는 인간의 '자기 극복'으로 정의되는 존재입니다. 그것은 인간 외부의 어떤 것에 의해서가 아니라 '인간에 의한 인간의 극복'을 말합니다. 그런데 니체는 인간이나 생물체뿐 아니라 세계에 존재하는 "모든 존재자"에 대하여 자기 극복의 행위로서 위버멘쉬-되기를 요청합니다. 이런 용법으로는 차라투스트라에 의한 차라투스트라의 극복, 니힐리즘에 의한 니힐리즘의 극복, 도덕의 자기 극복, 종교의 자기 극복 … 등이 있지요. 이것이 바로

'위버멘쉬'로 정의되는 니체의 자기 극복의 원리입니다. 그래서 위버멘쉬는 자기 극복이라는 개념을 인물로 표현한 '자기 극복의 인격화'라고 할 수 있습니다.

삶은 필연적으로 자기 극복의 법칙을 가지고 있습니다. 모든 것은 자기 내부에 자기를 극복할 힘이 있다는 의미지요. 그리고 무엇보다 자기 스스로에 의해 극복되지 않으면 안 됩니다. 인간의 강한 의지는 신을 불필요하게 만들지만, 인간의 약한 의지는 계속해서 신을 불러들이는 것처럼! 따라서 위버멘쉬를 어떤 존재로 취급할 때조차 '위버멘쉬-되기' 혹은 '자기 극복-하기'라는 실천으로 읽어야 합니다. 이처럼 위버멘쉬는 '목표로 주어지는 존재'가 아니라 '과정으로 구성되는 실천'입니다. 그래서 위버멘쉬는 '우리 외부의 이상적 모델'이 아니라 '자기 극복을 통한 변신'입니다.

> 진정, 몰락이 일어나고 낙엽이 지는 곳에서 생명은 자신을 제물로 바치니. 힘을 확보하기 위해! … 내가 무엇을 창조하든, 내가 그것을 얼마나 사랑하든, 나는 곧 내가 창조한 것과 내 사랑에 대적하는 적이 되지 않을 수 없다. 그렇게 되기를 나의 의지가 원하고 있으니.
>
> ─ 『차라투스트라는 이렇게 말했다』, 자기 극복에 대하여

그러면 자기 극복은 어떤 실천일까요? 우리는 어떻게 자

신을 극복할 수 있을까요? 자기 극복이란 새로운 것의 생성을 위해 낡은 것의 몰락이 진행되는 과정입니다. 생명의 한 주기가 끝나는 겨울, 우리 앞에 한 그루의 나무가 서 있습니다. 나무는 낙엽을 떨어뜨리고 앙상하게 서서 마치 죽음을 기다리는 것처럼 보이지요. 하지만 그것은 나무가 겨울을 견디기 위해 힘을 확보하는 방법이지요. 이렇게 나무는 "자신의 일부를 제물"로 바치면서 지금의 자신으로서는 "몰락"한 채, 새로 시작되는 봄날 새로운 생명으로 다시 "생성"됩니다. 겨울을 견뎌낸 힘과 의지를 신체에 기억한 채로 말입니다.

여기 새로운 스타일을 창안하려는 작가가 있습니다. 지금까지 그의 문체는 그의 자랑이었으며, 그것으로 대중에게 사랑받기도 했지요. 점차 그의 작품은 자기복제를 거듭하고, 이제 그는 문체가 가져다준 명성에 갇혀 새로운 실험이 두려워집니다. 새로운 스타일을 시도하려고 한다면 그는 어떻게 해야 할까요? "내가 창조한 것과 내가 사랑하는 것과 대결하는 적"이 되어야 합니다. 기존의 스타일을 철저하게 해체하지 않으면, 새로운 스타일을 창조하는 것은 불가능하기 때문이지요.

한 그루의 나무이거나 하나의 스타일이거나 자신을 넘어서려는 위버멘쉬적 실천은 현재의 '발전이나 진화'가 아니라 '몰락과 변신'의 과정입니다. 새로운 생성을 목표로 하지만, 시작은 언제나 지금의 존재를 해체하는 것이지요. 현재의 철저한 몰락이 위버멘쉬-되기의 전제 조건입니다. 그래서 위버멘쉬는 자기 존재를 부정하는 자이며, 몰락을 향해 나아가는 역설적인 존재입니다.

자기 극복이란 몰락에서 시작하여 생성으로 끝나는 실천이며, 이 과정을 주도하는 것이 위버멘쉬입니다. 그런 의미에서 위버멘쉬란 '자기 정체성의 극복'을 정체성으로 갖는 자이며, '자기가 아닐 가능성'을 자기 본질로 갖는 존재입니다. 다음의 독백이 위버멘쉬에게 적합할 것입니다. "나는 항상 나로 머물러 있지만, 그것은 항상 다른 내가 되는 방식으로 그랬다." 새로운 나를 위해서 지금의 나를 버리는 것, 그렇게 나는 나를 넘어서게 될 것입니다. 그리고 이러한 극복은 한 번으로 끝나는 게 아니라 영원히 반복되어야 하는 것입니다. 나중에 말하겠지만, 이것이 '하나의 삶 안에서의 영원회귀'입니다.

용이 지배하는 사막에 낙타·사자, 그리고 어린아이

나 이제 너희에게 정신의 세 가지 변화에 대해 이야기하련다. 정신이 어떻게 낙타가 되고, 낙타가 사자가 되며, 사자가 마침내 어린아이가 되는가를.

— 『차라투스트라는 이렇게 말했다』, 세 변화에 대하여

정신의 세 단계 변신을 말하는 이 텍스트는 위버멘쉬-되

기에 관한 니체의 방법론입니다. 즉 위버멘쉬는 낙타-사자-어린아이라는 세 단계의 변신으로 출현하는 존재입니다. 혹은 위버멘쉬는 낙타-사자-어린아이라는 세 단계의 변신을 주도하는 존재입니다. 이러한 변신을 통해 인간은 인간을 넘어서며, 우리는 자신을 극복할 수 있습니다. 『차라투스트라는 이렇게 말했다』는 차라투스트라가 위버멘쉬로 되어 가는 여정을 서술한 작품입니다. 차라투스트라 역시 자기 안에 있는 인간적 한계를 극복하고 새로운 가치를 창조하는 과정에서 위버멘쉬가 될 수 있었던 거지요. 그런 의미에서 『차라투스트라는 이렇게 말했다』 작품 전체는 '자기 변신'이라는 이 텍스트에 대한 긴 주석이라고 할 수 있습니다.

용이 지배하는
불모의 사막에 …

용이 지배하는 황량한 사막에 낙타, 사자, 어린아이가 있습니다. 사막은 생명력을 잃어버린 불모의 땅인 시대적 공간을 의미하고, 사막을 지배하는 용은 시대정신을 상징합니다. 그리고 사막이라는 시대 혹은 용이라는 시대정신과 맺고 있는 관계에 의해, 낙타는 복종의 정신, 사자는 저항의 정신, 어린아이는 생성의 정신을 상징합니다. 그리고 이 정신들은 자신을 이렇게 표현합니다. 낙타는 시대정신을 내면화하여 복종의 의지를 표현합니다. "너는 마땅히 해야 한다." You should. / Du sollst. 사자는 반시대적 비판의 의지를 드러냅니다. "나는 하고자 한다." I will. / Ich wille. 그리고 생성으로 존재하는 어린아이는 이렇게 말함으로써 시대 외부에 존재하는 비시대적 의지를 말합니다. "나는 그렇게 존재한다." I am. / Ich bin.

왜 니체는 시대적 공간을 불모의 사막으로 설정했을까요? 그것은 니체 철학이 새로운 변화를 지향하는 생성의 철학이기 때문입니다. 모든 새로운 변화는 지금의 시대, 지배적인 가치를 바꾸는 것에서 출발합니다. 새로운 변화를 시도하려는 자에게, 지금의 시대는 언제나 낡은 것일 수밖에 없습니다. 반면 지금의 시대가 여전히 긍정적으로 평가된다면, 그는 시대와 함께하는 자입니다.

한 철학자가 자기 자신에게 최초이자 최후로 요구하는 바는 무엇인가? 자기 시대를 자기 안에서 극복하며 '시대를 초월하는' 것이다. 그렇다면 그가 가장 격렬한 싸움을 벌이는 대상은 무엇인가? 그를 그 시대의 아들이게끔 만드는 것이다.

— 『바그너의 경우』, 서문

헤겔은 "모든 사람은 그 시대의 아들"이라고 했습니다. 따라서 헤겔 철학도 당시 지배적 질서에 기여하는 것이었지요.

하지만 니체는 언제나 시대와 대결하여 새로운 시대를 여는 것을 자기 철학의 기획으로 삼았습니다. 그래서 그에게 철학자는 "자기 시대를 자기 안에서 극복하면서 시대를 넘어서는 자"였지요.

왜 니체는 시대정신을 용으로 표현했을까요? 그것은 신의 죽음 이후 새롭게 부활한 인간적 우상을 상징하기 위해서지요. 니체는 용을 '신'과 혼용해서 쓰고 있어요. 옛 신이 하나님으로 대표되는 중세의 신이라면, 지금의 신은 인간이 만들어 낸 인간적 우상입니다. 하지만 신인 한에서 그는 현실적 존재가 아니라 초월적인 존재여야 하고, 그래서 상상의 동물인 용으로 표현한 거지요. 즉 인간적 우상과 초월적 존재라는 특성이 합쳐져서 용이 우리 시대의 정신을 상징하게 된 거지요. 용이 상징하는 시대정신에는 앞에서 검토한 것들을 떠올릴 수 있습니다. 인간중심주의, 자본주의, 성공적인 삶의 방식, 바람직한 도덕적 이상….

낙타의 정신 :
시대적 가치에 복종하는 정신

공경하고 두려워하는 마음을 지닌 억센 정신, 짐을 무던히도 지는 정신에게는, 무거운 짐이 허다하다. 정신의 강인함은 무거운 짐을, 더없이 무거운 짐을 지고자 한다.

"무엇이 무겁단 말인가? … 너희 영웅들이여, 내가 그것을 등에 짐으로써, 나는 나의 강인함을 확인하고, 그 때문에 기뻐할 수 있는 저 더없이 무거운 것…" 짐을 무던히도 지는 정신은 이처럼 더없이 무거운 짐 모두를 짊어진다. 그러고는 마치 짐을 가득 지고 사막을 향해 서둘러 달리는 낙타처럼 그 자신의 사막으로 서둘러 달려간다.

— 『차라투스트라는 이렇게 말했다』, 세 변화에 대하여

"너는 마땅히 해야 한다." (*낙타의) 무조건적 복종은 … 복종하는 것이 상위의 인간을 향한 것인가, 아니면 개념을 향한 것인가는 중요하지 않다.

— 『권력에의 의지』, 940

먼저 낙타의 정신은 시대적 가치에 복종하는 정신을 상징합니다. 낙타는 시대적 가치를 짊어지고 사막을 건너는 존재입니다. 이러한 존재는 니체 작품에서 약자, 난쟁이, 기독교로 등장하지요. 낙타의 정신은 '시대를 공경하고 두려워하는 마음을 지닌 억센 정신, 짐을 무던히도 지는 정신'입니다. 여기서 짐이란 시대로부터 요구되는 시대적 가치를 의미하지요. 이때 복종하는 것이 인간적 형태(예를 들어 히틀러, 우상)거나 이념의 형태(자본주의, 인간주의)거나 그것은 중요하지 않습니다.

그렇게 시대에 복종하는 낙타의 정신은 시대에 불복종하

는 영웅들(강자들)에게 이렇게 말합니다. "시대적 요구가 뭐가 무거우냐, 나는 그것을 기꺼이 짊어짐으로써 강인함을 느낀다." 그렇습니다. 낙타의 정신은 시대가 요구하는 짐을 더 많이 질수록, 그 짐이 더 무거울수록 스스로 강인하다고 느낍니다.

그렇게 낙타의 정신은 시대적 가치를 짊어지고 '그 자신의 사막'으로 달려가지요. 여기서 '그 자신의 사막'이라는 표현에 주목해야 합니다. 낙타는 사막을 상징하는 동물이며, 사막은 낙타의 공간입니다. 서로가 호응하는 관계지요. 낙타의 세계에는 시대정신을 상징하는 용이 등장하지 않습니다. 왜냐하면 낙타의 정신이 곧 시대적 가치를 반영하기 때문이지요.

우리 역시 시대적 가치를 우리의 것으로 내면화하고 있다면, 우리를 지배하는 시대적 가치는 보이지 않습니다. 인간을 위해 동물과 자연·물건을 수단으로 사용하는 것이 자연스럽다면 말이지요. 자본의 이윤추구가 당연하고 돈이 삶의 절대 가치라는 데 동의한다면 그렇지요. 좋은 대학, 좋은 직장, 중산층으로 연결된 삶의 방식을 꿈꾼다면 말이지요. 이성애와 혈연 중심의 가족공동체가 여전히 바람직하게 느껴진다면 말이지요.

사자의 정신 :
시대적 가치와 대결하는 정신

외롭기 짝이 없는 저 사막에서 두 번째 변화가 일어난다. 여기에서 정신이 사자로 변하는 것이다. 정신은 자유를 쟁취하여 그 자신이 사막의 주인이 되고자 한다. 그는 그리하여 그가 섬겨 온 마지막 주인을 찾아 나선다. 그는 그 주인에게, 그리고 그가 믿어온 마지막 신에게 대적하려 하며, 승리를 쟁취하기 위해 저 거대한 용과 일전을 벌이려 한다.

정신이 더 이상 신이라고 부르기를 거부하는 그 거대한 용의 정체는 무엇인가? "너는 마땅히 해야 한다"가 그 거대한 용의 이름이다. 그러나 사자의 정신은 "나는 하고자 한다"라고 말한다. 비늘짐승인 "너는 마땅히 해야 한다"가 정신이 가는 길을 금빛을 번쩍이며 가로막는다. 그 비늘 하나하나에는 "너는 마땅히 해야 한다!"라는 명령이 찬란하게 빛나고 있다.

이들 비늘에는 천년의 역사를 자랑하는 가치들이 찬란하게 빛나고 있고, 용 가운데서 가장 힘이 센 그 용은 "모든 사물의 가치는 내게서 찬란하게 빛난다"라고 거들먹거린다. "가치는 이미 모두 창조되어 있다. 창조된 일체의 가치, 내가 바로 그것이다. 진정, '나는 하고자 한다'라는 요구는 더 이상 용납될 수가 없다." 용은 이렇게 말한다.

— 『차라투스트라는 이렇게 말했다』, 세 변화에 대하여

사자의 정신은 시대적 가치에 저항하는 정신을 상징합니다. 사자는 시대적 가치와 대결하여 사막의 주인이 되려는 존재입니다. 이러한 존재는 니체 작품에서 강자, 영웅, 차라투스트라, 사자로 등장하지요. 용의 정체는 "너는 마땅히 해야 한다"라는, 시대정신으로 표현됩니다. 반면 사자의 정신은 "나는 하고자 한다"라는, 시대에 저항하는 반시대적 정신으로 표현됩니다. 사자의 저항정신은 용의 시대정신을 더 이상 신이라 부르기를 거부합니다.

낙타의 세계에서는 없었던 용이 사자의 세계에 출현한 것은 왜일까요? 낙타의 정신처럼 시대적 가치와 자기 가치가 일치할 때, 시대적 가치는 드러나지 않지요. 반대로 사자의 정신처럼 시대적 가치에 불복종할 때, 시대적 가치는 이를 억압하고 지배하려 들기 때문이지요. 이를테면 '투명 가방끈'이라는 대학 거부자들이 대학이라는 성공적인 삶의 관문에 불복종했을 때, 어떤 일이 일어났을까요? '부모, 친구, 동료'라는 이름으로, '너, 잘 돼라'라고 하는 걱정으로, 시대적 가치는 이들의 결단을 무력화시키려 할 것입니다. 왜냐하면 이런 불복종이 긍정된다면 '성공적인 삶의 방식'이라는 시대적 가치가 힘을 잃게 될 테니까요.

시대정신은 왜 금빛으로 번쩍일까요? 그것은 이미 최고의 가치로 입증된 것이며, 모든 사람들이 그렇게 되기를 욕망하는 대상이기 때문입니다. 시대적 가치가 찬란하게 빛날수록 저항의 정신은 더욱 초라해집니다. 시대적 가치는 '왜 좋은 대학에 가야 하는가'에 대한 합리적인 설명들로 대학 거부자들의 불복종을 가로막습니다. 그리고 '좋은 대학이 어떻게 좋은 직장으로 인도하는가' 등 우리 시대는 시대적 가치의 정당함을 입증할 사례로 차고 넘칩니다. '좋은 대학, 좋은 직장, 중산층으로 이어지는 이것만이 성공한 삶이다!' 시대적 가치라는 절대명령은 사자의 저항을 더 이상 용납하지 않습니다.

어린아이의 정신 :
새로운 가치를 창조하는 정신

무엇 때문에 정신에게 사자가 필요한가? 짐을 질 수 있는, 단념하는 마음과 공경하고 두려워하는 마음을 지닌 짐승이 되는 것만으로는 왜 만족하지 못하는가? 새로운 가치의 창조, 사자라도 아직은 그것을 해내지 못한다. 그러나 새로운 창조를 위한 자유의 쟁취, 그것을 사자의 힘은 해낸다. … 자유를 쟁취하고, 의무에 대해서조차도 신성하게 '아니오'라고 말할 수 있기 위해서는 사자가 필요하다.

— 『차라투스트라는 이렇게 말했다』, 세 변화에 대하여

어린아이의 정신은 새로운 가치를 창조하는 정신을 상징합니다. 어린아이는 사막을 놀이터로 만드는 존재이지요. 이러한 존재는 니체 작품에서 위버멘쉬, 그리스 신, 디오니소스, 사막의 딸들로 등장합니다. 낙타가 사막의 동물로서 사막과 호응한다면, 사자는 용과 대결하여 사막의 주인이 되려고 하지요. 반면 어린아이는 사막이라는 공간을 일순간 자신의 놀이터로 바꾸어 버립니다. 사막의 모래는 아이의 장난감이 되고 아이는 계속해서 새로운 놀이를 창안합니다.

사막이 더 이상 불모의 공간이 아니라 창조의 공간이 되는 순간입니다. 낙타가 용에 복종하든, 사자가 용과 대결하든, 이들은 사막이라는 시대에 속한 존재들입니다. 사자조차 사막의 주인이 되려고 하지 사막을 바꾸려 하지는 않지요. 낙타와 사자가 사막이라는 공간에 의해 규정되는 존재라면, 오히려 어린아이는 사막이라는 공간의 성격을 규정하는 존재입니다. 그곳이 어디든 어린아이가 놀이하는 공간이라면 그곳이 바로 놀이터가 되지요. 우리가 패션 스타일이 좋은 사람이 걸어가는 것을 보면서 '길거리를 런웨이로 만든다'라고 말하는 것처럼.

정신은 무엇 때문에 사자가 필요할까요? 곧바로 어린아이가 되지 못하고서 말이지요. 사자가 하지 못하는 일과 사자가 해내는 일은 무엇일까요? 이는 정신의 변화 과정에서 사자의 한계와 사자의 긍정성을 묻는 것입니다. 먼저 어린아이는 할 수 있지만 사자는 할 수 없는 일은 바로 '새로운 가치의 창조'이지요. 아무리 강한 자라도 강함만으로는 새로운 가치를 창조할 수 없기 때문입니다. 한편 사자만이 할 수 있으며, 그래서 정신의 변신 과정에서 사자가 필요한 이유는 무엇일까요? 새로운 창조를 위한 자유의 쟁취입니다. 자유는 그저 주어지는 게 아닌데, 사자는 용과 대결하여 창조를 위한 자유의 공간을 쟁취합니다. 용이 요구하는 시대적 의무에 대해서도 '아니오'라고 부정하기 위해 사자가 필요합니다.

그런데 왜 이런 부정을 '신성한 아니오'라고 하는 걸까요? 그것은 '새로운 가치 창조'를 위한 '낡은 가치의 부정'이기 때문이지요. 부정도 다 같지 않습니다. '그냥 부정'이 있는가 하면 '긍정을 위한 부정'이 있어요. 부정이 부정 그 자체로 끝날 때, 이때의 부정은 아무것도 만들어 내지 않아요. 모든 것이 파괴된 폐허가 이렇지요. 하지만 부정이 새로운 창조를 위한 과정 가운데 있을 때, 이때의 부정은 창조의 일부가 되지요. 돌을 조각하여 작품을 만들 때, 돌은 그 자체로 파괴(부정)되지만 작품으로 창조되어 새로 태어납니다. 이처럼 '긍정을 위한 부정'은 부정의 속성조차 긍정으로 바꾸어 버립니다. 그래서 니체는 긍정을 위한 부정을 '신성한 아니오'라고 부릅니다.

사자조차 할 수 없는 일을 어떻게 아이는 해낼 수 있는 것이지? 왜 강탈을 일삼는 사자는 이제 아이가 되어야 하는 것이지? 아이는 순진무구요 망각이며, 새로운 시작, 놀이,

제 힘으로 돌아가는 바퀴이며, 최초의 운동이자 신성한 긍정이다. 그렇다. … 창조의 놀이를 위해서는 신성한 긍정이 필요하다. 정신은 이제 **자기 자신**의 의지를 의욕하며, 세계를 상실한 자는 **자신**의 세계를 획득하게 된다.

— 『차라투스트라는 이렇게 말했다』, 세 변화에 대하여

사자조차 할 수 없는 일 '새로운 가치의 창조'를 어떻게 아이가 해낼 수 있을까요? 아이는 새로운 시작, 놀이, 제 힘으로 돌아가는 바퀴이기 때문입니다. 낙타는 시대정신에 복종하면서 거기서 힘을 얻고, 사자는 시대정신에 대한 저항에서 힘을 확보합니다. 이렇게 낙타와 사자는 모두 자신의 에너지를 스스로 만들어 내지 못하고 다른 것으로부터 얻지요. 낙타에게 복종할 대상이 없어진다면, 사자에게 대결할 대상이 사라진다면, 이들은 곧 힘을 잃어버릴 것입니다. 이렇게 자기 힘을 자기 스스로 만들어 내지 못하고 다른 것으로부터 얻는 태도를 '반동적(수동적)'이라고 하지요. 이렇게 다른 것으로부터 힘을 얻는 반동적 태도로는 '새로운 가치 창조'는 힘들 것입니다.

하지만 어린아이는 언제나 새로운 것에 대한 호기심, 반복되는 놀이의 즐거움 속에 있습니다. 이것이 어린아이를 움직이는 동력이며, 그가 행동하는 이유지요. 어린아이는 언제나 다른 무엇이 아니라 자기 스스로의 놀이와 즐거움에 의해서만 힘을 얻습니다. 그래서 어린아이를 자기 힘으로 돌아가는 바

퀴, 최초의 운동이라고 합니다. 이렇게 자신의 힘이, 다른 것이 아니라 자기 내부에서 만들어질 때 '능동적'이라고 해요. 자기 동력을 자기 내부에서 만드는 능동적 신체만이 '새로운 가치 창조'의 주체가 될 수 있습니다. 이것이 사자가 아이가 되어야 하는 이유입니다.

그런데 왜 어린아이를 '신성한 긍정'이라고 하는 걸까요? 그것은 '새로운 가치 창조'를 긍정하기 때문이지요. 긍정도 다 같지 않습니다. '낡은 가치'에 대한 긍정이 있는가 하면 '새로운 가치'에 대한 긍정이 있지요. 낙타가 시대적 가치에 '무조건적 복종'을 할 때, 이때의 긍정은 현재의 시대적 가치를 강화하게 되겠지요. 반면 어린아이가 새로운 가치를 창안하려고 할 때, 이때의 긍정은 새로운 시대를 앞당기는 것이 될 테지요. 이처럼 긍정도 무엇에 대한 긍정인가에 따라 긍정의 가치가 달라집니다. 그래서 니체는 어린아이를 '신성한 긍정'이라고 합니다.

왜 창조의 놀이를 위해서는 '신성한 긍정'이 필요할까요? '새로운 가치 창조'를 위해서는 무수한 시도와 허다한 실패가 필요하기 때문이지요. 새로운 어떤 것도 하루아침에 한 번에 창조되는 법이 없습니다. 무수한 시도와 실패를 긍정하지 않는다면 새로운 가치 창조는 불가능하겠지요. 수많은 시도와 실패를 그때마다 긍정하고 '다시 한번' 시작하는 태도가 니체의 '신성한 긍정'입니다.

무엇보다 가치 창조가 고단한 작업이 아니라 아이의 놀이가 된다면, 시도와 실패는 놀이의 과정이 될 것입니다. 그래서 아이가 열심히 쌓던 모래성을 한순간 부수고 새로 쌓기 시작하는 이 모든 과정이 놀이에 대한 신성한 긍정이겠지요. 새로운 가치를 창조하는 어린아이 정신으로 변신하면서 정신에 근본적인 변화가 일어납니다. 이제 정신은 시대정신이나 저항정신이 아니라 가치 창조의 의지라는 자신의 의지를 추구하게 됩니다. 낡은 가치에 지배되던 낡은 세계를 상실한 자는 새로운 가치가 지배하는 자신의 세계를 획득하게 됩니다.

시대의 중력장과 약자·강자·위버멘쉬

용이 지배하는 사막의 낙타, 사자, 어린아이는 하나의 상징입니다. 용이 지배하는 사막은 시대를 지배하는 중력장(Gravitational field)으로 낙타, 사자, 어린아이는 약자, 강자, 위버멘쉬로 바꿔서 부를 수 있어요. 낙타, 사자, 어린아이가 정신의 유형이라면 약자, 강자, 위버멘쉬는 힘의 유형입니다. 세 가지 정신의 유형을 우리 신체와 관련하여 세 가지 힘의 유형으로 말할 수 있습니다. 용이라는 시대정신에 대해, 낙타는 복종의 정신, 사자는 저항의 정신, 어린아이는 창조의 정신을 상징했지요. 마찬가지로 약자는 시대의 중력장에 복종하는 유형, 강자는 시대의 중력장과 대결하는 유형, 위버멘쉬는 시대의 중력장을 넘어 새로운 힘을 창안하는 유형이지요.

시대의 중력장을 구성하는
시대의 사람들

정신의 세계에 사막을 지배하는 용이 있다면, 힘의 세계에는 공간을 지배하는 중력이 있습니다. 시대정신 혹은 시대적 가치로 번역되는 용이나 중력은 비슷한 속성을 가지고 있어요. 그것은 우리가 선택한 것이 아니라 우리에게 주어진 것입니다. 즉 그것은 우리가 태어나면서부터 삶의 조건으로 존재하기 때문에 알아차리기 힘들지요. 중력의 장 속에서 살아가지만 우리는 중력의 존재를 감각하지 못합니다. 마찬가지로 시대적 가치들은 우리의 삶이 구성되는 조건인 까닭에 공기처럼 자연스럽습니다.

한편 시대정신이나 시대적 가치는 우리 외부에 있는 게 아니라 우리가 만든 우리 삶의 조건입니다. 인간주의나 자본주의 혹은 성공적인 삶의 방식이나 바람직한 도덕적 이상은 어떻게 우리 시대를 지배하게 되었을까요? 앞서 니체가 지적한 것처럼 이것들은 이 세계에 대한 나의 욕망이 만들어 낸 것이지요. 우리가 자신의 욕망에 충실하지 못할 때 타인의 욕망을 욕망하게 되고, 이러한 타인의 욕망들이 모여서 만들어진 것이 거대한 시대정신, 지배적인 시대적 가치인 거지요.

일체의 보물 가운데서 자기 자신의 것(*자기 특이성)이 가장 늦게 발굴되기 마련이다. 중력의 정령(*난쟁이)이 그렇게 만드는 것이다. 우리가 아직 요람에 있을 무렵, 사람들은 이미 우리에게 묵직한 말들과 가치들을 지참하도록 넣어 주었다. '선'과 '악'이라 불리는 지참물을. 그런 것이 있기에 우리는 생존해도 좋다는 것이다. 그리고 자기 자신에 대한 사랑(*자기 특이성에 대한 자부심)에 빠지는 일이 없도록, 제때 그것을 막기 위해 사람들은 어린아이들을 불러 저들 곁으로 오도록 한다. 중력의 정령이 그렇게 만드는 것이다.

— 『차라투스트라는 이렇게 말했다』, 중력의 악령에 대하여, 2

중력의 정령을 상징하는 난쟁이는 아래로 끌어당기는 중력의 작용으로 왜소해진 존재입니다. 난쟁이는 자신의 모습대로 세상을 만들려고 하지요. 차라투스트라에게 끊임없이 반동적인 힘과 부정적인 의지를 불어넣는 존재입니다. 특히 이 아포리즘은 중력의 정령으로 표현되는 시대적 가치가 어떻게 작동하는지 보여 줍니다. 우리는 모두 각자의 특이성을 보물처럼 가지고 태어나지요. 우리의 특이성이란 잠재적이기 때문에 다양한 체험과 시도 속에서 발굴되어야 하는 것이지요.

이러한 특이성이란 각자의 삶을 특별하게 만들 뿐 아니라 이 세계를 다채로운 모습으로 아름답게 합니다. 지상의 모든 나비들이 각자 다른 날개를 가지고 다른 방식으로 날아다니는 것처럼 말이죠. 그런데 지상의 나비들에게 이러저러한 방식으로 날아야 한다고 명령한다면 어떻게 될까요? 이 방식은 선한 날갯짓이고 저 방식은 나쁜 날갯짓이라고 가르친다면 말이죠. 나비들에게도 슬픈 일이지만 지상의 공기는 얼마나 우울해질까요.

중력의 정령이 그 시대의 사람들에게 명령하는 것이 이런 것입니다. 그리고 그 시대의 사람들은 다시 이것을 자신의 아이들에게 가르칩니다. 아이가 요람에 있을 때부터 사람들은 선악의 가치들을 가르칩니다. 선악의 가치들이란 생존을 위해 필요한 것과 버려야 할 것들의 목록이지요. 예를 들어 좋은 대학-좋은 직장-안정된 삶과 그것을 위해 필요한 공부와 수치화된 점수를 제외하고 나머지는 모두 필요 없는 것들이지요. 생존을 위해 버려야 할 목록에 내가 좋아하는 것, 내가 하고자 하는 것, 내가 잘하는 것들이 모두 포함되어 있겠지요.

그리고 여기에서 등장하는 '사람들'이란 가족, 학교, 군대, 직장, 사회처럼 우리 생애에서 만나게 되는 모든 관계입니다. 이러한 관계들은 시대적 가치를 따르고 그것을 재생산하고 그것을 전달합니다. 이들은 앞에서 헤겔이 "모든 사람은 그 시대의 아들"이라고 했을 때, 시대의 아들들이지요. 물론 우리 역시 다른 사람에게 똑같은 역할을 하면서 그들에게 시대의 중력장으로 작동합니다. 즉 우리는 서로가 서로에게 시대의 중력장인 존재인 거지요.

우리는 우리 자신을 잘 알지 못한다. … 여기에는 그럴 만한 충분한 이유가 있다. 우리는 한 번도 자신을 탐구해 본 적이 없다. (*그런데) 우리가 어느 날 우리 자신을 **찾는** 일이 어떻게 일어날 수 있는가? … 우리는 필연적으로 우리 자신에게 이방인이다. 우리는 우리 자신을 이해하지 못한다. 우리는 우리 자신을 혼동하지 **않을 수 없다**. "모든 사람은 자기 자신에 대해 가장 먼 존재이다."

― 『도덕의 계보』, 서문, 1

우리는 요람에서부터 사람들이 말하는 시대적 가치에 둘러싸여 생존을 위한 선악의 가치목록을 배웁니다. "바람직한 성별, 바람직한 가족, 바람직한 사람 구실…." 그러니 자기 특이성이 가장 늦게 발굴될 수밖에요. 아이들이 자라면서 혹여라도 자기 특이성에 자부심을 가지고 자신을 사랑하는 일이 없도록, 사람들은 아이들을 자신의 곁으로 불러옵니다. 초등학교 6년, 중학교 3년, 고등학교 3년, 대학교 4년까지 16년을 좋은 대학, 좋은 직장을 목표로 먹고살기 위해 자기 특이성을 억압하지요. 이 과정의 결론으로 직장생활이 시작되면, 생존이 지상목표가 되어 아무것도 생각할 수 없게 됩니다. 가끔 오는 짧은 각성의 순간, '현자의 시간'을 제외하고 말이지요. 나는 누구이고 여긴 어디인가, 나는 여기서 무얼 하고 있는가….

그러니 우리가 자신을 사랑하는 일이 이토록 어려울 수밖에요. 그러니 우리가 자신을 잘 알지 못하는 것은 당연하지요. 니체는 말합니다. "우리가 한 번도 자신을 탐구해 본 적이 없는데, 어떻게 우리 자신을 찾는 일이 일어날 수 있는가?" 나는 무엇을 하고자 하는가? 나는 무엇을 좋아하는가? 내가 잘할 수 있는 것은 무엇인가? 이 모든 것은 사실 해 보지 않고는 알 수 없는 일이지요. 하지만 우리는 삶의 모든 과정에서 스스로를 탐구할 기회를 빼앗겨 버립니다. 위버멘쉬는 시대의 중력장이 만들어 내는 시대적 가치를 넘어, 자기 특이성에 근거한 자기 가치를 창안하는 존재입니다. 그것은 무엇보다 자기 스스로를 탐구하는 것, 자기 자신을 잘 아는 일로부터 출발할 것입니다.

누가 강자이고,
누가 약자인가

세계는 새로운 가치를 창출하는 사람을 중심으로 돈다. 눈에 띄지 않게 돈다. 배우를 중심으로는 군중과 명성이 돌고 있고. … 위대한 일은 하나같이 시장터와 명성에서 멀리 떨어진 곳에서 일어나기 마련이다. 새로운 가치를 창출하는 자들도 예로부터 시장터와 명성에서 멀리 떨어진 곳에서 살아왔고.

— 『차라투스트라는 이렇게 말했다』, 시장터의 파리들에 대하여

시대의 중력장은 시대적 질서가 가지고 있는 힘이고 시대적 가치입니다. 그리고 약자는 이 시대적 가치에 복종하는 유형이고, 강자는 시대적 가치에 저항하는 유형이라고 했지요. 그러면 니체가 말하는 강자는 누구이고 약자는 누구일까요? 통상적으로 강자라고 하면, 우리는 돈과 권력과 명성을 가진 사람을 먼저 떠올립니다. 하지만 니체는 우리 시대가 가치 있다고 생각하는 돈·권력·명성을 추구하는 사람을 약자라고 비판합니다. 화폐가 지배하는 소상인의 도시를 멀리하라고, 권력을 추구하는 자를 천민이라고, 명성이란 대중적 인기를 추구하는 배우를 중심으로 돈다고 말이지요. 하지만 세계는 시대적 가치를 추구하는 약자가 아니라, 새로운 가치를 창출하는 강자-위버멘쉬를 중심으로 돈다고 니체는 말합니다.

1936년 독일 함부르크 항구 해군 훈련함 진수식. 모든 사람이 히틀러에게 경의를 표하고 있는데, 한 남자만 팔짱을 낀 채 불만 가득한 표정을 짓고 있었지요. 경례를 거부한 남자는 아우구스트 란드멧서. 그는 진수식이 끝나자마자 현장에서 체포됩니다. 아우구스트는 독일인이었지만, 아내는 아리아인 아버지와 유대인 어머니 사이에 태어나 유대인으로 분류되었지요. 독일인과 유대인의 결혼을 금지하는 뉘른베르크법에 의해 아우구스트와 아내는 법적 부부가 되지 못했고, 그들의 딸 역시 법적으로 인정되지 못했어요. 그의 경례 거부는 나치즘의 인종차별에 대한 불복종의 표시였습니다. 우리는 당시 모든 사람이 추종했던 히틀러를 강자라고 생각할 수 있지만, 사실 히틀러 같은 권력자는 인간이 만들어 낸 우상에 불과하지요. 니체적 의미에서 강자는 모두가 히틀러의 나치즘에 충성할 때, 시대적 권력에 불복종한 아우구스트 같은 사람입니다.

통상적 강자가 시대적 가치와 가까이 있는 자라면, 니체적 강자는 시대적 가치와 멀리 있는 자입니다. 이렇게 강자에 대한 정의가 다른 것은 왜 그럴까요? 그것은 당연하게도 '현재의 질서를 유지하려고 하는가' 아니면 '새로운 질서를 꿈꾸는가'에 따라 달라집니다. 현재 질서를 유지하려는 관점이라면 시대적 가치에 충실히 따르는 자를 강자로 규정하겠지만, 반대로 니체처럼 새로운 세상을 꿈꾼다면 시대적 가치와 대결하려는 자를 강자로 정의할 것입니다. 여기서 니체의 유명한 명제가 탄생합니다. "약자로부터 강자를 보호해야 한다." 시대를 지배하는 히틀러의 나치즘 같은 약자적 가치로부터, 이것에 불복종하는 아우구스트 같은 강자를 보호해야 한다는 겁니다. 니체적 의미에서 약자적 가치는 언제나 시대적 질서이며, 강자적 가치란 시대적 질서에 대결하는 소수적 가치이기 때문입니다.

"너는 마땅히 해야 한다"보다 더 높은 것은 "나는 하고자 한다"이다. "나는 하고자 한다"보다 더 높은 것은 "나는 존재한다"이다.

—『권력에의 의지』, 940

따라서 약자·강자·위버멘쉬에 대한 위계도 시대적 질서에 대한 태도에 따라 달라질 것입니다. "너는 마땅히 해야 한다"라는 약자의 정신은 시대를 지배하고 그것에 복종하는 시대정신이지요. "나는 하고자 한다"라는 강자의 정신은 반시대적 정신입니다. 한편, "나는 존재한다"라는 위버멘쉬의 정신은 스스로 시대를 창조하는 비시대적 정신입니다. 비시대라는 것은 지금 시대가 아닌 시대적 규정 외부에 존재한다는 의미입니다.

새로운 변화를 추구하는 니체의 관점에서, 약자의 정신보다 강자의 정신이 높은 위계에 있으며, 강자의 정신보다 위버멘쉬의 정신이 높은 위계에 있습니다. 물론 현재의 질서를 유지하려는 헤겔적 관점이라면 정신의 위계는 반대로 뒤집히겠지만 말이지요. 하지만 세상은 지금 시대를 유지하려는 사람이 아니라 새로운 시대를 창조하는 사람들에 의해 변화되어 왔고, 니체의 말대로 세계는 이들을 중심으로 돕니다.

내 안의
약자·강자·위버멘쉬

내 속에서 지금은 침묵하고 있지만 계속 침묵하고 있지는 않을, 그 가차 없는 자(*위버멘쉬) … 고약한 난쟁이들이 적지 않게 그대들의 몸 구석구석에 쪼그리고 앉아 있고.

그대들 안에도 감추어진 천민이 있는 것이다.

— 『차라투스트라는 이렇게 말했다』, 환영 인사

너희에게는 벗이 이 땅에서의 축제여야 하며, 위버멘쉬를 예감케 하는 것이어야 한다. … 너는 너의 벗 속에 있는 위버멘쉬를 너희의 존재 이유로서 사랑해야 한다.

— 『차라투스트라는 이렇게 말했다』, 이웃 사랑에 대하여

'내 안의 위버멘쉬'나 '벗 속에 있는 위버멘쉬' 혹은 '우리 안의 어린아이' 그리고 '그대들 안의 난쟁이와 천민' 이런 표현들은 무엇을 말하는 걸까요? 어린아이 혹은 위버멘쉬는 우리가 추종해야 할 외부 존재가 아니라, 새로운 가치를 창조하려는 우리 내부의 힘을 가리킨다는 거지요. 마찬가지로 난쟁이나 천민 역시 비판의 대상 이전에 시대적 가치를 따르는 우리 내부의 힘감정을 말하지요. 니체는 이런 표현을 통해 약자·강자·위버멘쉬가 특정한 인간 유형이 아니라, 힘의 어떤 상태라는 것을 말하고 있습니다.

낙타·사자·어린아이는 정신을 인격화하여 표현한 것이고, 약자·강자·위버멘쉬도 마찬가지로 힘의 인격화입니다. 정신이나 힘은 우리 눈에 보이지 않는 비물질적인 관념이어서, 니체가 독자의 이해를 돕기 위해 이렇게 표현한 거지요. 그런데 약자·강자·위버멘쉬가 인간 유형이 아니라 힘의 유형이라

는 것은 무엇을 의미할까요? 약자·강자·위버멘쉬를 인간 유형
으로 바라볼 때, 우리는 우월한 인간과 열등한 인간을 나누는
우생학이나 인종주의에 빠지게 됩니다. 약자·강자·위버멘쉬
를 특정 인간 유형으로 간주하는 것은 인간을 변하지 않는 고
정된 존재로 보는 것이지요.

　반면, 약자·강자·위버멘쉬가 힘의 유형이라는 것은 '우리
가 어떤 힘 상태에 있는가에 따라 그때마다 달라진다'라는 거지
요. 우리 신체는 다양한 힘들의 복합체입니다. 어떤 힘이 우세
한가에 따라 우리는 다른 신체, 다른 주체가 됩니다. 약자와 강
자와 위버멘쉬는 어떤 특정한 인간이 아니라 내 안에 존재하는
힘의 유형입니다. 그래서 내 안의 약자를 경계하고, 내 안의 강
자를 일깨우며, 내 안의 위버멘쉬를 사랑해야 합니다. 우리 안
의 힘의 강도에 따라 우리는 다른 존재가 됩니다.

　지배적 질서인 시대의 중력장이 신체를 지배할 때 우리
는 약자입니다. 사람들이 말하는 좋은 대학, 좋은 직장에 들어
가기 위해, 입시 경쟁·취업 경쟁에 휩싸여 하기 싫은 '노-오-
력'을 강행할 때, 그 과정에서 친구와 동료를 적으로 간주할 때
그렇지요. 한편, 시대의 중력장에 저항하려는 힘이 우세할 때
우리는 강자적 유형에 속할 것입니다. 먹고사는 것이 목표가
된 삶에 저항하여, 부모와 사람들의 만류에도 불구하고 취업
을 거부하는 것은 아주 커다란 불복종의 힘이 필요하겠지요.

　나아가 시대의 중력장과 다른 유형의 힘이 신체에 충만하

다면 나는 위버멘쉬적 유형일 것입니다. 단지 좋은 직장을 거부하는 데 그치지 않고, 그것이 안정된 삶을 보장하지 않을지라도 진정으로 욕망하는 것을 찾아 그것에 열정을 투여할 때 그렇습니다. 그래서 좋은 대학-좋은 직장-안정된 삶으로 이어지는 바람직한 삶의 시스템과 다른 방식을 시도하는 것은 이전과 다른 유형의 힘을 필요로 할 것입니다.

위버멘쉬의 우화 :
꽃들에게 희망을

> 아, 너희 사람들이여. 돌(*인간) 속에 하나의 형상(*위버멘쉬)이, 내 머릿속에 있는 형상 가운데 으뜸가는 형상이 잠자고 있구나! 아, 그 형상이 더할 나위 없이 단단하고 보기 흉한 돌 속에 갇혀 잠이나 자야 하다니! 이제 나의 망치는 저 형상을 가두어 두고 있는 감옥을 무섭게 때려 부순다.
>
> — 『차라투스트라는 이렇게 말했다』, 행복한 섬에서

니체는 『차라투스트라는 이렇게 말했다』에서 인간이라는 흉한 돌 속에 으뜸가는 위버멘쉬의 형상이 잠자고 있다고 합니다. 그래서 나의 망치는 위버멘쉬를 가두고 있는 인간이라는 감옥을 부순다고 하지요. 이때 차라투스트라는 자기 역할을 '인간이라는 돌을 깨뜨려 위버멘쉬의 형상을 조각하는 것'이

아니라 '인간이라는 돌 안에 잠자고 있는 위버멘쉬의 형상을 깨우는 것'이라고 합니다. 왜 그럴까요? 그것은 위버멘쉬가 될 수 있는 잠재성은 이미 인간 '내부'에 존재한다는 것, 즉 위버멘쉬는 인간의 '자기 극복'으로 출현한다는 거지요. 그래서 자기 역할을 단지 위버멘쉬의 잠재성이 깨어날 수 있도록 '각성시키는 망치'로 설정합니다.

우리 내부에 위버멘쉬가 잠자고 있고, 그래서 우리의 한계가 극복되면서 위버멘쉬가 출현할 것이라는 메시지를 내 삶으로 이해하기란 쉽지 않습니다. 인간이라는 흉한 돌의 이미지란 무엇을 말하는 거지? 자기 극복은 어떻게 가능할까? 우리가 다른 형상으로 변신한다는 것은 어떤 것일까? 이런 물음에 대한 훌륭한 보조 텍스트가 있습니다. 니체의 '인간 안의 위버멘쉬'를 트리나 폴러스는 '애벌레 안의 나비'로 보여 줍니다.

노랑 애벌레　무슨 사고가 생긴 것 같은데, 도와드릴까요?
늙은 애벌레　아니야, 괜찮다, 나비가 되기 위해서는 이렇게 해야만 돼.
노랑 애벌레　나비가 무엇인지 얘기 좀 해 주시겠어요?
늙은 애벌레　그것은 네가 되어야 하는 바로 그것을 뜻하는 거란다. 그것은 아름다운 날개로 하늘을 날며, 하늘과 땅을 이어주기도 하지. 그것은 꽃에서 나오는 달콤한 꿀만을 마시면서 이 꽃에서 저 꽃으로 사랑의 씨앗을 운반해 주기도 한단다. … 나비가 없어지면 따라서 꽃도 자취를 감추게 된단다.

노랑 애벌레   내 눈에 보이는 것은 한낱 솜털투성이의 벌레뿐인데, 당신이나 내 속에 나비가 들어 있다고 어떻게 믿을 수가 있겠어요? … 어떻게 나비가 될 수 있단 말인가요?

늙은 애벌레   한 마리 애벌레의 상태를 기꺼이 포기할 수 있을 만큼 절실히 날기를 원할 때 가능한 일이란다.

노랑 애벌레   '목숨을 버리라'라는 말씀인가요?

늙은 애벌레   그렇기도 하고, 그렇지 않기도 하단다. 너의 '겉모습'은 죽어 없어질 것이지만, 너의 '참모습'은 여전히 살아 있을 것이란다. 삶에 변화가 온 것이지, 목숨을 앗긴 것이 아니다. 나비가 되어 보지도 못하고 죽어 버린 그 애벌레들과는 전혀 다른 것이지.

— 트리나 폴러스, 『꽃들에게 희망을』, 52~59쪽

우리가 아이였을 때 한 번쯤 읽었을, 노란색 표지가 아름다운 그림책 『꽃들에게 희망을』입니다. 나는 이 책을 '다른 방식의 삶에 관한 이야기'로 읽습니다. 혹은 '위버멘쉬에 관한 우화'나 '위버멘쉬 변신의 테마'로 읽어도 좋을 것입니다. 인용한 부분은 중요한 메시지를 포함하고 있어서, 대사가 좀 더 잘 보이게 연극 대본처럼 편집한 것입니다. 노랑 애벌레가 늙은 애벌레와 나비의 비밀에 관해 나누는 대화지요. 이 대화의 배경이 된 것은 줄무늬 애벌레와 노랑 애벌레가 선택한 서로 다른 방식의 삶에 관한 것입니다.

먼저 줄무늬 애벌레는 모든 애벌레들이 기어오르는 어떤 기둥의 꼭대기로 올라가려고 해요. "도대체 저 꼭대기에 무엇이 있을까?" 아무도 모르지만 모두들 오르는 걸 보니 분명 훌륭한 것이 있을 거야, 하는 막연한 신념으로 말이지요. 다른 애벌레들을 밟고 위로 더 위로 오르던 줄무늬 애벌레는 결국 이 기둥의 비밀을 알게 됩니다. 그것은 위로 오르려는 욕망으로 만들어진 거대한 애벌레들의 기둥이었던 거지요. 그리고 그는 깨닫습니다. "나는 꼭대기에 가 봤어. 그런데 그곳에는 아무것도 없어."

애벌레들의 기둥은 '좋은 대학-좋은 직장-중산층'을 추구하는 지배적이고 보편적 가치들로 해석할 수 있습니다. 우리 시대의 지배적인 삶의 방식이 도대체가 어떤 의미가 있는지, 한 번도 진지하게 검토되지 않았지요. 애벌레들의 말대로 '꼭대기에 뭐가 있는지 아무도 모르지만 모두가 오르고 있다'라는 사실로부터 정당성을 부여받습니다. 이 삶의 스타일이 무슨 가치가 있는지 모르지만, 모두가 추구하고 있다는 사실로부터 유일하고 절대적인 가치를 획득하는 것처럼. 결국 꼭대기까지 가 본 애벌레들은 증언합니다. "그곳에는 아무것도 없어." 서로가 서로의 경쟁자가 되어 밟고 올라선 그런 삶이 사실 아무 가치가 없다는 거지요. 하지만 여전히 그런 방식의 삶을 유일하고 절대적인 것으로 추구하는 욕망들이 존재하는 한, 애벌레들의 기둥은 사라지지 않을 것입니다.

　노랑 애벌레도 처음에는 줄무늬 애벌레와 같이 기둥을 오릅니다. 하지만 밟고 올라서느냐, 밟혀 떨어지느냐, 애벌레 더미 속에 친구란 없고 장애물이나 발판뿐인 것을 알게 됩니다. 그리고 줄무늬 애벌레와는 다른 선택을 하게 되지요. 변태를 앞두고 나뭇가지에 거꾸로 매달려 있는 늙은 애벌레에게 노랑 애벌레는 나비가 무엇인지 묻습니다. 늙은 애벌레는 '나비란 네가 되어야 할 바로 그것'이라고 말합니다. 아름다운 날개로 하늘과 땅을 이어주기도 하고, 이 꽃에서 저 꽃으로 사랑의 씨앗을 운반해 주기도 한다고. 노랑 애벌레가 두려움을 안고 다시 물어요. 보이는 것은 솜털투성이의 벌레인데, 어떻게 우리 안에 나비가 들어 있다고 믿을 수 있나요? 늙은 애벌레는 말해요. 애벌레를 기꺼이 포기할 수 있을 정도로 간절히 날기를 욕망할 때, 나비가 될 수 있다고.

　'모든 애벌레 안에 나비가 들어 있다'라는 것을 우리는 너무 잘 알고 있지요. 그리고 애벌레에게 나비란 '네가 되어야 할 그것'인 것도 너무 자연스러운 사실입니다. 그리고 애벌레가 애벌레이기를 포기할 때만이 나비가 될 수 있다는 것까지도요. 슬프게도 나비가 되어 보지도 못하고 죽어 버리는 애벌레가 있다는 사실도 말이지요. 이 모든 당연하고 자연스러운 것을 인간의 이야기로 번역하면 어떻게 될까요?

나비의 변신을 위버멘쉬의 우화로 번역하면 이렇게 됩니다. 모든 애벌레 안에 나비가 들어 있는 것처럼, 우리 안에도 자신만의 위버멘쉬가 있습니다. 그리고 애벌레에게 나비란 '네가 되어야 할 그것'인 것처럼, 위버멘쉬란 바로 '나 자신이 되는 것'입니다. 그리고 애벌레가 애벌레이기를 포기할 때만이 나비가 될 수 있는 것처럼, 지금의 내가 몰락할 때만 나의 또 다른 존재인 위버멘쉬가 출현할 것입니다. 이처럼 내 안의 나비를 깨우는 그런 변신을 거쳐 우리는 다른 나, 다른 삶을 살게 될 것입니다.

그런데 이 책의 제목이 어째서 '꽃들에게 희망을'일까요? 꽃에 대한 언급은 거의 없는데 말이지요. '우리가 나비가 되기 위해서 애벌레의 꼭대기까지 오를 필요가 없다'라는 겁니다. 나비는 우리 안에 숨어 있는 엄청난 비밀이면서, 참으로 다행스러운 일입니다. 나비가 되기 위해서 애벌레의 꼭대기까지 올라야 한다면, 세상에는 단 한 마리의 나비만이 존재할 것이고 그도 곧 사라지겠지요. 그렇게 나비가 없어지면 꽃도 지상에서 사라질 것입니다. 그래서 모든 애벌레 안에 나비가 들어 있다는 것은, 그 자체로 꽃들에게 희망의 메시지가 아닐 수 없습니다.

모든 애벌레 안에는 각자의 나비가 들어 있고, 이 나비는 각자의 색깔로 펼쳐질 것이며 각자의 방식대로 날게 될 것입니다. 이렇게 다양한 나비들이 다양한 날개로 날아다닐 때, 지상의 아름다움은 거기에 있겠지요. 그 가운데는 분명히 이전과 다른 방식으로 날갯짓하는 나비도 있을 것이고, 다른 방법으로 비상을 시도하는 나비가 출현할 것입니다. 그렇게 다양한 존재들이 출현하고 다양한 삶의 방식들이 시도될 때, 우리의 세계는 한층 위험하고 그래서 아름다울 것입니다.

자기 극복으로 시대를 탈주시킨 위버멘쉬들

고독과 위험은 위버멘쉬의 숙명

(＊시대적 가치로부터) 독립한다는 것은 극소수 사람의 문제이다. … 그는 미궁으로 들어가며, 삶 자체가 이미 동반하고 있는 위험을 천배나 불리게 된다. '그가 어디에서 어떻게 길을 잃고 고독에 빠져 양심이라는 동굴의 미노타우루스Minotaurus에게 갈기갈기 찢기는 것을 보는 사람이 없다'라는 것은 치명적 위험이다. 그가 밑바닥으로 내려갈 때, 이는 사람들이 이해할 수 있는 것에서 멀리 떨어진 곳에서 일어나기 때문에, 사람들은 이것을 느끼지 못하고 동정하지 못하게 된다. 따라서 그는 다시 되돌아올 수는 없다! 사람들의 동정으로도 되돌아올 수 없다!

— 『선악의 저편』, 29

이 문장을 읽을 때마다 나는 마음이 아픕니다. 시대적 가치로부터 독립하여 새로운 가치를 창조하려는 자의 숙명 때문에요. 위버멘쉬의 가치 창조는 돈·권력·명성 같은 시대적인 것과 멀리 떨어진 고독 속에서 수행됩니다. 그래서 니체는 항상 "고독 속으로 달아나라"라고 합니다. 단지 시대에 저항하는 강자와 달리, 다른 시대를 창조해야 하는 위버멘쉬는 한층 더 고독하지요. 시대로부터 인정받는 약자는 물론이고 시대적 비판으로부터 지지받는 강자와도 다릅니다. 이 시대로부터는 어떤 인정도 지지도 받지 못하는 위버멘쉬의 작업은 이처럼 비시대적 고독 속에서 이루어집니다.

이렇게 가치 창조를 위해 시대로부터 멀리 떨어져 미궁 같은 곳으로 들어가는 것은 엄청난 위험을 동반합니다. 아무런 지침도 없이 수많은 실험과 시행착오를 반복하는 과정 속에서 심연 속에서 길을 잃고 시대라는 양심으로부터 갈가리 찢기게 되지요. "내가 틀린 게 아닐까? 내가 미쳤을까 혹은 나는 병자인가?" 여기에 그것을 보는 사람이 없다는 것은 정말 치명적 위험입니다. 그가 오직 자기 고독에만 의지한 채 심연으로 내려갈 때, 아무도 이해하지 못하기 때문에 그는 동정받지 못합니다. 따라서 그는 사람들의 동정으로도 되돌아올 수 없습니다.

이를테면 이사도라 던컨처럼, 고전 발레가 지배하는 시절에 튀튀와 토슈즈를 벗어던지고 새로운 발레를 시도하는 댄서를 생각해 볼까요. 이성애가 지배적인 시대에 성소수자로 커밍아웃하는 것은 어떨까요. 혹은 대학졸업자가 일반적인 사회에서 비진학을 선택한 '투명 가방끈' 친구들은 또 어떤가요. 요즘 같은 불경기에 직장을 그만두고 안티-워커를 꿈꾼다면 어떻게 될까요. 그들은 사람들로부터 이해받지 못한 철저한 고독 속에서 자기 확신과 싸우면서 무수한 시도와 실패를 반복해야 하는 위험 속에 처하게 됩니다. 다른 방식의 삶, 자기 스타일의 예술은 이렇게 만들어지는 거지요.

> 네가 아직도 적대 받는 한, 너는 너의 시대를 넘어서지 못한 것이다. 너의 시대가 너를 전혀 (*알아)볼 수 없어야 한다. 너는 그들보다 그렇게 높고 멀리 있어야만 한다.
>
> —『유고(1882년 7월~1883/1884년 겨울)』, 4[65]

니체는 여기서 좀 더 나아갑니다. 너의 삶의 방식이나 너의 스타일이 시대로부터 비판 받는 것은, 아직도 시대로부터 완전히 독립하지 못했기 때문이라는 건데요. 시대적 기준과 시대적 관점에서 그것이 무엇인지 알아볼 수 없을 정도로 더 높고 멀리 탈주해야 한다고요. 탈주의 계수가 높을수록 생성은 좀 더 강하고, 좀 더 악하고, 좀 더 깊이 있고, 또한 아름다워질 것입니다.

가령 이사도라 던컨이 맨발에 거의 반나체로 춤을 추었을 때, 전통 발레말고는 보지 못했던 관객들은 이 알 수 없는 춤을 조소할 수밖에 없었지요. 동성애자가 처음 세상에 나타났을 때, 그들은 남자도 여자도 아닌 어떤 식별불가능한 존재였고 그래서 사람들에게 '괴물'처럼 간주되었어요. 이들은 당시의 시대적 가치로는 이해될 수 없었고 그들의 인식체계 안에 포섭될 수 없는 존재였지요. 그런 한에서 괴물이었고 웃음거리였지요. 하지만 이들로부터 우리의 성은 보다 다채로워지고 우리의 춤은 보다 자유로워졌습니다.

어찌 내가 오늘날 이미 경청되고 있는 자들과 혼동될 수 있다는 말인가? 나의 날은 내일 이후이다. 몇몇 사람은 사후에 태어난다.

— 『안티크리스트』, 서문

사후의 인간들은 — 예를 들어 나는 — 시대에 적합한 인간들에 비해 이해받지 못한다. … 엄밀히 말하면, 우리는 결코 이해받지 못한다. 그리고 **바로 그 때문에** 우리의 권위가… (*만들어진다.)

— 『우상의 황혼』, 잠언과 화살, 15

니체는 자신을 비시대적 존재로 예시합니다. 이 시대로부터 이해받는 자와 나를 혼동하지 말라고, 나의 시간은 아직 오지 않았다고, 나는 사후에 태어난다고 말이지요. 그러면서 비시대적 인간들은 지금 시대로부터 결코 이해받지 못하는데, 바로 이것이 비시대적 권위의 표시라는 거지요. 니체 역시 살아 있는 동안에는 인정받지 못했고 무수한 오해 속에 존재했는데, 그는 오히려 이해받지 못함을 긍정합니다. '이해받지 못한 것에 연연하지 않았다'라는 게 아니지요. '이해받지 못함이야말로 내 철학의 위대함을 표시한다'라는 겁니다. 이것이 비시대적 철학에 대한 진정한 긍정입니다.

이처럼 위버멘쉬는 지금의 시대로부터 이해받지 못하는 비시대적인 존재입니다. 그래서 위버멘쉬의 고독과 위험은 그의 비시대성으로부터 주어진 숙명이지요. 시대적 가치로부터 독립하는 과정에서 많은 위버멘쉬들은 자기를 의심하면서 흔들리는 신념 속에서 끝없이 심연에 잠식되어 갔어요. 오로지 자신의 힘에 의지해서만 심연을 뚫고 올라올 수 있었습니다. 하지만 이것은 위버멘쉬적 자기 극복의 시작일 것입니다. 그들이 도달해야 할 곳은 자신이 시대로부터 탈주하는 것을 넘어, 시대로 하여금 탈주하게 하는 것입니다. 이것이 위버멘쉬적 자기 극복의 완성입니다. 이제 자신의 탈주를 통해 시대를 탈주시킨 위버멘쉬들을 만나 볼까요.

조르주 비제 :
"모방은 바보들이나 하는 짓이다"

1881년 「카르멘」 공연을 처음 본 니체는 이렇게 극찬했어요. "습기와 우울을 날려 버리는 강렬한 태양의 오페라! 풍요롭고 건축학적으로 완벽하다!" 브람스 역시 「카르멘」의 예술성에 감탄하여 20회나 관람한 열렬한 팬이라고 고백하기도 했지요. 리하르트 슈트라우스의 찬사도 이어져요. "오케스트레이션 기법을 제대로 공부하고 싶다면 「카르멘」의 악보를 연구하라. 음표 한 개도 버릴 것이 없다." 오페라의 시작을 알리는 '서곡'과 '하바네라', '투우사의 노래'가 세계적 오페라 「카르멘」의 주옥 같은 레퍼토리입니다.

이처럼 조르주 비제의 오페라 「카르멘」은 최고의 음악가들이 극찬하는 오페라의 걸작이지요. 하지만 이 찬사는 모두 비제가 죽고 난 뒤의 일이었습니다. 니체 말대로 그는 너무 일찍 왔던 것입니다. 1875년 3월 3일 파리에서 초연된 「카르멘」은 비제에게 처참한 실패를 안겨 주었어요. 이 오페라에 엄청난 기대를 걸었던 그는 극도의 좌절에 빠져 자신의 교향곡 악보들을 불태워 버려요. 결국 1875년 6월 3일, 「카르멘」 초연 후 석 달 만에 심장 질환으로 세상을 떠납니다. 원래부터 건강이 나쁜 상황에서 초연의 실패가 결정적인 타격이 되었던 거지요. 비제의 나이 36세였고, 「카르멘」은 그의 마지막 오페라가 되었습니다.

이처럼 음악적으로 탁월한 오페라가 대체 왜 관객에게 외면당했을까요? 직접적인 이유는 카르멘이라는 여주인공의 독특한 개성 탓이었어요. 당시 오페라의 여주인공들은 청순가련형이거나, 순결한 여성·구원의 여성이라는 바그너 오페라의 여성상이 대세였지요. 관능적이고 자기 욕망에 솔직한 집시 여인 카르멘은 오페라의 전통적인 여성 이미지와는 다른 별종이었어요. 특히 초연에서 카르멘 역을 맡은 셀레스틴 갈리마리의 관능적 연기는 당시의 관객들에게 혐오감을 불러일으켰다고 해요.

게다가 오페라의 내용 역시 관객들의 취향은 아니었어요. 당시의 오페라는 바그너의 기독교적 구원과 영웅서사이거나, 베르디의 이탈리아 민족주의적 성향이 지배적이었지요. 그런데 「카르멘」은 매력적이고 자유분방한 카르멘이 약혼자까지 있는 순박한 군인 호세를 유혹하면서 시작됩니다. 호세는 군인 신분과 약혼녀, 가족까지 버리면서 카르멘과 사랑의 도피행각을 벌이지요. 하지만 카르멘은 금세 호세에게 싫증을 느끼고, 투우사 에스카미요와 사랑에 빠져요. 결국 카르멘의 배신에 호세는 이성을 잃고 그녀를 칼로 찔러 죽입니다.

오페라 「카르멘」이 실패한 본질적인 이유는 바로 비제의 음악적 독창성에 있었습니다. 당시 유럽을 장악한 바그너의 오페라 스타일을 모방하지 않고 자신만의 스타일을 개척했기 때문이지요. 이것이 당대에 비제가 실패한 이유이자 음악사에 남긴 비제의 가장 큰 업적입니다. 비제가 바그너를 모방하는 데 그쳤다면 비제는 이미 오래전에 잊혀졌을 테지요. 비제는 바그너의 영향으로부터 독립했다는 자신감을 이렇게 표현하고 있어요. "모방은 바보들이나 하는 짓이다. 카피의 대상이 대단할수록, 카피는 우스꽝스럽게 된다."

비제는 대중적으로 안전한 취향을 거부하고 자신만의 위험한 길을 따라갔습니다. 그 결과 당시에는 실패했으나 새로운 스타일의 오페라를 만들어요. 카르멘과 같은 관능적인 여주인공, 집시·밀수꾼·종자·노동자 같은 하층민의 실제 삶을 다룬 방식 등은 '사실주의 오페라'의 시초가 됩니다. 이후 피에트로 마스카니, 지아코모 푸치니 같은 작곡가들에게 영향을 주지요. 이처럼 대중적 취향을 따르지 않고 자기 스타일을 따라가는 방식은, 바로 그런 이유로 위험하고 또 그런 이유로 매혹적입니다.

내가 천성적으로 반극장적 유형이라는 것을 사람들은 잘 알고 있다. 나는 극장을, 이 **대중 예술** 중의 대중 예술을 싫어한다. … 무대 위의 **성공** ─ 이로써 그 예술은 나의 경의를 잃어버리고, 나는 그것을 두 번 다시 보지 않는다. 무대 위의 **실패** ─ 내 귀는 곤두세워지고 주의를 기울이기 시작한다.

─ 『니체 대 바그너』, 내가 반박하는 곳

니체가 예술을 평가하는 기준은 '예술의 내용'보다 대중적 인정이라는 '예술의 스타일'입니다. 그것이 '대중적으로 성공한 스타일인가, 실패한 스타일인가' 하는 거지요. 보통이라면 대중적으로 성공한 예술에 좋은 평가를 하겠지요. 하지만 니체는 대중적으로 인정받았다는 바로 그 이유로 싫어합니다. 그래서 자신을 "천성적으로 반극장적" 즉 반대중적 유형이라고 해요. 왜 그럴까요? 아무리 뛰어난 예술이라도 이미 대중 예술로 지배적인 위치를 차지하고 있다면, 니체에게 경의의 대상이 아닙니다. 왜냐하면 니체는 예술에서도 새로운 변화와 생성을 지향하기 때문입니다. 설사 완성도가 떨어진 예술이라도 대중적으로 실패한 것에 더 많은 애정을 갖지요. 왜냐하면 대중이 외면한 예술에 새로운 변화의 가능성이 있기 때문이지요.

니체에게 바그너는 이미 성공한 대중 예술이고, 그 명성에 기대어 계속 대중적 스타일을 추구하는 낡은 음악 유형이었습니다. 반면 비제는 바그너라는 당대의 지배적인 스타일을 낡은 것으로 만들 힘을 가진 새로운 유형입니다. 특히 비제는 남프랑스 프로방스 특유의 극적이고 화려한 색채음악에 강점을 가지고 있었어요. 그리고 인물 표현이나 감정 표현, 극적 효과를 오페라 기법으로 사용했지요. 니체는 비제의 이런 음악 스타일을 높게 평가하여, 니체 철학의 최고 유형인 디오니소스적인 것이라고 합니다. 즉 비제의 음악을 원초적이고 감성적인 '디오니소스적 음악'이라고 말이지요.

하비 밀크 :
미국 역사상 최초의 게이 정치인

누군가 당신이 '그저 타고난 것'에 대해 비난한다면 어떨까요? 여성이거나, 흑인이거나, 키가 작거나 … 혹은 동성애자이거나. 하비 밀크는 미국 역사상 처음으로 자신이 게이인 것을 공개 선언한 정치인입니다. 1970년 사십 세가 넘어 동성애 인권운동을 시작하여 세 번의 실패 끝에 1977년 샌프란시스코 시의원에 당선됩니다. 하지만 다음 해 1978년 48세에 성소수자 운동에 반대하는 다른 시의원에게 살해당하지요. 그가 샌프란시스코 시의원으로 활동한 것은 1978년 1월 8일에서 11월 27일까지 1년이 안 되는 시간이었어요. 하지만 하비 밀크는 이후 동성애라는 거대한 편견의 벽을 무너뜨리는 희망의 이름이 됩니다.

"만약 내 머리로 총알이 뚫고 들어왔다면, 그것이 또한 모든 벽장의 문을 부수길 바랍니다."

— 롭 엡스타인, 「하비 밀크의 시간들」

하비가 살해당한 그날 4만이 넘는 촛불 행렬이 이어지는 가운데 그가 남긴 목소리가 들려옵니다. 평소에도 살해의 위험에 노출되어 있던 그는 마치 자신의 죽음을 예견한 듯 이런 말을 남겼지요. 자신의 죽음이 모든 차별과 편견을 부수는 총알이 되기를 바란다고. 그는 사십 세가 되도록 자신의 성정체성에 대해 스스로에게 솔직하지 못했어요. 성소수자로서 자신을 긍정하기 위해서는 거대한 사회적 편견을 넘어서야 했기 때문이지요. 스스로를 벽장 속에 가두고 평범하게 살아온 그의 인생은, 그가 자기 자신이 되고자 했을 때 완전히 달라집니다.

사랑하고 상처받고 도전하고 실패했지만, 가장 빛나는 삶의 정점에서 갑자기 죽음에 이르기까지 그는 자기 생애의 마지막 8년을 불꽃처럼 살았어요. 하비가 죽은 지 10년이 되는 2008년 영화 「밀크」가 개봉되었는데, 매력적인 배우 숀 펜이 하비 밀크 역을 맡아 싱크로율 100%의 외모와 연기를 보여 줍니다. 그리고 2009년 오바마 대통령은 하비 밀크에게 미국 최고의 훈장인 대통령 자유 메달을 주었지요.

시대적 가치와 대결한다는 것은 이처럼 커다란 위험입니다. 최초의 것들을 시도했던 모든 위버멘쉬들이 그러했던 것처럼 말이지요. 현대 무용의 창시자 이사도라 던컨이나, 새로운 스타일을 시도했던 고흐 같은 예술가처럼. 또 여성 차별에 저항했던 여성 운동가들, 인종 차별에 대항했던 인권 운동가들, 동성애 차별과 대결했던 성소수자 운동가들이 그러했던 것처럼. 그들의 한 걸음 한 걸음은 자신의 사회적 관계와 신체적 생명을 위협당하면서, 동시에 스스로의 불확신과 싸우는 과정이지요. 하지만 밀크 하비가 없었다면, 우리는 세계 무대에서 활동하는 게이 디자이너와 아티스트·배우·감독은 물론이고, 미국 역사상 최초의 흑인 대통령 오바마를 만나지 못했을지도 모릅니다.

이제 세상은 동성애를 점차 인정하기 시작했지요. 현재 세계 40여 개 국에서 동성 결혼이 합법화되었습니다. 물론 아직도 70여 개 국에는 레즈비언(Lesbian), 게이(Gay), 바이섹슈얼(Bisexual), 트랜스젠더(Transgender), 퀴어(Queer, 성소수자 전반) 혹은 퀘스처닝(Questioning, 성정체성에 관해 질문하는 사람) 같은 LGBTQ 성소수자에 대한 처벌법이 남아 있지만요. 하지만 성소수자라는 존재만으로 살해의 위협을 받던 시대는 이제 끝나가고 있습니다. 2024년에는 프랑스에서 가브리엘 아탈이 최초로 동성애자 총리로 임명되기도 했어요. 동성애, 양성애, 트렌스젠더 같은 성소수자들도 이성애와 마찬가지로 하나의 성정체성으로 인정받기 시작한 거지요. 이렇게 되기까지는 새로운 세상을 욕망했던 수많은 하비 밀크가 있었습니다.

LGBTQ+에서 가장 중요한 것은 +입니다. 앞으로도 얼마든지 새로운 섹슈얼리티가 출현할 수 있기 때문이지요. 세상에는 하나의 성이 아니라 수많은 성이 존재하고, 다채로운 섹슈얼리티를 긍정하는 것이 건강한 삶의 방식일 것입니다. 그렇다면 성정체성에 있어 이성애자와 성소수자 가운데 어떤 존재가 보다 높은 가치일까요? 우리 시대의 지배적인 가치인 이성애자가 아니라 새로운 가치를 가진 성소수자가 아닐까요? 왜냐하면 이성애자는 현재의 지배적인 가치인 이성애를 강화할 뿐입니다. 오히려 성소수자야말로 이성애를 낡은 가치로 만들면서 새로운 섹슈얼리티를 만드는 주체이기 때문이지요.

"병 같은 게 아니에요. 아픈 것도, 잘못된 것도 아니고, 신의 미움을 산 것도 아니에요. 그저 타고난 것이에요." 이것은 진실이지만, 우리는 우리의 성정체성에 대해 변명할 필요가 없습니다. 오히려 이 변명 속에 포함되어 있는 연민과 동정의 시선에 저항해야 합니다. 하얀색 나비가 다수인 어떤 세계에서 노랑 날개나 호랑무늬 날개를 가졌다고 변명할 필요가 없는 것처럼요. 오히려 노랑나비, 호랑나비는 하양 나비가 많은 그 세계를 변화시킬 소중한 존재들이지요. 우리는 이성애를 진리로 강요하는 지배 가치에 복종해서도 안 되지만, 단지 성소수자에 대한 차별 반대에 머물러서도 안 됩니다. 성소수자야말로 아름다운 존재인 것을 긍정해야 합니다. 세상을 변화시킬 새로운 힘은 소수자에게 있기 때문입니다.

3

힘에의 의지와
힘의 유형학

존재하는 모든 것은 힘에의 의지이다

사실 철학의 모든 개념은 철학하는 방법이지요. 그 가운데서도
힘에의 의지는 니체 철학의 방법론이라는 성격이 강합니다. 신
의 죽음 이후에도 신이라는 절대 가치는 왜 계속하여 부활하는
가? 신이라는 시대적 가치를 넘어 어떻게 위버멘쉬-되기를 할
것인가? 삶의 허무를 넘어 어떻게 영원회귀를 욕망할 것인가?
운명이라는 삶의 필연을 어떻게 사랑할 수 있을까? 이 모든 철
학적 물음이 힘에의 의지에 기대어 있습니다. 이 물음들은 힘
에의 의지를 자원으로 하여 흥미롭고 낯선 출구를 시도하고 있
습니다. '힘에의 의지가 니체 철학에서 어떤 역할을 수행하는

가'는 각각의 장에서 확인할 수 있습니다.

앞서 우리는 1장과 2장에서 신의 죽음 이후 인간 앞에 놓인 두 가지 길, 신의 부활과 위버멘쉬의 출현을 검토했지요. 이렇게 서로 다른 두 가지 방향을 결정하는 것이 니체는 '힘에의 의지'라고 합니다. 인간의 약한 의지는 의지할 무엇을 찾아 계속해서 새로운 형태의 신을 부활시키지요. 반면 인간의 강한 의지는 스스로 자기 한계를 극복하는 위버멘쉬를 출현시킵니다. 신의 부활과 위버멘쉬의 출현을 결정짓는 힘에의 의지란 어떤 것일까요?

세계 자체가 힘에의 의지다, 생명 자체가 힘에의 의지다

니체의 '힘에의 의지'나 '권력의지' 혹은 '권력에의 의지'는 모두 독일어 'Wille zur Macht'(Will to Power)를 원문으로 하는 번역인데요. 나는 Macht(power)를 '권력'보다 '힘'으로 번역해서 '권력의지'나 '권력에의 의지'보다 '힘에의 의지'로 읽습니다. 왜냐하면 '권력'에 포함되어 있는 인간적 뉘앙스와 부정적 뉘앙스 때문입니다. '권력의지 혹은 권력에의 의지'라고 하면 타인을 물리적으로 제압하려는 의지 같은 것을 떠올리기 쉽습니다. 즉 이 말에는 인간관계에서 나타나는 것이라는 인간적 뉘앙스와 타인에 대한 강제력이라는 부정적 뉘앙스가 따라붙는 것 같습니다.

그런데 힘에의 의지는 인간의 의지가 아니라, 인간을 일부로 하는 모든 존재를 포함합니다. 그리고 힘에의 의지에는 긍정의 의지와 부정의 의지가 함께 존재합니다. 이런 뉘앙스에도 불구하고 '권력의지'로 번역하는 경우가 있지요. 그것은 '힘에의 의지'가 명사처럼 사용하기 힘든 단어 구조인 데다, 우리말에서는 잘 쓰지 않는 '~에의'라는 조사 때문이에요. 따라서 우리가 혹시라도 '권력의지 혹은 권력에의 의지'로 읽을 때는 이 말이 가진 인간적 뉘앙스와 부정적 뉘앙스에 저항해야 합니다.

> **이 세계는 권력에의 의지이며, 그 외에는 아무것도 아니다!** 그리고 너희 자신 역시 이러한 권력에의 의지, 그 외에는 아무것도 아니다!
>
> ― 『권력에의 의지』, 1067

세계가 힘에의 의지이며, 우리 자신도 힘에의 의지라는 것은 무엇일까요? 즉 전체로서의 세계나 세계를 구성하는 개체나 모두 힘에의 의지로 구성되어 있고, 힘에의 의지에 의해 작동한다는 겁니다. 물리적인 것, 생명적인 것, 사회적인 것 … 등, 세계는 이러한 다양한 힘들로 구성되어 있는 힘들의 복합체이며, 그러한 힘들의 의지로 작동합니다. 그리고 물리적인 어떤 현상, 생명적인 어떤 존재, 사회적인 어떤 사건 … 등, 이런 개별적인 것들 역시 그 내부는 다양한 힘들로 구성되어 있으며, 그러한 힘들의 의지로 작동합니다. 이런 방식으로 우리 신체도 다양한 욕망들이 만들어 낸 힘에의 의지로 구성되고 힘에의 의지로 작동하지요.

> 생명이 있는 것은 자신의 힘을 **발산**하고자 한다 — 생명 그 자체는 힘에의 의지다.
>
> — 『선악의 저편』, 13

> 생명체를 발견하면서 나는 힘에의 의지도 함께 발견했다. … 오직 생명이 있는 곳, 거기에 의지가 있다. … 그것은 힘에의 의지다!
>
> — 『차라투스트라는 이렇게 말했다』, 자기 극복에 대하여

'세계 자체가 힘에의 의지'라는 것과 '생명 자체가 힘에의 의지'라는 것은 같은 말입니다. 전자가 거시적 차원에서 표현된 힘에의 의지라면, 후자는 미시적 관점에서 표현한 힘에의 의지입니다. 이때 생명이란 우리가 통상적으로 말하는 살아 있는 생물이 아니라, 생물을 포함하여 세계를 구성하는 모든 존재를 뜻합니다. 니체는 인간이나 생명체뿐 아니라 무생물까지 존재하는 모든 것을 생명으로 표현합니다. 예를 들어 '주식시장은 살아 있는 생물'이라는 말이 있지요. 주가는 우리 마음대

로 할 수 없으면서 반대로 우리를 좌우하는 힘을 갖고 있지요. 주식이나 부동산이 무생물이라서 힘이 없다고 말할 수 있을까요. 코로나 팬데믹이라는 사건이나 기후 위기라는 재난은 어떤 가요. (사물이나 사건을 포함하여, 인간이 아닌 존재자들이 가진 의지에 대해서는 「4장 힘에의 의지와 자유의지」에서 상세하게 다루겠습니다.)

생명 혹은 생명체가 힘에의 의지라는 것은 무슨 의미일까요? 니체는 생명을 힘에의 의지로 정의합니다. 즉 존재하는 모든 것은 '자신의 힘을 발산하려는 의지'를 지니고 있고, 이것이 생명의 본성이라는 거지요. 힘에의 의지란 모든 존재, 모든 사건의 근저에 있는 어떤 것입니다. 『권력에의 의지』라는 책은 철학 개념 '힘에의 의지'를 중심으로 기획되었는데, 니체는 물리학·생물학·자연, 그리고 사회·예술·도덕 등 세계의 모든 영역을 힘에의 의지라는 하나의 개념으로 설명합니다. 이 모든 영역이 힘에의 의지로 구성되어 있고, 모든 것에 힘에의 의지가 작용하고 있다는 거지요. 힘에의 의지는 세계 모든 것들의 구성 원리이며 동시에 작동 원리입니다.

니체뿐 아니라 스피노자와 들뢰즈도 생명과 비생명, 인간과 비인간을 세계를 구성하는 동등한 존재로 보았습니다. 스피노자는 생명과 비생명을 모두 '자연'이라고 부르는 하나의 평면인 '일반화된 자연주의'에 도달했어요. 그리고 들뢰즈는 생명과 기계가 하나로 묶이는 '기계'적 평면인 '보편적 기계주의'로 나아갔지요. 마찬가지로 니체는 존재하는 모든 것을 '힘에의 의지'로 포착함으로써 '힘의 일반성'을 구성합니다.

세계를
힘에의 의지로 해석한다는 것

먼저, 존재하는 모든 것은 그 자신의 능력만큼 존재합니다. 정치적인 강제력이나 물리적인 힘도 마찬가지입니다. 우리 눈에 보이는 힘은 그것이 어떤 것이든, 자기 내부의 능력이 그 힘을 발생시킵니다. 따라서 우리는 '외적인 표현으로서 힘' 이전에 '내적 역량으로서 힘'에 주목해야 합니다. 이를테면 어떤 사람이나 사물에 대해 '미친 존재감'이라든가 '존재감이 있다' 혹은 '존재감이 없다'라는 말을 하는데요, 이 존재감이란 그가 가진 역량에 대해 우리가 느끼는 감각을 말하는 거지요. '선한 영향력, 나쁜 영향력'이나 '긍정적 에너지, 부정적 에너지'도 모두 내적 역량으로서의 힘에 대한 표현입니다.

또한, 모든 존재는 자신의 능력만큼 존재하고, 이 능력은 '외부세계를 얼마나 자신의 것으로 만드는가'에 달려 있습니다. 힘(Macht)은 자신과의 관계에서는 잠재력을 의미하는 포텐티아(Poténtĭa)와 가깝고, 외부와의 관계에서는 수용력을 뜻하는 카파키타스(Capácĭtas)에 가깝습니다. 내적 잠재력(Poténtĭa)으로서의 힘은 외적 수용력(Capácĭtas)을 의미한다고 하겠습니다. 우리가 어떤 사람의 능력을 평가할 때도 마찬가지입니다. '그가 혼자서 할 수 있는 능력'보다 '그가 활용할 수 있는 외부 자원'까지가 그의 역량이 될 것입니다. 이것이 수용력으로서 그의 능력입니다.

이를테면 비싼 나무와 꽃으로 가득한 정원을 가진 고급 저택이 있고, 다른 편에는 자연의 풍광이 앞마당처럼 펼쳐진 산속의 작은 절이 있습니다. 고급 저택과 작은 산사 가운데 어느 편이 더 많은 자연을 품을 수 있을까요? 고급 저택이 정원을 아무리 넓힌다고 해도 울타리 없는 산사가 가진 자연과 비교할 수 없겠지요. 이것이 산사가 가진 자연의 수용력입니다. 대체로 산사 자체가 자연의 일부인 경우가 많지요. 이때 산사가 자연을 품은 것인지, 자연이 산사를 품은 것인지 구분하는 것은 의미가 없습니다. 그것은 힘이 가진 잠재력과 수용력을 구분할 수 없는 것과 마찬가지입니다.

한편, 모든 존재는 자기 능력만큼 존재하고, 그 힘을 실현하려는 의지를 갖게 됩니다. 즉 잠재적 역량으로서의 힘이 현실화될 때 작동하는 것이 의지입니다. 따라서 어떤 사건에 대해 '어떤 힘에의 의지가 그것을 만들어 낸 것인지' 물어야 합니다. 마찬가지로 우리가 어떤 생각, 어떤 행위를 할 때, 그것에 '어떤 힘에의 의지가 작동하고 있는지' 분석해야 합니다. 그 사건 혹은 행위에 능동적 힘과 반동적 힘 가운데 어떤 것이 주도한 것인지, 긍정적 의지와 부정적 의지 가운데 무엇이 주요하게 작용한 것인지 말이지요.

이를테면 2023년 일본이 방사능 오염수를 바다에 방류했을 때, 중국 정부는 비판했지만 우리 정부는 수용했습니다. 또 국내 여론도 대부분은 비판적이었지만 호의적인 사람도 분명 있었지요. 이때 태도의 옳고 그름을 말하는 것은 쉬운 일입니다. '그것을 만들어 낸 힘이 무엇인지, 거기에 작동하고 있는 의지가 무엇인지' 물어야 합니다. 이것이 힘에의 의지로서 사건과 행위를 해석하는 방식입니다. 이처럼 힘에의 의지를 모든 것에서 작동하는 배후의 충동으로 해석할 때, 어떤 사태를 옳고 그름이나 선과 악으로 판단하는 도덕주의를 넘어서게 될 것입니다.

니체 철학은 무엇이든 삶을 위한 기술입니다. 그 가운데서도 힘에의 의지는 직접적으로 삶의 기술을 가르칩니다. 우리 신체의 힘과 의지를 분석하여 '건강한 삶을 위해 어떻게 사용해야 하는가' 말이지요. 우리는 힘에의 의지를 통해 신체가 무엇을 할 수 있는지(힘), 그리고 무엇을 하고자 하는지(의지)를 이해하려고 합니다. 그리고 이러한 이해로부터, 우리 신체에 어떻게 능동적인 힘과 긍정적인 의지를 구성할 것인가를 시도할 것입니다.

우리의 생각과 행동을 규정하는
힘의 유형들

> 힘은 할 수 있는 것이고, 힘에의 의지는 원하는 것이다. …
> 힘에의 의지는 힘의 생성적 요소임과 동시에, 힘들의 종
> 합의 원리이다.
>
> — 들뢰즈, 『니체와 철학』, 104~105쪽

> 니체가 우아함·고귀함·주인이라고 부르는 것은, 능동적
> 힘이며 긍정적 의지이다. 그가 저속함·비루함·노예라고
> 부르는 것은, 반동적 힘이고 부정적 의지이다.
>
> — 들뢰즈, 『니체와 철학』, 110쪽

들뢰즈는 니체의 '힘에의 의지'를 간결하면서도 핵심적으로 정의하고 있습니다. 힘은 '할 수 있는 능력 혹은 역량'을 말하고, 의지는 '하고자 하는 욕망 혹은 의욕'을 의미합니다. 여기서 '능력으로서 힘'이란 어떤 것일까요? 무언가를 끊임없이 산출하는 대지의 생산력, 끝도 없이 크고 작은 파도를 일으키는 바다의 활력, 다른 방식의 삶을 시도하는 우리의 능력, 새로운 스타일을 창조하는 예술가의 특이성 같은 것입니다. 마찬가지로 '욕망으로서 의지'란 무슨 의미일까요? 무언가를 끊임없이 생산하려는 대지의 의지, 끝도 없이 크고 작은 파도를 일으

키려는 바다의 의지, 다른 방식의 삶을 시도하려는 우리의 욕망, 새로운 스타일을 창조하려는 예술가의 욕망입니다.

이렇게 말하다 보니 동어반복처럼 느껴지지요. 왜냐하면 힘과 의지, 능력과 욕망은 '힘'이 가지는 두 가지 본질이기 때문입니다. 무엇을 의지하는 것은 힘에서 생겨나고, 동시에 힘을 실현하는 것은 의지이기 때문이지요. 앞서 말한 것처럼 인간이든 비인간이든 세상의 모든 존재는 '자신의 역량만큼 존재'합니다. 무엇을 할 수 있는 그의 힘이 곧 그의 존재를 말해 준다는 의미입니다. 그리고 모든 힘은 '그 힘을 실현하려는 의지'를 갖게 됩니다. 즉 무엇을 할 수 있는 힘은 그 힘을 드러내려는 욕망과 자연스럽게 결합됩니다.

그런데 힘은 하나가 아니라 복수이며, 의지도 단순하지 않고 복합적입니다. 니체에 따르면 모든 사건과 사물, 어떤 행동과 생각에는 그것을 규정하는 네 가지 유형의 힘과 의지가 있습니다. 우리의 생각과 행동은 네 가지 유형의 힘과 의지에서 나온다는 거지요. 먼저 힘의 계열에 속하는 능동적(Active) 힘과 반동적(Re-active) 힘이 있습니다. 또한 의지 계열에 해당하는 긍정적(Positive) 의지와 부정적(Negative) 의지가 있습니다. 그리고 이 힘의 유형 가운데서 능동적 힘과 긍정적 의지가, 반동적 힘과 부정적 의지보다 높은 위계에 있습니다. 이것이 니체의 힘의 유형학입니다.

2장에서 검토한 약자, 강자, 위버멘쉬는 이러한 힘의 유형학으로부터 출현하는 존재입니다. 약자, 강자, 위버멘쉬는 우리 신체의 힘과 의지의 유형을 표현한 것이지요. 이때 말하는 약자, 강자, 위버멘쉬는 특정 유형의 인간을 말하는 것이 아니라 특정 유형의 힘을 인격화한 것이라고 했었지요. 약자는 반동적 힘과 부정의 의지가 지배하는 신체이고, 강자는 능동적 힘과 긍정의 의지가 지배하는 신체입니다. 그리고 이전과 다른 유형의 힘과 다른 유형의 의지를 신체가 생산해 낼 수 있다면 위버멘쉬라고 부를 수 있을 것입니다. 그러면 이러한 힘의 유형들은 어떤 것이며, 삶에서는 어떻게 나타나는지 살펴볼까요.

능동적 힘 vs 반동적 힘

능동과 반동 :
신체의 어떤 힘을 생성할 것인가

고전주의적인 것과 **낭만주의적**인 것의 대립의 배후에는 **능동적**인(*Aktiven) 것과 **반동적**인(*Reaktiven) 것의 대립이 숨어 있는 게 아닐까?

— 『권력에의 의지』, 847

모든 것의 시작은 위험하다.

— 『인간적인 너무나 인간적인 II 』, 163

먼저, 능동적 힘과 반동적 힘, 즉 능동과 반동에 대해 살펴볼까요. 니체에 따르면 힘에는 두 가지 질이 있습니다. 능동적 힘은 시작하는 힘, 생성하는 힘입니다. 그에 반해 반동적 힘은 능동적 힘에 대해 반응하는 힘입니다. 아이들의 웃음과 놀이, 춤 같은 것들이 능동적 힘의 대표적인 표현일 것입니다. 특별한 의도나 아무 생각 없이 하는 것들이지요. 반대로 앙심, 분노, 원한(원망) 같은 것들은 모두 반동적 힘의 표현입니다. 화를 내고 분노하는 것은 적극적 감정이어서 능동적으로 보이지만, 그것들은 바깥에서 온 어떤 것에 대한 반동(반응)이지요. 분노와 원한은 나를 화나게 하는 것들, 나를 공격하는 것들에 대한 감정이지요.

앞에서 말한 미국 역사상 최초의 게이 정치인이었던 하비 밀크의 사례를 떠올려 봅시다. 요즘은 우리나라에서도 매년 성소수자들의 퀴어축제가 열리지요. 하지만 그때는 동성애자라는 이유만으로 생명을 위협받던 시절이었어요. 이성애가 자연이고 동성애는 질병으로 취급받던 때, 온갖 위험을 무릅쓰고 자신의 동성애적 섹슈얼리티를 표방하는 것, 이것이 능동적 힘이지요. 그래서 능동적 힘을 처음 시작하는 힘, 새로운 것을 생성하는 힘이라고 합니다.

모든 새로운 것은 지배적인 힘으로부터 공격받습니다. 왜냐하면 새로운 것은 지금 작은 영향력일지라도 크기와 상관없이 지배적인 것을 낡은 것으로 만드는 힘을 가지고 있기 때문입니다. 그래서 모든 처음에는 목숨을 거는, 위험을 무릅쓰는 용기가 필요하지요. 따라서 능동은 시작하는 에너지와 실패를 두려워하지 않는 힘을 말합니다. '모난 돌이 정 맞는다'라는 속담은 능동적 힘의 위험을 부정적으로 표현한 거지요. 하지만 니체의 말대로, 모든 시작은 위험하지만 무엇을 막론하고 시작하지 않으면 아무것도 시작되지 않습니다. 능동적 힘만이 현재의 지배 질서와 다른 것을 만들어 냅니다.

이러한 능동적 힘에 대한 반동적 힘은 두 가지 형태로 나타납니다. 하나는 하비 밀크의 동성애를 반대하여 그를 저격한 사람처럼, 능동적 힘을 저지하는 형태입니다. 다른 하나는 하비 밀크가 죽은 후 그를 따르는 소수자 운동처럼, 능동적 힘을 따라가는 형태입니다. 하비 밀크의 공격자나 추종자 모두 반동적 힘이라고 하는 것은 왜 그럴까요? 공격하거나 따라가는 힘은 스스로 생성한 것이 아니라, 하비 밀크라는 어떤 힘에 대한 반동(반응)으로 만들어진 힘이기 때문입니다. 모든 능동은 위험하지만, 반동은 그것이 긍정이든 부정이든 그만큼 위험하지 않습니다. 우리 삶에 출현하는 많은 사건들은 우리에게 묻습니다. 사건을 주도하는 능동적인 힘이 될 것인가, 사건에 따라가는 반동적인 힘이 될 것인가?

힘에의 의지는 힘의 생성적 요소 … 이다.

— 들뢰즈, 『니체와 철학』, 105쪽

　다음, 힘에의 의지가 힘의 생성적 요소라는 것은 어떤 의미일까요? '모든 사건은 능동적 힘과 반동적 힘의 관계 속에서 생성된다'라는 것입니다. 다시 말해 '모든 것에는 능동적 힘과 반동적 힘이 함께 존재하며, 어떤 힘이 생성될지는 다른 힘과의 관계에 달려 있다'라는 거지요. 하비 밀크가 활동했던 1970년대 미국의 힘 관계를 생각해 볼까요. 동성애라는 능동적 힘이 이성애라는 반동적 힘과의 관계에서, 힘겹게 자기 존재를 드러내던 때였지요. 하지만 반대로 이렇게 말할 수도 있겠어요. 1970년대 미국 사회는 잠재적으로만 존재했던 동성애를 하나의 현실적 힘으로 생성시켰던 때라고 말이지요.

　힘에의 의지가 힘의 생성적 요소라는 것을 좀 더 주체적으로 해석해 볼까요. 그것은 '우리 신체에 존재하는 능동적 힘과 반동적 힘 가운데, 어떤 힘을 생성할 것인가'를 묻는 것입니다. "난 지금까지 애인이 넷이었는데, 그중 셋이 자살을 기도했어. 나 때문에, 내가 못나서. 관계를 숨겼거든." 하비 밀크도 자신이 게이라는 사실을 알고 난 후에 바로 커밍아웃을 결심했던 건 아니었어요. 타인의 시선에 자신을 맞추려던 반동적 힘과 자기 정체성에 정직하려는 능동적 힘 사이에서 갈등하던 시간들이 있었지요. 40세 이전의 그는 반동적 힘에 의해 능동적 힘이 지배당하던 신체였고, 그때는 침묵의 시간이었지요. 40세 이후 그에게는 반동적 힘의 두려움을 뚫고 능동적 힘이 신체를 압도했던 열정적 날들이 이어집니다.

　　최근 소수자 운동 가운데 능동성의 좋은 사례가 있습니다. "미워해도 소용없어!" 국제 앰네스티 한국지부가 2022년에 이어 2023년 '성소수자 캠페인'에 내건 이 캐치프레이즈를 볼 때마다 나는 기분이 좋습니다. 이 캐치프레이즈는 퀴어퍼레이드를 주도하면서 성소수자와 앨라이(Ally. 성소수자 지지자)를 결속시키는 깃발이 되었지요. 이제까지 퀴어 운동이 사회의 혐오와 차별에 대항하는 것이었다면, 점차 성소수자 자신이 스스로를 긍정하는 방식으로 이동하는 것 같습니다. 이 캐치프레이즈도 이런 변화를 보여 주고 있고요.

　　나는 무엇보다 이 캐치프레이즈가 담고 있는 능동적 정서에 주목했습니다. 이제까지 사회적 혐오와 대결하는 퀴어 운동은 '혐오가 혐오를 낳고 …' 이렇게 반동적 정서가 끝없이 반복되었지요. 하지만 "미워해도 소용없어"라는 캐치프레이즈에서는 반동적 정서의 릴레이를 차단하는 능동적 힘을 봅니다. 이 캐치프레이즈가 어떤 말들을 불러들이는지 보면 금방 알 수 있어요. "미워해도 소용없어, 우리는 지워지지 않아." 혹은 "미워해도 소용없어, 우린 행복하게 늙을 거야." 혹은 "미워해도 소용없어, 난 너무 즐거우니까." 이것은 그 자체로 능동과 긍정을 표현하고 있지, 어떤 반동이나 부정을 찾을 수 없지요.

타인의 비난 같은 것에 신경 쓰지 않고 나의 즐거움에 집중하는 태도, 무엇보다 이 캐치프레이즈가 갖는 가벼움과 유머가 능동적 힘으로 작동하는 거지요. 이처럼 반동적 정서를 차단하는 이 캐치프레이즈의 힘이 퀴어 운동 내부에서 나타나고 있는데요, 또한 이것은 사회적 혐오의 반동적 정서를 무력화시키는 효과적인 무기가 되고 있어요. "미워해도 소용없어!"라는 존재의 당당함 앞에서, 어떤 의미 있는 혐오와 가치 있는 비난을 쏟아 낼 수 있을까요. "미워해도 소용없어!"는 니체적 능동을 표현하는 훌륭한 사례가 아닐 수 없습니다.

기억은 질병이고, 망각이 능력이다!?

니체는 기억이 반동적 힘이고, 반면 망각이야말로 능동적 힘이라고 합니다. 통상적으로 기억력은 능력이고 건망증은 장애처럼 생각하지요. 하지만 살면서 지워지지 않는 기억으로 고통받았던 일들을 떠올리면, 기억으로부터 자유로울 수 있는 망각이야말로 능력이 아닐까요. 이전에 먹은 음식이 신체에 그대로 남아 있다면, 새로운 음식을 받아들일 수 없지요. 기억이란 과거의 어떤 것에 대한 반응이라는 점에서 반동적인 힘입니다. 오히려 망각이야말로 과거를 잊고 새롭게 무언가를 시작할 수 있다는 점에서 능동적 힘입니다.

아이들의 싸움이 부모들의 싸움으로 번지는 것은 흔한 일입니다. 아이들은 언제 싸웠나 싶게 곧 잊어버리고 함께 놀이에 빠져들지만, 정작 부모들은 아직도 싸우고 있거나 미워하는 감정에 사로잡혀 있지요. 싸웠던 기억을 잊어버리는 아이들의 망각은 새로운 상황에서 새로운 놀이를 시작할 수 있는 능동적 힘입니다. 반면 싸움에 사로잡혀 있는 부모들의 기억은 새로운 관계를 형성할 수 없게 하는 반동적 힘입니다. 반동적인 기억과 능동적인 망각 가운데 우리는 어떤 힘을 생성해야 할까요?

선(누나)   야, 윤! 너 바보야? 그러고 같이 놀면 어떡해?

윤(동생)   그럼 어떡해?

선(누나)   다시 때렸어야지.

윤(동생)   또?

선(누나)   그래, 걔가 다시 때렸다며 ⋯ 또 때렸어야지.

윤(동생)   그럼 언제 놀아?

선(누나)   어?

윤(동생)   연호가 때리고 나도 때리고, 연호가 때리고 ⋯
           그럼 언제 놀아? 나 그냥 놀고 싶은데 ⋯.

— 윤가은, 「우리들」

영화 「우리들」은 내가 아주 좋아하는 영화입니다. 초등학생 누나(선)와 동생(윤)이 나누는 이 대화는 정말 흥미롭지요.

'반동적 기억'과 '능동적 망각'이라는 니체의 철학을 잘 보여 줍니다. 즉 기억이 어떻게 원한(원망)에 사로잡힌 '반동적 질병'이고, 망각이 어떻게 새로운 것을 생산하는 '능동적 능력'이 될 수 있는지 말이지요. 과거의 기억에 사로잡히는 것은 현재를 과거의 연장으로 만들어 버리기 때문에 새로운 관계를 생성하는 것이 불가능해집니다. 윤(동생)처럼 연호와 다시 놀고 싶은 능동적 욕망이 새로운 관계를 생성합니다! '과거의 기억을 잊으려고 노력하는 것'이 아니라 '새로운 것을 하고자 하는 욕망'이 현재에 새로운 관계를 만들어 내고 과거를 새롭게 배치합니다.

선(누나)의 방식대로, 과거의 기억(친구가 나를 때린)에 사로잡혀 윤(동생)이 친구와 계속 싸우거나 관계를 단절한다면 어떻게 될까요? 싸움은 끝나지 않고 '원한의 사슬'은 계속될 것이고, 나중에는 싸운 이유는 사라지고 싸운 기억만으로 싸우게 되는 일조차 생길 것입니다. 하지만 윤(동생)의 방식대로, 놀고 싶은 욕망으로 관계의 배치를 새롭게 할 경우 '원한의 사슬'은 자연스럽게 무화될 것입니다. 윤과 친구는 그 싸움을 통해 상대를 더 잘 알게 되었음이 틀림없으며, 이런 이해는 둘의 관계를 더 깊게 할 것입니다. 이때 원한의 사슬을 끊어 내고 관계를 새롭게 생성하는 자(능동적인 자, 긍정하는 자)가 바로 강자입니다! 이와 반대로 과거에 집착하여 현재를 과거의 연장으로 만드는 자(반동적인 자, 부정하는 자)는 약자입니다! 당신은 누구입니까?

전적으로 '큰' 성공은 대중에 의해서만 달성된다. 물론 사람들은 대중의 성공이란 언제나 본래 작은 성공이라는 것을 전혀 이해하지 못한다. 왜냐하면, 아름다운 것은 소수의 것이기 때문이다.

— 『권력에의 의지』, 783

예술 영역은 능동적 힘과 반동적 힘이 가장 잘 드러나는 곳입니다. 니체 철학에서 대중적 예술은 반동적 힘을, 소수적 예술은 능동적 힘을 표현합니다. 현재 유행하는 대중적 스타일을 추구하는 예술은, 커다란 성공을 거둔다고 하더라도 반동적 힘일 수밖에 없습니다. 현재의 지배적 경향을 따라가는 방식이기 때문입니다. 반대로 기존에 없었던 독창적 스타일을 시도하는 예술가는 당장 인정받지 못하더라도 능동적 힘입니다. 현재의 지배적 경향과 다른 것을 창조하는 방식이기 때문이지요. 고흐나 니체는 모두 그 시대에는 인정받지 못했지만, 자신의 스타일로 자기 시대를 돌파하고 새로운 시대를 열었던 능동적 힘이었지요.

니체가 대중적으로 성공한 대중 예술을 싫어하고, 반대로 실패한 예술에 관심을 가졌던 것도 이런 이유에서지요. 성공한 대중 예술은 지배적인 스타일을 따라가는 반동적 경향이고, 오히려 실패한 예술에서 새로운 스타일이 만들어질 수 있는 능동적 가능성을 보았기 때문입니다. 니체가 『권력에의 의지』에서 대중적 성공이 작은 성공이며, 소수적인 것만이 아름답다고 했던 이유도 여기에 있습니다. 이미 대중적인 어떤 것은 새로울 것도 흥미로운 것도 없지요. 소수자란 아무도 시도하지 않은 낯선 것을 창안하는 자들이며, 아름다움이란 이러한 시도와 실험에 있습니다. 대중적 예술과 소수적 예술 가운데 우리는 어떤 스타일에 주목해야 할까요? 우리가 예술과 창작을 하는 사람이라면, 어떤 스타일에 집중해야 할까요?

긍정적 의지 vs 부정적 의지

긍정과 부정 :
신체의 힘들을 어떻게 종합할 것인가

> 나는 약하게 하고 힘을 소진하게 만드는 모든 것에, 아니오das Nein를 가르친다. 나는 강하게 하고 힘을 축적하고 힘의 감정을 정당화하는 모든 것에, 예das Ja를 가르친다.
>
> — 『권력에의 의지』, 54

이제 긍정의 의지와 부정의 의지, 즉 긍정과 부정에 대해 살펴볼까요. 니체는 의지에도 두 가지 질이 있다고 봅니다. 긍정의 의지는 할 수 있는 것(힘)을 하게 하는 방향으로 작동하는 의지이며, 이런 의미에서 자신이 가진 힘(능력)에 대한 긍정입니다. 즉 긍정의 의지란 힘과 의지, 할 수 있는 힘과 하고자 하는 의지를 결합시킵니다. 반면 부정의 의지는 할 수 있는 것(힘)을 하지 못하게 하는 방향으로 작동하는 의지이며, 자신의 힘(능력)에 대한 부정입니다. 즉 부정의 의지란 힘과 의지, 할 수 있는 힘과 하고자 하는 의지를 분리시킵니다. 따라서 능동적 힘에 대응하는 것이 긍정의 의지이고, 반동적 힘에 대응하는 것이 부정적 의지입니다.

하비 밀크를 한 번 더 소환하면, 하비 밀크가 스스로 게이라는 사실을 고백하는 커밍아웃까지 얼마나 많은 갈등과 두려움이 있었을까요. 지금도 이런 종류의 결단은 자신의 모든 것을 걸어야겠지만, 더구나 그때는 1970년대였잖아요. 그의 결단에 대해 우리는 긍정의 의지와 부정의 의지로 대답할 수 있을 것입니다. 그의 힘들고 어려운 결정을 응원하는 것, 어떤 상황에서도 함께할 것이라는 믿음을 보여 주는 것이 긍정적 의지입니다. 반면 그의 동성애를 신체 결함이나 정신장애로 비난하는 것은 물론, 커밍아웃했을 때 있을 수 있는 사회적 냉대와 정치적 비난을 걱정하면서 그가 하고자 하는 것을 못하게 하는 것이 부정적 의지입니다.

나는 내 자신을 떠맡아 내 스스로 다시 건강하게 만들었다 : 그럴 수 있었던 전제 조건은—모든 생리학자가 인정할 것이지만——**사람들은 근본적으로 건강하다는 사실**이었다.

—『이 사람을 보라』, 나는 왜 이렇게 현명한지, 2

힘에의 의지, 즉 힘의 상태를 변화시키려는 의지는 현재
보다 상승된 신체 역량을 향해 나아가려는 의지입니다. 이것이
자연스러운 의지의 작동 방향이며, 의지는 본성상 힘의 상승을
향해 작용합니다. 의지의 본성이 긍정이라는 것은 생명의 본성
이 건강하다는 것을 말합니다. 니체가 모든 생명체는 근본적으
로 건강하다고 했을 때, 이것이 생명의 기본 상태이며 병든 상
태는 예외적이라는 것입니다. 살아 있는 모든 생명은 본성상
힘의 상승 의지를 가지고 있으며, 이것이 기본 상태이며 힘의
퇴화 의지는 예외 상태입니다. 사람이 스스로 '생명력의 쇠퇴
와 본능의 타락'을 의지하는 태도를 니체는 데카당스라고 비판
합니다. 건강한 힘에의 의지와 반대로 데카당스는 병든 힘에의
의지입니다.

이처럼 니체의 힘에의 의지라는 개념은 그 자체로 긍정의
의지입니다. 그것은 의지의 본성이 긍정이기 때문입니다. 반면
니체에게 도덕이라는 개념은 그 자체로 약자의 도덕입니다. 의
지와는 반대로 도덕의 본성이 약자적이기 때문입니다. 이를테
면 '약자의 힘에의 의지'처럼 힘에의 의지에 다른 조건을 부여
하는 경우를 제외하고, 힘에의 의지는 기본적으로 긍정적 힘에
의 의지를 말합니다. 이것은 '강자의 도덕'처럼 도덕에 별도의

154 니체와 함께 아모르파티

성질을 부여하는 경우를 제외하고, 니체에게 도덕이 기본적으로 약자의 도덕을 말하는 것과 같습니다.

> 힘에의 의지는 … 힘들의 종합의 원리이다.
>
> — 들뢰즈, 『니체와 철학』, 105쪽

한편, 힘에의 의지가 힘들의 종합 원리라는 것은 어떤 의미일까요? 앞에서 보았듯이 '의지는 상이한 힘들을 긍정 혹은 부정의 방향 속에서 종합한다'는 것입니다. 다시 말해 '모든 사건에는 항상 긍정적 측면과 부정적 측면이 함께 존재하며, 의지가 어떻게 종합하는가에 의해 힘의 방향이 달라진다'는 겁니다. 어떤 사건이 발생했을 때, 그것의 나쁜 측면만 보는 사람이 있고 좋은 측면을 보려는 사람이 있지요. 나쁜 측면으로 보는 사람은 의지적으로 부정적 종합을 하고 있는 것입니다. 긍정적 종합을 하는 사람은 그것을 나쁜 측면보다 좋은 측면으로 보려는 의지가 있는 것입니다.

고통에 대한 퍼스펙티브는 의지의 긍정적 종합과 부정적 종합을 이해하는 좋은 사례입니다. 고통은 우리를 약하게 만들기도 하지만 강하게 단련시키기도 합니다. 나를 지배하는 고통은 부정적인 것이겠지만, 내가 고통을 통제할 수 있다면 고통은 나를 단련시키는 긍정 요소가 될 것입니다. 결국 고통을 어떻게 종합할 것인가의 문제지요. 긍정적으로 종합할 것인가, 부정적으로 종합할 것인가. 진정한 의미에서 행복은 커다란 고통을 넘어서 획득되는 기쁨입니다. '고통을 즐긴다'라는 말이 있지요. 험난한 암벽에 오르거나 위험한 파도를 타거나 자신의 한계를 시험하는 사람들이 있습니다. 이들에게 고통은 더 이상 고통이 아니라 신체에 쾌감을 부여하는 긍정적인 감각일 것입니다.

마찬가지로 위험은 삶을 위태롭게 만들지만 동시에 삶에 다채로움을 제공합니다. 안정된 삶을 지향하는 의지는 위험을 부정하겠지만, 새로운 모험을 즐기는 의지는 위험을 긍정할 것입니다. 온실 속의 화초는 온실 밖의 위험이 제공하는 활력을 즐길 수 없습니다. 결국 위험을 어떻게 종합할 것인가의 문제입니다. 우리가 위험을 부정적으로 종합할 때, 그것은 피하고 싶은 무엇이 되어 위험한 상황이 출현할 때마다 우리를 위축시키고 점점 나약하게 만들 것입니다. 반대로 위험을 긍정적으로 종합할 때, 그것은 우리를 낯선 곳으로 데려다주고 우리 삶에 새로운 감각을 제공할 것입니다.

자신과의 관계뿐 아니라 타인과의 관계에서도 긍정적 종합과 부정적 종합을 확인할 수 있습니다. 성격이 조용한 사람에게서 소심함을 보는 경우와 신중함을 보는 경우가 있지요. 마찬가지로 활발한 사람에게서 산만함을 보는 경우와 에너지를 보는 경우가 있고요. 조용한 성격 혹은 활발한 성격은 그 자체로는 긍정적이지도 부정적이지도 않습니다. 즉 그런 성격을 긍정적으로 종합하는 의지, 부정적으로 종합하는 의지가 있을 뿐입니다. 그런 성격에 적합한 관계를 만났을 때, 그 성격은 긍정적으로 작동하겠지요. 반대로 그런 성격에 부적합한 관계와 결합했을 때, 그것은 부정적으로 작용할 것입니다.

조용한 성격에서 소심함을 보는 것은 그것을 부정적으로 종합한 경우이지요. 반대로 조용한 성격에서 신중함을 보는 것은 그것을 긍정적으로 종합하는 경우고요. 마찬가지로 활발한 성격을 산만함으로 평가하는 것은 그것을 부정적으로 종합하는 사례이고, 반대로 활발한 성격에서 에너지를 보는 것은 그것을 긍정적으로 종합하는 경우입니다. 그에게서 소심함 대신 신중함을 본다면, 그의 신중함이 발휘될 수 있는 연구직이나 독립적인 작업을 제안할 수도 있을 것입니다. 반대로 그에게서 산만함 대신 에너지를 보는 경우, 그의 에너지가 발휘될 수 있는 영업직이나 관계를 활용하는 작업을 제안할 수도 있겠지요.

이처럼 그에게서 신중함이나 에너지를 보는 것은 그를 긍정적으로 종합하려는 나의 의지와 역량을 반영하는 것이지요. 반대로 그에게서 소심함이나 산만함을 보는 것은 그를 부정적으로 종합하려는 나의 의지와 무능을 말하는 것이기도 하고요. 그렇다면 타인에 대한 평가를 결정하는 것은 '그가 가진 능력'이 아니라 그에게서 무엇을 보는가 하는 '나의 힘에의 의지'가 아닐까요?

시간을 의지의 대상으로
삼을 수 있을까

지난날을 구제하고 일체의 "그랬었다"를 "나는 그렇게 되기를 원했다"로 전환하는 것, 내게는 비로소 그것이 구제다! …

갇혀 있는 의지 또한 바보나 하는 방식으로 자신을 구제하니. 의지는 시간이 역류하지 않는다는 사실에 분해한다. "과거에 있었던 것", 이름하여 그것은 의지가 굴릴 수 없는 돌덩이다. …

일체의 '그랬었다'는 창조하는 의지가 나서서 '나는 그러하기를 원했다!'고 말할 때까지는 파편이요, 수수께끼이자 끔찍한 우연일 뿐이다. 창조적 의지가 거기에다 '그러나 나는 그렇게 되기를 원한다! 나는 그렇게 되기를 원하게 될 것이다!'라고 말할 때까지는 말이다.

— 『차라투스트라는 이렇게 말했다』, 구제에 대하여

니체에게 시간의 구제란 과거를 구제하는 것입니다. "그랬었다"라는 어쩔 수 없는 비애를 전환하여, "나는 그렇게 되기를 원했다"라고 긍정하는 것입니다. 그런데 여기서 두 가지 의지가 출현합니다. 하나는 과거 혹은 시간에 '갇혀 있는 의지'입니다. 갇혀 있는 의지에게 시간은 거꾸로 흐르지 않으며, 과거에 있었던 것은 어찌할 수 없는 것입니다. 다른 하나는 과거 혹은 시간을 '창조하는 의지'입니다. 창조하는 의지에게 과거는 현재를 창조하는 재료이므로 이렇게 말하지요. "과거에 나는 그러하기를 원했다! 또한 현재도 나는 그렇게 되기를 원한다! 그리고 미래에도 나는 그렇게 되기를 원하게 될 것이다!" 즉 창조와 생성을 통해 과거를 어쩔 수 없는 시간이 아니라, 다른 현재와 미래를 구성하는 자원으로 활용하는 것입니다.

시간을 의지의 대상으로 삼을 수 있는가? 이는 우리의 의지로 과거를 바꿀 수 있는가를 묻는 것입니다. 니체는 시간조차 의지의 대상으로 삼을 수 있다고 말합니다. 통상적으로 지나간 시간은 되돌릴 수 없다고 생각하지만, 사실 우리의 의지와 분리된 시간은 존재하지 않습니다. 시간의 형식은 우리의 의지에 따라 다른 방식으로 존재합니다. 지나간 사건을 '어떤 방식으로' 소환할 것인가는 전적으로 '나의 의지'에 달려 있기 때문입니다. 지나간 시간에 갇혀 있는 의지는 과거를 "어쩔 수 없었던 것"으로 불러내겠지요. 하지만 새로운 시간을 창조하는 의지는 과거에 대해 "나는 그렇게 되기를 원했다"라고 말하게 될 것입니다. 이때 우리는 스스로에게 물어야 합니다. 나는 누구인가, 나의 의지는 무엇인가?

스무 살에 나는 포탄을 맞았다. 내 몸은 삶에서 떨어져 나갔다. 삶에 대한 애착으로 나는 우선은 내 몸을 파괴하려했다. 그러나 해가 가면서, 내 불구가 현실이 되면서, 나는 나를 제거해야겠다는 생각을 그만두었다. 상처받은 나는 이미 내 상처가 되어 있었다. 살덩이로 나는 살아남았다. 살덩이는 내 욕망들의 수치였다(11쪽). … 나는 감옥이었다. 나는 고독이었다. 그러나 희망이기도 했다(20쪽). … 시는 영혼 속의 지평선이다. 죽음에 와서야 흡입하게 될 것들을 미리 보는 일이다(22쪽). … 내 삶이 비상하기를. 나의 바깥에서 물리적 중력으로부터 해방된 의식 속에서 그 비상을 움켜잡기를(159쪽). … 세계는 세계 속에서보다 내 속에서 더 크다. … 나는 내게 나타나기 위해 축소된 우주의 한 부분이다(164쪽). … 내 이름은 조에 부스케, 나는 두 번 태어났고, 두 번 죽었다(215쪽).

— 조에 부스케, 『달몰이』

프랑스 초현실주의 시인 조에 부스케(Joe Bousquet)는 신체를 덮친 재난을 자원으로 새로운 차원의 자유로 도약합니다. 1차 세계대전에서 총탄이 척추를 관통해 그는 20세에 하반신 불구가 되고, 53세로 사망할 때까지 30여 년 동안 침대에서 누워 지내요. 스무 살의 조에 부스케는 부상의 후유증으로 고통에 시달렸고, 아편을 피웠고 자살까지도 시도했지요. 그에게 몸의 살덩이는 자기 욕망의 수치였을 것입니다.

그러나 어느 날부터인가, 그는 침대에 갇혀 있는 불구의 몸을 우주를 유영하는 신체로 인식하기 시작합니다. 자신의 부스러기 몸을 거대한 우주의 파편으로 깨닫는 순간, 그는 그것을 시적인 세계로 증언합니다. 불행한 사고(Accident)가 생성의 사건(Événement)이 되는 순간이지요. 보통의 육체와 감각으로는 닿을 수 없는 초현실적인 세계를 자유롭게 떠다니면서, 그의 신체는 초현실적인 언어들을 만들어 냅니다. 들뢰즈는『의미의 논리』에서 조에 부스케의 상처를 통해 사건의 의미를 적극적으로 사유합니다.

어떤 상처도 그 자체로는 긍정적이거나 부정적인 어떤 의미도 갖지 않습니다. 심지어 상처를 재료로 하지 않는 어떤 창조 작업도 불가능한 까닭이지요. 상처는 그것을 받아들이는 주체에 의해 비로소 의미가 부여됩니다. 즉 사건을 감당할 능력이 없는 자에게 상처는 부당한 것, 누군가의 잘못이 되지요. 하지만 사건을 받을 자격이 있는 자에게 상처는 새로운 의미로 탄생합니다. 이를테면 '영광의 상처' 같은. "내 상처는 나 이전에 존재했으며, 나는 그것을 구현하려고 태어났다." 이렇게 증언함으로써 조에 부스케는 자신의 상처를 의욕하며, 자신이 그 사건을 부여받을 자격이 있는 자임을 입증합니다. 사건을 산다는 것, 사건의 담지자가 된다는 것은 이런 의미지요.

그를 괴롭히는 참혹한 사고와 불구의 몸이 창조한 초현실적인 세계는, 총탄 이전에는 결코 불가능했을 어떤 것들입니다. 즉 '불구에도 불구하고' 초현실적 시를 쓴 것이 아니라 '불구가 제공해 준' 감각과 어펙트로 초현실적 자유를 창조한 것입니다. 고통을 다르게 감각하는 것, 고통에 대한 다른 퍼스펙티브! 고통과 상처를 체념하고 인내하는 것도, 그것에 저항하고 대결하는 것도 아닌, 고통과 상처에 대한 순수 긍정. 조에 부스케의 신체는 힘에의 의지를 통해 누구도 감각하지 못한 자유의 새로운 차원을 향해 나아갔습니다.

'과거를 지우려고 노력하는 것'이 아니라 '새로운 생성의 욕망'이 과거를 새롭게 창조합니다. 그런 의미에서 조에 부스케는 '과거가 현재를 결정'하는 것이 아니라 '현재가 과거를 생성'한다는 것을 보여 주는 멋진 예시입니다. '갇혀 있는 의지'는 과거의 상처에 사로잡혀 불구의 신체를 갉아먹을 것입니다. 하지만 '창조하는 의지'에게 불구의 신체는 초현실적 세계를 여는 문이었습니다. "내 이름은 조에 부스케, 나는 두 번 태어났고, 두 번 죽었다"라고 고백함으로써, 조에 부스케는 마침내 디오니소스의 운명에 동참하게 됩니다. 최초의 탄생과 마지막 죽음이 생물학적인 것이라면, 첫 번째 죽음에 이은 두 번째 탄생은 이전의 자아가 죽고 다른 자아가 태어나는 존재론적인 것입니다.

이처럼 현재를 통해 과거를 바꿀 수 있다면, 과거로 돌아가서 현재를 바꾸려는 시간여행이 왜 필요할까요? 현재의 불행을 낳은 과거를 향해 되돌아가는 시간여행은 여전히 영화의 흥미로운 소재입니다. 시간여행으로 과거를 변경하여 행복한 현재를 만들 수 있을까, 이것이 시간여행 영화의 관전 포인트이지요. 대부분은 주인공의 의도대로 되지 않습니다. 과거의 사건 하나를 바꾸자 모든 것이 달라져서 현재가 의도와는 다른 방향으로 펼쳐지는 거지요. 어쨌거나 이러한 시간여행은 '과거는 되돌릴 수 없다'라는 돌이킬 수 없는 과거를 전제로 하고 있습니다.

그러나 니체적 시간관을 갖게 된다면 과거로 돌아가는 것은 무의미할 것입니다. 현재가 과거를 충분히 바꿀 수 있는데 말이지요. 그런 의미에서 과거로 가는 시간여행은 새로운 생성(현재의 창조를 통한 과거의 변경)이 불가능한 사람이, 선형적 시간에 갇혀 무능력을 드러내는 방식이라고 할 수 있습니다. 정말 니체 철학이야말로 '과거에 자유!'를 주는 혁명적인 철학이 아닐 수 없습니다. 우리의 긍정적인 힘에의 의지에 의해, 과거는 재창조되고 새로운 시간으로 생성될 것입니다. 이것이 시간을 의지의 대상으로 삼는 니체의 기술입니다.

시대의 중력장, 거리의 파토스, 비극의 파토스

자기 힘의 주인 혹은
노예가 된다는 것에 대하여

> 니체가 우아함·고귀함·주인이라고 부르는 것은, 능동적
> 힘이며 긍정적 의지이다. 그가 저속함·비루함·노예라고
> 부르는 것은, 반동적 힘이고 부정적 의지이다.
>
> — 들뢰즈, 『니체와 철학』, 110쪽

니체의 힘에의 의지에도 위계가 있습니다. 들뢰즈는 능동적 힘과 긍정적 의지가 반동적 힘과 부정적 의지보다 높은 가치라고 합니다. 이것은 니체 철학에서 가장 중요한 생성의 관점에서 바라본 가치 평가입니다. 어떤 힘과 의지가 새로운 변화와 생성에 기여하는가 하는 기준으로 평가한 거지요. 또한 능동적 힘과 긍정적 의지가 우아하고 고귀하다고 하는 것은, 그 힘을 발생시키는 원인이 자신에게 있으며 드물고 귀한 유형이라는 의미입니다. 반동적 힘과 부정적 의지가 저속하고 비루하다고 하는 것은, 그 힘을 발생시키는 원인이 외부에 있으며 어디에나 존재하는 흔한 유형이라는 거지요. 따라서 능동적 힘과 긍정적 의지는 자신이 그것의 주인이며, 반동적 힘과 부정적 의지는 자신이 그것의 노예입니다.

우리가 자기 힘의 주인 혹은 노예가 된다는 것은 어떤 것일까요? 먼저 자기 힘의 주인이라는 것은, 신체의 힘에의 의지를 이해하고 그것을 활용하는 것입니다. 반대로 자기 힘의 노예라는 것은, 신체의 힘과 의지를 알지 못하고 그래서 그것에 지배당하는 것입니다. 이를테면 내 안의 광기를 이해하고 예술을 위한 기술로 활용할 때, 우리는 광기의 주인이지요. 하지만 내가 광기를 통제하지 못하고 그것이 나를 파괴하는 무기가 될 때, 우리는 광기의 노예일 것입니다. 니체가 말하는 '주권적 개인'이나 '자기 입법자' 역시 자신이 자기 힘의 주인인 존재를 말합니다. 주권적 개인은 힘(권력)의 주인이 자신이라는 뜻이며, 자기 입법자는 자신이 법을 정하고 그것에 복종하는 자를 말하지요.

자기 힘의 주인 혹은 노예라는 것은 우리가 '자기 힘과 어떻게 마주하는가' 하는 것입니다. 자기 힘의 주인이 될 수 없을 때, 우리는 그 힘의 노예가 됩니다. 자기 힘을 지배할 수 없을 때, 그는 그 힘의 지배를 받게 되지요. 우리가 자기 힘의 주인이 되기 위해서, 먼저 우리 신체의 힘과 의지를 이해하는 것이 무엇보다 중요합니다. 우리의 신체는 '무엇을 할 수 있는가' 하는 신체의 역량과 '무엇을 하고자 하는가' 하는 신체의 의지 말입니다. 그리고 그것은 우리 신체를 대상으로 실험해 보지 않고서는 알 수 없습니다.

"우린 알코올 중독이 아니야. 언제 마실지 우리가 정하잖아. 중독자들은 그렇게 못해."

"정말 오랜만에 기분이 좋아. 취해 있지 않을 때도 뭔가 달라. 뭔가 더 있는 것 같아. 좀 더 차원 높은 뭔가."

— 토마스 빈터베르, 「어나더 라운드」

영화 「어나더 라운드」는 우리가 '자기 힘을 안다는 것이 무엇인가'를 보여 주는 흥미로운 자료입니다. 이런 관점에서 나는 이 영화를 '알코올의 농도와 신체의 활력'에 관한 실험으로 읽습니다. 마틴(역사 교사), 토미(체육 교사), 피터(체육 교사), 니콜라이(철학 교사)는 코펜하겐의 같은 고등학교 교사이자 친구들이지요. 지루한 교사 생활이나 위태로운 결혼 관계로 일상이 무기력하고 삶이 우울한 이들은, 알코올을 이용하여 삶과 일상의 변화를 실험하기로 합니다.

첫째 단계, "혈중 알코올 농도 0.05%가 되면 좀 더 창의적이고 활발해진다." 노르웨이 심리학자이자 의사인 핀 스코르데루의 가설을 실험합니다. 술을 마시고 진행한 수업에서 마틴의 활력이 터지고, 아내와의 관계도 개선의 조짐이 보이지요. 둘째 단계, "같은 농도에도 사람마다 반응이 다를 것이다. 각자 자기에게 맞는 최적의 알코올 농도를 찾아보자." 친구들 중 술에 강한 마틴은 자기 신체에 가장 활력 있는 0.12%의 알코올 농도를 찾아내지요. 다른 친구들도 술을 통해 자신감을 얻고 삶에도 변화도 생겨요. 술 때문에 모든 것이 행복한 상황이 펼쳐지면서, 이들은 더 자연스럽게 더 자주 술을 마시게 되는데요.

셋째 단계, "한계를 두지 말고 끝까지 가 보자! 과연 어떤 일이 생기는지." 밤새 술을 마신 이들은 다음날 만취해서 노숙을 하고 침대에 실례도 하고…. 0.12% 알코올 농도를 초과한 마틴은 아내와의 관계를 파국으로 이끌지요. 가장 삶이 우울했던 토미는 알코올 중독으로 학교에서 쫓겨나고 자살로 삶을 마감합니다. 토미의 장례식 후 남은 세 친구들은 졸업생들의 파티 행렬에 합류하여 술을 마시고 춤을 춥니다. 허무하기도 하면서 극적이기도 한 이 상황에서, 인생에 대한 어떤 환희 같은 것을 느끼면서 말이지요.

술이 삶에 활력을 주는지, 삶을 망치는지 모두 답을 알고 있다고 생각하지만, 영화에 집중하게 되는 것은 네 친구의 기발한 실험정신 때문입니다. 알코올 농도에 따른 신체 활력에 대한 실험이라니! 일정한 알코올 농도에서 우리 신체는 활력이 생기고 창의적이 되지만, 이 수치를 초과했을 때는 누구든지 엉망진창이 되고, 지속적으로 알코올에 노출되면 결국 우울과 자살에 이르게 됩니다. 글을 잘 쓰기 위해 헤밍웨이가 술을 마신 것처럼, 그들은 이 실험의 목적이 '수행 능력 증진을 확인'하는 것이라고 했지요. 하지만 자신이 통제할 수 있는 알코올 농도를 초과했을 때, 알코올에 대한 통제력을 잃어버리고 알코올이라는 힘에 굴복해 버립니다.

한편 자기 신체에 걸맞은 최적의 알코올 농도를 찾아내는 과정도 흥미롭습니다. 술에 강한 마틴은 0.12%였지만, 술에 약한 토미는 그 절반인 0.06%였지요. 사실 술에 대한 부정적 이미지가 강하지만, 관계에서 언제나 함께하는 것도 술이지요. 알코올은 그 자체로 어떤 의미도 없습니다. 내게 걸맞은 알코올 농도처럼 내 신체 능력에 걸맞은 알코올 농도는 활력과 창의성을 깨우고, 이때 나는 자기 힘의 주인이지요. 반대로 내 신체 능력을 넘어선 알코올 농도는 나를 잠식하고 파괴하는데, 이때 나는 알코올이라는 힘의 노예이지요. 따라서 '자기 힘의 주인이 되는가, 노예가 되는가'는 자기 신체의 역량을 이해하는 것이 가장 중요할 것입니다.

> 원한은 '그것이 네 잘못이다'라고 말했고, 가책은 '그것이 내 잘못이다'라고 말한다.
>
> — 들뢰즈, 『니체와 철학』, 235쪽

일상 속에서 우리는 어떤 순간에 자기 힘의 노예가 되는 걸까요? 짜증이나 분노를 주체할 수 없을 때, 우리는 그 힘의 노예입니다. 우리가 '화를 낸'다고 생각하지만 실제로는 그 감정이 내 신체를 지배하기 때문에 '화가 나는 것'이지요. 내가 「우리실험자들」이라는 연구공동체 회원으로 있을 때의 이야기입니다. 공동체가 구성된 초기라서 이것저것 할 일이 많았고, 나는 스스로 신체를 혹사시키는 중이었지요. 그러다 보니 사람들과 회의가 있을 때마다 짜증 내는 게 일상이 되어가고 있었지요. "나는 네가 일 좀 그만하고, 짜증 좀 그만 부렸으면 좋겠어!" 다른 친구가 이렇게 말했을 때, 그에게 미안하고 나에게 부끄러웠습니다.

짜증이 나는 것은 내 의지와 무관하게, 내가 신체의 역량을 넘어서 일을 하고 있었기 때문입니다. 이렇게 자기 신체 역량을 모르고 그것을 통제하지 못할 때 어떤 일이 일어날까요? 먼저 짜증의 원인을 '나처럼 헌신하지 않는 타인'에게 전가하면서 그들을 원망하게 되겠지요. 니체는 이것을 원한(원망)의 감정이라고 합니다. 한편 짜증의 원인을 '작업의 하중을 견디지 못하는 자신'에게 찾으면서 자신을 자책하기도 할 것입니다. 원한(원망)과 자책이야말로 공동체의 관계를 해치는 가장 나쁜 감정입니다.

공동체가 아닌 일반적 관계에서도 마찬가지입니다. 청소 같은 집안일이나 복사 같은 회사의 잡무들, 즉 일상의 아주 사소한 일들을 우리는 자주 다른 감정으로 하게 됩니다. 어떨 때는 아무렇지도 않게 처리하지만, 어떨 때는 그 일을 하는 내내 짜증과 화가 난 상태가 되지요. 때로 가족이나 동료에게 책임을 돌리지만, 대체로 그것은 자기 신체의 문제입니다. 그 일을 할 때의 내 신체상태를 살펴보아야 합니다.

신체의 역량을 초과하여 어떤 일을 하고 있을 때, 그 일이 나의 욕망에서 출발한 것이 아닐 때, 거기서 멈춰야 합니다. 내가 원해서 하는 일이 아니거나 즐겁게 할 수 없을 때, 거기서 멈춰야 합니다. 멈추지 않으면, 그 일은 내 역량을 강화하는 게 아니라 오히려 약화시킵니다. 멈추지 않으면, 그로부터 내 신체를 갉아먹는 부정적 감정이 생겨납니다. 이처럼 자기 신체의 힘을 모르고 그것을 관리하는 데 서투를 때, 신체의 역량을 넘어서는 과도함에서 원한과 자책이 생기지요. 내 신체의 역량 (힘)과 욕망(의지)을 아는 것. 이것이 건강한 삶, 건강한 관계의 출발이라고 생각합니다.

시대와 관계하는 세 가지 힘 :
시대의 중력장, 거리의 파토스, 비극의 파토스

니체의 힘에의 의지는 시대와의 관계에서 시대의 중력장, 거리의 파토스, 비극의 파토스라는 세 가지 힘으로 정의됩니다. 이러한 힘의 유형은 이것의 상징적 표현인 낙타-사자-어린아이, 그리고 이것의 인격적 표현인 약자-강자-위버멘쉬에 대응됩니다. 시대의 중력장은 '시대'적 가치와 삶의 방식으로 정의되는, 약자의 힘감정입니다. 거리의 파토스는 시대적인 방식과의 '거리'에 의해 정의되는, 강자의 힘감정입니다. 비극의 파토스는 시대적 가치의 몰락과 새로운 가치의 생성이라는 '비극'에 의해 정의되는, 위버멘쉬의 힘감정입니다.

먼저, 시대의 중력장(Gravity)이란 그 시대의 지배적인 힘으로, 약자는 시대의 중력장 속에서 자유를 느끼는 존재입니다. 2장에서 말했듯이 시대의 중력장은 그 시대를 지배하는 질서와 가치들인데, 공기처럼 우리가 태어나면서 주어지는 삶의 조건이지요. 이 때문에 우리는 중력의 장 속에서 살아가지만 중력의 존재를 알아차리지 못하지요. 부모 세대가 자식 세대에게 말하는 대부분이 바로 시대의 중력장 속에서 만들어지는 시대적 가치들입니다. 좋은 대학, 좋은 직장, 중산층으로 이어지는 성공한 삶의 방식과 바람직한 성정체성, 바람직한 가족, 바람직한 인간형 같은 도덕적 이상이 시대의 중력장에서 만들어집니다.

다음, 거리(Distance)의 파토스는 시대적인 것과의 거리(차이)를 확대하려는 '강자'의 힘감정입니다. 여기서 강자란 새로운 가치의 담지자로서 여성·장애인·성소수자 등 소수적 가치를 지향하는 존재입니다. 반대로 약자란 시대적 가치의 담지자로서 남성·비장애인·이성애자 등 다수적 가치를 추구하는 존재입니다. 이때 강자와 약자는 생물학적으로 규정되는 것이 아니라 자신의 욕망에 의해 규정됩니다. 자신이 어떤 가치를 욕망하는가에 의해 여성·남성, 장애인·비장애인, 성소수자·이성애자라는 생물학적 규정은 부차적일 것입니다.

거리의 파토스는 시대의 지배적인 것들과의 '거리'에 의해 정의됩니다. 이 거리는 시대와 대중으로부터 멀어져 자기 자신에게 이르는 '고독'에서 시작됩니다. 니체가 대중적인 가치가 유통되는 시장을 피해 "고독 속으로 달아나라"고 명령할 때, 바로 그 고독입니다. 거리의 파토스는 지배적 가치와 거리를 확대하려는 시도 속에서 생겨납니다. 즉 그를 시대의 아들이게끔 만드는 지배적인 가치들과의 격렬한 싸움을 통해 획득되는 것이지요. 따라서 거리의 파토스는 남성 중심주의에 대항하는 여성 차별 반대, 비장애인 가치에 대한 장애인 불복종, 이성애 중심주의와 싸우는 성소수자 혐오 반대 등 사회적 차별에 대항하는 실천으로 이어집니다.

> 『차라투스트라는 이렇게 말했다』 1부는 세 가지 변신에 대한 이야기와 함께 시작하고 있다. "어떻게 해서 정신은 낙타가 되고, 낙타는 사자가 되며, 사자는 마침내 어린아이가 되는가"… 사자는 낙타 안에 현존해 있고, 어린아이는 사자 안에 깃들어 있으며, 어린아이 안에는 비극적 결말이 존재한다.
>
> — 들뢰즈, 『들뢰즈의 니체』, 9~10쪽

한편, 비극(Tragedy)의 파토스는 자기 시대를 자기 안에서 극복하여 다른 시대를 생성하려는 위버멘쉬의 힘감정입니다. 여기서 비극이란 우리가 통상적으로 이해하는 희극과 반대되는 슬픈 감정이 아닙니다. 니체적 의미에서 비극이란 기존의 내가 죽고 새로운 내가 출현하는 것처럼, 혹은 낡은 어떤 것이 소멸하고 새로운 어떤 것이 생성하는 것처럼 자기 극복의 과정을 말합니다. 이처럼 비극이란 몰락에서 시작하여 생성으로 끝나는 어떤 사건입니다.

비극의 파토스는 시대적 가치의 몰락과 비시대적 가치의 생성이라는 '비극'에 의해 정의됩니다. 이 비극은 시대의 지배적인 가치와 습속과 절연하는 '망각'에서 시작됩니다. 거리의 파토스에서 시대로부터의 거리가 '고독'에서 시작되었다면, 비극의 파토스에서 비시대적 존재로 변신하는 비극은 '망각'에서 시작되지요. 들뢰즈가 '어린아이 안에는 비극적 결말이 존재한다'라고 했을 때, 비극이란 바로 이런 의미입니다. 어린아이 안에 존재하는 비극적 결말이란 이전의 존재가 소멸하고 새로운 존재가 출현한다는 의미지요. 즉 사자 안에 어린아이가 깃들어 있지만, 어린아이 자체는 사자와는 다른 파토스를 가지고 다른 시대에 속하는 존재입니다.

비극의 파토스가 생성하는 새로운 가치는 이런 방식이 될 것입니다. 여성에 대한 차별 반대를 넘어, 여성적 가치를 보다 높은 위계에 두는 것입니다. 장애인 차별에 대한 불복종을 넘어 장애인의 가치를 보다 높은 가치로 보는 것입니다. 성소수자에 대한 혐오 반대를 넘어 성소수자의 가치를 보다 높은 자리에 두는 것입니다. 이런 가치전환이 없이 새로운 가치는 생겨나지 않기 때문입니다. 여성·장애인·성소수자의 가치만이 이 시대를 변화시킬 생성의 힘입니다.

시대의 중력장, 거리의 파토스, 그리고 비극의 파토스를 들뢰즈의 '차이' 개념에 따라 이렇게 말할 수 있을 것입니다. 남성 중심주의, 비장애인의 가치, 이성애 중심주의 같은 지배적인 가치를 따르는 것은, 하나의 동일한 가치를 추구한다는 점에서 '동일성에 복종'하는 방식입니다. 또한 여성 차별 반대, 장애인 불복종, 성소수자 혐오 반대는 지배적 가치라는 동일성 내부에서 차이를 인정하라는 의미에서 '차이를 승인'하는 방식일 것입니다. 하지만 여성·장애인·성소수자의 가치를 보다 높은 위계에 두는 것이야말로 현재 지배적 가치의 동일성을 해체하고 새로운 차이를 생성한다는 의미에서 '차이를 긍정'하는 방식입니다.

힘에의 의지는
거리의 파토스를 넘어 비극의 파토스를 향해

지배계급(*니체적 강자)이 예속자(*니체적 약자)를 내려다보고 복종과 명령, 억압과 거리의 끊임없는 연습에서 생겨나는 **거리의 파토스**das Pathos der Distanz가 없다면, 저 다른 더욱 신비한 파토스(*비극의 파토스), 즉 영혼 자체의 내부에서 점점 더 새로운 거리를 확대하고자 하는 요구는

전혀 생겨나지 못했을 것이다. … 그것은 '인간'이라는 유
형의 향상이자 … 지속적인 '인간의 자기 극복'에 지나지
않을 것이다.

— 『선악의 저편』, 257

시대의 중력장이 시대성을 반영하고, 거리의 파토스가 반
시대성을 표현한다면, 비극의 파토스는 비시대성을 향한 힘감
정입니다. 지금 시대를 다른 방향으로 탈주시키는 것은 새로
운 시대를 향한 비시대적인 것이기 때문입니다. 그런데 힘에
의 의지는 왜 거리의 파토스를 넘어 비극의 파토스로 나아가
려고 할까요?

먼저, 비시대를 생성하는 파토스. 거리의 파토스가 '자신
과 시대라는 외부와의 거리'를 추구하는 힘감정이라면 비극의
파토스는 '자기 시대를 자기 안에서 극복'하려는 힘감정입니
다. 즉 거리의 파토스가 '외부(시대)와의 거리'를 말한다면, 비
극의 파토스는 '자기 내부에서 형성되는 거리'와 관계합니다.
또한 거리의 파토스가 '시대와의 거리'를 추구한다면, 비극의
파토스는 '시대를 극복'하려고 합니다. 물론 거리의 파토스 없
이 비극의 파토스는 생겨나지 못하겠지만, 거리의 파토스만으
로 새로운 시대는 만들어질 수 없습니다. 새로운 시대를 여는
것은 지금 시대를 낡은 것으로 만드는 새로운 가치로 가능한
것인데, 그것은 자기 내부에서 새로운 거리를 확대하려는 자기

극복에서 출발하기 때문입니다. 그래서 힘에의 의지는 자기극복을 통해 자기 시대를 넘어서려는 비시대적 파토스로 나아가려고 합니다.

다음, 비시대를 향한 자유. 현재의 차별·혐오·불평등에 대항하는 것이 '낡은 가치로부터의 자유'라면, 새로운 시대를 생성하는 것은 '새로운 가치를 향한 자유'입니다. 시대의 중력장이나 거리의 파토스는 시대와 함께하든 시대와 대결하든 모두 지금의 시대로부터 규정되는 힘감정입니다. 지금의 시대로부터 에너지를 얻고 있어서 시대의 힘이 약화되는 것과 함께 동력을 상실합니다. 이를테면 차별 반대, 불복종, 혐오 반대 같은 대결의 정서는 현재의 사회적 차별에 대한 반동적(반응적) 힘입니다. 그래서 힘에의 의지는 새로운 시대를 향한 자유로 나아가려고 합니다.

그리고 비시대의 퍼스펙티브. 소수자에 대한 차별 반대가 현재의 지배권력에 항의하고 호소하는 방식이라면, 소수자를 새로운 가치의 담지자로 평가하는 것은 비시대적 방식입니다. 남성 중심주의와 여성 차별 반대, 비장애인 중심주의와 장애인 차별 철폐, 이성애 중심주의나 성소수자 혐오 반대는 얼핏 상반되는 태도처럼 보입니다. 하지만 이 두 가지는 여성과 장애인과 성소수자를 보호받아야 할 '약자'로 바라보는 지배적 가치와 연민의 시선을 공유하고 있습니다. 니체가 말하는 '강자가 약자를 내려다보는' 힘감정 혹은 '자기 영혼의 내부에서 새로운 거리를 확대하려는' 요구를 찾기는 힘들 것입니다. 그래서 힘에의 의지는 소수적 가치를 보다 높은 위계에 두는 비시대적 퍼스펙티브를 향하고 있습니다.

따라서 여성 차별 반대, 장애인 불복종, 성소수자 혐오 반대를 외칠 때조차, 그것은 현재 지배적 가치의 허구를 폭로하는 방식이어야 합니다. 이때 부정은 낡은 가치에 '반대'하는 것을 넘어 새로운 가치의 생성에 기여하는 '신성한 부정'이 될 것입니다. 이때 거리의 파토스는 비극의 파토스와 분리된 어떤 것이 아니라 그것과 결합된 하나의 힘에의 의지가 될 것입니다. 우리 시대는 지금 어떤 힘이 주도하고 있나요? 또 우리 신체는 어떤 파토스를 향해 나아가고 있을까요?

4

힘에의 의지와
자유의지

의지에 관한 두 가지 관점

「3장 힘에의 의지와 힘의 유형학」이 힘에의 의지를 '힘'을 중심으로 검토했다면, 「4장 힘에의 의지와 자유의지」는 힘에의 의지를 '의지'의 관점에서 살펴보려고 합니다.

「엑스페리먼트」:
"당신도 악마가 될 수 있다"

심리학자 Dr. 톤은 신문광고로 2주간 모의 감옥 체험에 참가할 실험자를 모집하고, 이들을 고립시킬 감옥 세트장을 만듭니다.

20명의 실험 참가자들은 8명의 간수 그룹과 12명의 죄수 그룹으로 나뉘어 죄수와 간수 역할을 수행하기로 하지요. 실험 1일째, 실험의 처음은 게임처럼 즐거웠어요. 하지만 점차 시간이 지나자 그들은 감옥 경험이 전혀 없음에도 불구하고, 마치 진짜 간수와 죄수처럼 행동하기 시작했습니다.

간수 역할의 참가자는 누가 시키지도 않는데 죄수를 가학적으로 대했고, 그 방법도 창의적으로 악랄하게 발전했지요. 매번 새로운 방법으로 죄수들을 벌주고 반항하면 독방에 감금했으며, 심지어 성적 수치심을 주는 행위까지 서슴지 않았어요. 죄수 역할의 참가자 역시 신경쇠약 증세를 보이고 탈주 계획을 짜는 등 진짜 수감자와 다름없었고요. 실험 5일째, 첫 번째 살인이 일어나면서 실험은 참가자는 물론 설계자 Dr. 톤의 예상을 넘어 통제 불가능한 사태로 치닫게 됩니다. "도대체 뭘 실험하고 있는 거지? 도대체 이들에게 무슨 짓을 하는 거야?" 실험 과정을 보러온 동료가 이 어처구니없는 상황을 지적하기 전까지, 그는 실험의 도덕성에 어떤 의문도 갖지 않았어요.

올리버 히르비겔의 「엑스페리먼트」Das Experiment는 모의 감옥을 소재로 한 독일 영화입니다. 「실험」이라는 제목처럼 영화는 보통 사람을 간수와 죄수로 만드는 감옥이라는 특수한 실험 장치를 다루지요. 참가자 모두 이것이 실험이고 자신은 어떤 역할을 수행한다는 '의식'에도 불구하고 감옥 시스템에 자기도 모르게 '무의식적'으로 지배당합니다. 간수와 죄수를 역할이 아니라 현실로 받아들여 간수와 죄수 역할을 수행하면서 실제 간수와 죄수가 되어 버리죠. Dr. 톤조차 며칠 사이에 연구자가 아니라 감독자의 시선으로 죄수들을 보고 있는 자신을 발견하게 됩니다. 실험의 설계자 역시 관찰자의 위치에서 이탈하여 거대한 실험 장치 안으로 빨려 들어와 있었던 거예요.

감옥이라는 강력한 시스템은 참가자의 의지는 물론 설계자의 의도조차 가볍게 초과해 버립니다. 결국 영화는 '인간은 자기 의지대로 행동할 것이며, 잘못된 구조에 대항할 것'이라는 자유의지의 환상을 박살 내지요. 이 실험은 '인간에게 자유의지가 있는가'라는 질문에서 출발하여 '무엇이 평범한 인간을 악마로 만드는가'라는 의문으로 발전합니다.

이 영화는 1971년 심리학자 짐바르도 교수가 스탠퍼드 대학에서 실시한 「스탠퍼드 감옥 실험」을 배경으로 합니다. 이 실험의 참가자는 말하지요. "나는 그렇게 안 했을 거라고 말하기는 쉽겠죠. 그렇지만 모르는 일이에요. 진짜, 진짜로 그렇다니까요. 모르는 일이에요." 짐바르도는 평범한 사람을 악마로 만드는 효과를 루시퍼 이펙트(Lucifer Effect)라고 불렀어요. 그는 '문제 있는 개인이 아니라 잘못된 제도가 사람을 악하게 만든다'라고, 썩은 사과가 문제를 일으키는 것이 아니라 '썩은 상자가 썩은 사과를 만든다'라고 합니다.

우리는 이런 의문을 가지게 됩니다. 그런데 이들을 악마로 만드는 것은 감옥 장치 같은 썩은 상자일까? 그래서 썩은 사과로 변한 그들에게 책임을 물어서는 안 되는가? 다시 말해 이 모든 사태는 감옥이라는 고립된 상황이 낳은 어쩔 수 없는 결과인가? 그러므로 자기 의지로는 어찌할 수 없는 상황에서 '자유의지'를 구속당한 이들은 무죄인가?

지하철 영웅들 :
"그때는 아무 생각이 없었어요"

지하철역 승강장, 다섯 살쯤 된 남자아이가 아래를 내려보다가 갑자기 선로 밑으로 떨어집니다. 그때 지하철이 들어오는 신호음이 울리고. 순간 선로 건너편의 한 사람이 눈 깜짝할 사이 선로 아래로 뛰어내려요. 그리고 놀랍게도 단 세 걸음 만에 아이가 있는 곳까지 달려가죠. 열차는 이미 역을 향해 달려오는 위험천만한 상황, 번쩍 아이를 안아 다시 승강장 위로 오기까지 걸린 시간은 불과 10초. 생사를 건 순간의 선택이었지요. 아이를 구한 사람은 고등학생이었고, 2005년 11월 지하철 6호선 안암역에서 있었던 일입니다.

이처럼 열차가 달려오는 급박한 상황에서 선로에 떨어진 아이를 구한 학생, 길바닥에 쓰러진 환자를 심폐소생술로 살린 사람, 버스에 깔린 사람을 위해 힘을 합쳐 버스를 밀어낸 시민들 …. 우리는 이런 사람들을 의인이나 시민 영웅이라고 부르지요. "본인의 안전을 돌보지 않고" "위기의 순간, 위험을 무릅쓰고" "시민 정신을 발휘해 이웃을 구한" "국가와 사회정의를 위해 자신을 희생한" 이런 수식어들이 시민 영웅에게 붙여집니다. 그런데 정말 위기의 순간에 이들을 움직인 것은 '희생 정신이나 시민 정신'이었을까요? 이들은 '국가와 사회정의를 위해' 그리고 '이웃을 위해' 자신의 생명을 걸고 위험을 무릅쓴 것일까요?

> 김대현(안암역 지하철)　(*당시에) 위험하다고 느끼기보다, 갔다 와서 이제 올라와서 보니까 지하철이 이렇게 가고 있더라고요. '아, 좀 위험했구나' 아, 그제서야 조금 무섭고 …. 다른 소리는 잘 안 들리고, 아이만 (*보였고), '갔다 와야겠다' 이 생각만 (*들었어요).
>
> 강옥돌(종각역 지하철)　그냥 밑에 그 남자분이 떨어져 계시니까 끌어올려야 되겠다, 그런 생각만 먼저 (*들었고) … 지하철이 들어오고 그런 거는 생각을 안 했던 것 같아요.
>
> 정현(숙대입구역 지하철)　그냥 아무 생각 못 하고, 그냥 거의 본능적으로 내려갔어요. 생각을 하기보다 그냥 … 그런 식으로 몸이 느끼면서 그냥 뛰어내린 것 같아요.
>
> 이병준(천호역 지하철)　그땐 아무 생각이 없었어요. 제가 평소에 보면 몸이 되게 둔치거든요. 뛰어내리고 나서 (*나중에) 제가 CCTV를 봤는데, 아주머니가 떨어지자마자 거의 진짜 막 반사신경으로 바로 뛰어내렸는데, 그거 보고서 저

도 '아, 내가 저렇게 빠를 수가 있나' ….

— EBS 다큐프라임, 「인간의 두 얼굴 3부: 평범한 영웅」

지하철 영웅들은 당시에는 지하철이 들어오는 급박한 상황을 감지하지 못했고, 나중에야 '위험했구나' 생각했다고 해요. 이들은 "그냥 반사신경으로, 거의 본능적으로, 생각하기보다 몸이 느끼면서" 움직였다고 하지요. 심지어 "아, 내가 저렇게 빠를 수가 있나" 하고 스스로 놀라기까지. 그들은 한결같이 말합니다. "그때는 아무 생각이 없었다"라고. 결국 이들은 위험을 알고 그것을 무릅쓰는 이성적 판단을 하지 않았다는 거지요. 사실 위험을 무릅쓰는 용기나 이웃을 위해 나를 돌보지 않는 희생정신, 심지어 국가와 사회정의 같은 것은 이들의 행동 이후에 덧붙여진 수사일 것입니다.

심리학자들 역시 영웅은 도덕성이 높거나 특별한 사람이 아니라고 합니다. 라타네 박사: "영웅의 성격이나 도덕성은 일반인과 다르지 않습니다. 다만 그들의 상황 판단 인식과 이를 행동에 옮기는 것이 다를 뿐입니다." 짐바르도 교수: "영웅이 되기 위해 특별한 사람이어야 할 필요는 없습니다. 신앙심이 있어야 할 필요도, 특별한 훈련을 받아야 할 필요도, 특정한 사회적 지위에 오를 필요도 없습니다." 그렇다면 위기의 순간 이들을 움직인 것은 무엇이었을까요?

의지에 관한 두 가지 관점 :
자유의지와 힘에의 의지

「엑스페리먼트」와 지하철 영웅들은 '인간의 자유의지'에 의문을 던지는 두 가지 에피소드입니다. 먼저 감옥이라는 특수 상황에서 "나는 절대 악마가 되지 않을 거야"라고 자신할 수 없는 건, 나는 내 뜻과 의지대로 작동하지 않기 때문이지요. 한편 지하철 사고의 위기 상황에서 영웅을 만들어 내는 것은, 희생 정신이나 사회정의가 아니라 신체의 반사신경 같은 무의식적인 의지일 것입니다. 우리가 어떤 판단과 행동을 하게 되는 것은 과연 '나의 자유로운 의지'에 의한 것일까요? 오히려 우리가 알지 못하는 '신체의 무의식적인 의지'가 아닐까요?

'나의 자유의지'와 '신체의 힘에의 의지'는 의지에 관한 두 가지 관점입니다. 먼저 자유의지론은 '나의 판단과 행동은 나의 자유의지에 따른 것'이라는 관점입니다. 이때 나의 자유의지는 '내가 의식하는 의지, 내 뜻대로 되는 의지'입니다. 의지의 주체는 나 자신이며, 하나의 단일한 의지를 말하지요. 반면 힘에의 의지론은 '나의 판단과 행동은 신체의 힘과 의지들에 의해 규정된다'라는 관점입니다. 이때 신체의 힘에의 의지는 '내가 알지 못한 채 작동하는 의지, 내 뜻대로 되지 않는 의지'입니다. 의지의 주체는 내 신체에 영향을 미치는 모든 의지들입니다. 내 몸을 구성하는 세포들, 내가 포함된 사회적 관계들이지요.

그렇다면 '의지에 관해 어떤 관점을 갖는다'라는 것은 우리와 무슨 상관이 있을까요? 자유의지에 대한 관점 속에서, 나는 자유의지에 의해 행동을 하고, 자유의지에 의해 내 행동을 통제할 수 있다고 믿습니다. '무엇이든 마음만 먹으면 할 수 있다'거나, '내 의지로 못할 게 없다'라는 의지주의로 빠지게 되지요. 그래서 내 마음이나 행동을 내가 통제할 수 없을 때, 결국 자신의 의지박약을 자책하게 됩니다. 그런 의미에서 자유의지에 대한 믿음은 자신의 결단과 의지에만 기댄 채, 아무것도 하지 못하는 무능으로 쉽게 빠집니다. 그래서 자유의지의 관점은 오히려 우리의 자유를 구속하게 되지요.

반면 힘에의 의지에 대한 관점은, 나의 판단과 행동은 내가 알지 못하는 내 마음대로 할 수 없는 신체의 작용이라고 생각합니다. 나의 신체에 영향을 미치는 의지들은 어떤 것이며, 그것은 어떻게 작동하는가 하는 작동 방식을 이해하려고 합니다. 진정한 자유란 내 마음대로 하는 것이 아니라, 이처럼 자유의 조건이 되는 필연을 이해하고 그 위에서 행동을 기획하는 것입니다. 그런 의미에서 자유는 필연의 통찰이며, 의지를 실현할 수 있는 능력일 것입니다.

니체에 따르면 자유의지란 환상이며, 내 의지만으로 할 수 있는 것은 아무것도 없습니다. 팍팍한 일상을 버티면서 삶의 고통을 피할 수 없는 것이라고 느낄 때, 우리는 무기력해집니다. 먹고살기 위해 싫은 일을 해야 하고, 삶의 무게를 견디는 것 말고 할 수 있는 게 없을 때, 우리 존재는 어느 때보다 우울하지요. 이때 '피할 수 없으면 즐기라'거나 '정신 승리' 혹은 '노-오-력'이 방법이 될 수 있을까요? 이런 방법은 삶이 주는 고통은 그대로 둔 채 현실을 체념하는 자기최면 같은 것입니다. 삶을 우울하게 하는 사회적 문제들에는 눈 감은 채 자신의 결단과 의지에 모든 걸 맡겨 버리지요. 이것으로 삶의 고통이나 우리 존재의 무게는 조금도 가벼워지지 않아요. 우리에게 필요한 것은 '자유의지 없는 자유'가 아닐까요?

무엇보다 나는 힘에의 의지가 자유를 향한 파토스(힘감정)라고 생각합니다. 피할 수 없으니 즐기라는 체념이나, 정신 승리처럼 현실의 고통을 회피하려는 방어심리, 혹은 노-오-력으로 문제를 해결하려는 의지주의는 필요 없습니다. 이런 것들 없이도 삶을 긍정하는 기술이 바로 힘에의 의지입니다. 그것은 삶의 고통을 회피하지도, 그것과 싸우지도 않으면서 삶을 건강하게 하는 기술입니다. 그것은 존재의 무게를 견디지도, 그것과 대결하지도 않으면서 우리 존재를 즐기는 기술입니다. 힘에의 의지는 어떻게 자유의지를 넘어 삶의 기술, 자유의 기술이 될 수 있을까요?

자유의지에는 자유가 없다

자유의지의 관점에 따르면 의지의 주체는 바로 나 자신이지요. 그리고 의지는 의식적이며 하나의 단일한 의지를 추구합니다. 하지만 니체가 말하는 힘에의 의지에 따르면 의지의 주체는 의지 자체이지 내가 아닙니다. 그리고 의지는 하나가 아니라 다수이며, 의식적인 게 아니라 무의식적입니다. 결국 자유의지는 의지에 대한 인간적인 편견이며, 힘에의 의지야말로 의지에 대한 건강한 관점입니다.

니체는 데카르트와 쇼펜하우어를 비판하면서, 의지에 대한 인간적 관점인 '자유의지는 없다'라는 것을 증명합니다. 데카르트와의 논쟁이 '누가 의지하는가' 하는 의식의 주체에 관한 것이라면, 쇼펜하우어와는 '의지는 어떻게 작동하는가' 하는 의지의 작동 방식에 관한 논쟁입니다.

의지의 주체 1 :
> **"의지하는 의지", 의지의 주체는 의지 자체이다**

> 사람들은 … 문법적 습관에 따라 "사고라는 것은 하나의 활동이며, 모든 활동에는 하나의 주체가 있다…"라고 추론한다.
>
> — 『선악의 저편』, 17

"사유한다, 따라서 사유하는 것(*생각의 주체)이 있다."
데카르트의 논증은 이렇게 귀결된다. … 그렇지만 사유한
다면 무언가 "사유하는 것"이 있어야만 한다는 것은, 어떤
행위에 행위자를 덧붙이는 우리의 문법적 습관을 공식화
한 것에 불과하다.

—『권력에의 의지』, 484

활동, 작용, 생성 뒤에는 어떤 '존재'도 없다. '활동하는
자'는 활동에 덧붙여 단순히 상상에 의해 만들어진 것이
다. 활동이 모든 것이다.

—『도덕의 계보』, 제1논문, 13

데카르트는 코기토(나는 생각한다, 고로 존재한다Cogito ergo sum)
를 철학적 사유의 확고한 출발점으로 삼았지요. 니체는 이것을
"생각이라는 활동이 있다면, 그 활동의 주체가 있어야 한다"라
는 문법의 환상이라고 비판합니다. 동사에 주어를 붙이는 문법
적 습관, 주어 없이는 동사를 사용하지 못하는 문법의 환상에
따라 코기토가 만들어진 거지요. 즉 '동사에는 주어가 있어야
한다'라는 문법적 습관이 '활동에는 주체가 있다'라는 생각으
로 이어집니다. 그래서 '생각한다는 동사를 쓰려면, 생각하다
의 주어가 있어야 한다'라는 문법적 습관과 '생각이라는 활동
이 있으려면, 활동의 주체인 내가 있어야 한다'라는 코기토의

추론은 동형적입니다.

그렇다면 활동에는 어떤 주체도 없을까요? 예를 들어 '번개가 친다'Es blitzt라고 할 때, 이것은 하나의 활동 내지는 하나의 작용이지만 우리는 문법적 습관에 따라 주어와 동사로 구분합니다. "번개를 섬광에서 분리"하여, 번개를 주체로 섬광은 활동으로 가정해요. "같은 사건을 한 번은 원인으로, 다른 한 번은 결과"로 보는 거지요. 번개가 따로 있고 섬광이 따로 있는 것이 아닌 것처럼, 이것은 하나의 활동이고 하나의 작용입니다. 니체는 활동 뒤에는 어떤 존재도 없다, 활동이 모든 것이라고 합니다.

마찬가지로 '나는 생각한다' 혹은 '나는 의지한다'라는 표현도, '생각 혹은 의지'를 어떤 것의 활동이라고 생각해서 주체를 가정한 것입니다. 생각이나 의지에 대해서도, 우리는 니체적 용법을 따라 말할 수 있습니다. "생각이나 의지 같은 활동 뒤에는 어떤 존재도 없다. 주체는 활동에 덧붙여진 상상에 불과하다. 생각하는 것은 '내'가 아니라 생각 그 자체이며, 의지하는 것은 '내'가 아니라 하고자 함, '의지' 자체이다. 의지에는 주체가 없다, 의지가 모든 것이다."

의지의 주체 2 :
"그것이 의지한다", 의지의 주체는 인간이 아니라 '그것'이다

하나의 사상은 '그 사상'이 원할 때 오는 것이지, '내'가 원할 때 오는 것이 아니다. 그렇기 때문에 주어 '나'는 술어 '생각한다'의 조건이라고 말하는 것은 사실을 **왜곡한 것이**다. 그 무엇이 생각한다(Es denk). 그러나 이러한 '그 무엇'이 … '나'라고 하는 것은 … 하나의 가정일 뿐, 직접적 확실성은 아니다. … '그 무엇이 생각한다'라는 것으로 너무나 충분하다.

— 『선악의 저편』, 17

그것(ça)은 도처에서 기능한다. 때론 멈춤 없이, 때론 단속적으로. 그것은 숨 쉬고, 열 내고, 먹는다. 그것은 똥 싸고 씹한다.

— 들뢰즈, 『안티 오이디푸스』, 23쪽

데카르트의 '나는 생각한다'에 대결하여, 니체는 '그 무엇이 생각한다'라고 정식화합니다. 생각의 주체는 내가 아니라 '그 무엇'이라는 거지요. 마찬가지로 들뢰즈도 욕망의 주체는 인간이 아닌 '그것'이라고 하지요. 하고자 하는 의지는 그것이 모든 것이며, 어떤 주체도 없다는 거예요. 그것이 인간적일 이유는 더욱 없지요. 그것은 인간의 의식을 초과하여, 규칙도 없이 제멋대로 흘러넘치는 욕망이고 무의식입니다.

그렇다면 의지의 주체는 어째서 '자아'가 아닐까요? 가령 내가 생각의 주체라면, 나의 자유의지로 생각에 집중하거나 생각을 멈출 수 있어야 합니다. 우리는 시험이나 마감을 앞두고 불안하면 집중이 안 되고 집중이 안 되면 더 불안해지는, 생각의 집중과 불안의 부정적 연쇄를 경험하지요. 반대로 시험과 마감을 앞둔 지금, 시험과 마감을 제외한 모든 것에 대한 흥미와 집중이 비상하게 높아집니다. 무심하게 책장에 꽂혀있던 철학책도 갑자기 흥미롭고, 평소 보지도 않던 TV 드라마도 너무 재미있지요.

생각의 집중만큼이나 생각의 멈춤도 우리의 의지로는 불가능합니다. "코끼리를 생각하지 마!"Don't think of an elephant! 미국의 인지언어학자 조지 레이코프의 프레임 이론에 등장하는 말인데요. 우리가 이렇게 마음먹는다고 코끼리를 생각하지 않게 될까요? 오히려 코끼리를 생각하지 말아야 하는 이유가 존재하는 한, 코끼리 생각을 멈출 수 없을 거예요.

코끼리 자리에 떠나간 사랑이나 지울 수 없는 원한(원망), 혹은 오늘 미팅에서 했던 어이없는 실수나 주식배팅으로 잃어버린 돈 같은 것을 넣으면 훨씬 분명해집니다. 나의 자유의지로 생각을 멈출 수 있다면, '잊으려 해도 잊지 못하고, 잊으려 할수록 더욱 생각나는' 사랑이 할퀴고 간 상처와 이별의 발라드는 없을 테지요. 내가 마음먹은 대로 생각을 지울 수 있다면, 부끄러움에 잠 못 드는 밤의 이불킥이나 가슴이 멍드는 평생의 화병 같은 것도 없을 것입니다. 우리가 생각을 마음대로 통제할 수 있다면, 일상을 어둡게 하는 우울증이나 공황장애 같은 것이 왜 생길까요?

이 모든 것은 '나는 생각한다' 혹은 '나는 의지한다'라는 당연한 말들을 의문에 부칩니다. 생각하고 의지하는 주체는 정말 나일까? 어느 경우나 생각이나 의지의 주체를 '나' 혹은 자아라고 말할 수 없습니다. 니체는 행위자로서 "주체란 하나의 믿음"에 불과하다고 해요. 생각이나 의지의 주체를 인간으로 상정하는 것은 그저 믿음일 뿐이라는 거지요. 이제 우리는 니체를 따라 이렇게 말할 것입니다. "생각이나 의지의 주체는 '내'가 아니라 '그것'이다. 내가 아니라, 그 무엇이 의지하고 그 무엇이 생각한다."

의지의 작동 방식 1 :
의지는 하나가 아니라, 다수이다

지각없는 사람들은 의지가 독자적인 작용이라고 생각한다. 의욕(＊하고자 하는 의지)은 단순한 것, 순수하게 주어진 것, 파생되지 않은 것, 그 자체로서 이해될 수 있는 것이라고 여긴다.

— 『즐거운 학문』, 127

의지 작용Wollen이란 나에게는 무엇보다도 어떤 **복합적인** 것이며, 단지 말로 표현했을 때만 통일성이 있는 그 무엇처럼 보인다. … 모든 의지 작용에는 첫째 감정Fühlen의 다양함이 있다. … 두 번째로 사고Denken 또한 의지의 구성 요소로 인정해야만 한다. … 세 번째로 의지는 감정과 사고의 복합체일 뿐 아니라, 무엇보다도 하나의 정서Affekt이다. … 의지하는 인간은─자기 안에 있는 복종하는 그 무엇에 명령을 내린다. … 여기에서 우리는 주어진 상황에서 명령하는 자이자, 동시에 복종하는 자이다.

— 『선악의 저편』, 19

쇼펜하우어는 존재하는 모든 것의 근저에서 생존을 향한 '맹목적 의지'를 발견합니다. 그리고 의지는 다수가 아니라 하나의 단일한 작용이라고 생각하지요. 하지만 니체는 의지를 다양한 감정과 사고, 그리고 정서의 복합체라고 합니다. 쇼펜하우어의 맹목적 의지가 '의지의 단일성'을 추구한다면, 니체의 힘에의 의지는 '의지의 복합성'을 말합니다. 즉 쇼펜하우어가 의지를 하나의 단일한 작용이라고 생각하는 데 반해, 니체에게 의지는 다양한 감정과 사고와 정서의 복합작용이지요.

예를 들어 수유너머 연구실에는 수/일요일 일주일에 두 번 요가 활동이 있어요. 30년을 이어져 내려오는 역사와 전통을 자랑하는! 요가라는 의지 행위에는 얼마나 많은 것들이 포함되어 있을까요? 첫째, 의지에는 다양한 '감정'이 있습니다. 요가 시간이 다가오면 자기도 알지 못하는 가운데 일어나는 감정들이 있습니다. 그럴듯한 핑계로 요가를 빼먹으려는 감정과 요가 후 신체의 쾌감을 기대하는 상반된 감정 같은 것들이 서로 갈등하지요. 자신도 모르게 일어나는 다양한 감정이 의지의 구성 요소입니다. 또 '의지'하자마자 습관에 의해 움직이기 시작하는, 즉 의지에 수반되는 근육의 느낌 같은 것도 여기에 속합니다.

둘째, '생각' 또한 의지의 구성 요소입니다. 요가라는 의지 행위에는 하나의 지배하는 사상이 있습니다. 요가를 단순한 건강 요법으로 생각하는 경우가 있는가 하면, 일상을 운영하는 에너지이자 신체를 보살피는 기술이라고 평가하는 경우도 있지요. 전자보다 후자의 생각을 가진 사람이 요가에 더 진심이겠지요. 즉 요가에 대한 가치 평가에 따라 요가에 대한 성실성이 달라질 것입니다.

셋째, 의지는 하나의 '정서'인데, 자신에 대한 명령의 정서입니다. '의지하는 인간'은 자신에게 명령을 내리고, 자신에게 복종합니다. 외부의 강요에 의해 어쩔 수 없이 복종하는 게 아니라, 나의 의지로 스스로의 명령에 스스로가 복종하는 방식입니다. 이것이 니체가 '의지의 자유'라고 부르는 우월의 정서입니다. 이때 우리는 명령하는 자이자 동시에 복종하는 자입니다. 명령과 복종이라는 이중의 정서가 하나의 의지를 구성하고 있지요.

한편, 이러한 요가라는 의지 작용은 우리가 전혀 알아차릴 수 없는 신체의 미시적인 의지들과 함께합니다. 하나의 요가 동작이 실행될 때마다, 신체의 수많은 기관들과 세포들의 미시적인 의지는 그 동작을 위한 신체의 의지에 따라 재배치되고 재구성됩니다. 신체를 움직이려는 근육의 의지, 신체의 균형을 잡으려는 감각의 의지가 작동하겠지요. 익숙한 동작에서 신체의 이완과 반대로 어려운 동작에서 신체의 경직이 함께할 테고요. 그리고 하루에 1mm씩 미세하게 신체가 단련되고, 2년 혹은 3년이 지난 어느 날 불가능했던 동작이 가능하게 되었을 때, 스스로 느끼는 자랑이야말로 니체적 의미의 자기 극복의 힘감정입니다.

이 모든 것이 요가라는 의지 행위 아래 일어나는 사건들이고, 그 아래 작동하는 미시적 의지들입니다. 우리가 통상적으로 생각하는 '의지'라는 편견을 걷어내고, 이처럼 하나의 의지 속에서 복합적이고 다양한 힘과 의지들을 보려는 것이 바로 니체의 힘에의 의지입니다.

의지의 작동 방식 2 :
의지는 의식적이지 않고, 무의식적인 것이다

"나는 생각한다"라든가, 쇼펜하우어의 미신이었던 "나는 의지한다"와 같이 '직접적인 확실성'이 존재한다고 믿는 천진한 관찰자가 아직도 존재한다.

—『선악의 저편』, 16

쇼펜하우어 역시 의지만이 우리에게 본래 알려진 것이며, 완전히 알려진 것, 가감 없이 알려진 것이라고 암시했다.

— 『선악의 저편』, 19

어떤 사건이 일어나는 메커니즘, 가격(*加擊 행동)이 이루어지기까지 행해지는 수백 가지의 섬세한 작용, 이 작용의 가장 사소한 부분을 행하는 데조차 (*우리의) 의지 자체는 무력하다.

— 『즐거운 학문』, 127

쇼펜하우어는 의지를 생존을 향한 맹목적 의지로 정의합니다. 그래서 의지는 내가 의지하는 것이고, 직접적이고 자명한 것이라고 생각해요. 하지만 니체는 의지는 내가 의식할 수 없는 무의식적인 차원에서 일어나는 작용이라고 합니다. 쇼펜하우어의 맹목적 의지가 '의지의 직접성'을 추구한다면, 니체의 힘에의 의지는 '의지의 무의식성'을 말합니다. 즉 쇼펜하우어는 의지의 직접적 확실성에 기반하여, 의지는 본래 — 완전히 — 가감 없이 알려진 것이라고 믿었어요. 하지만 니체는 미시적 의지 작용에 대해, 우리는 '의식'할 수도 '의욕'할 수도 없다고 합니다.

통상적으로 우리는 쇼펜하우어처럼 의지를 이해합니다. 어떤 행동을 하는 경우, 행위를 하는 것은 나이며, 내가 그 행

위를 하려고 의지했기 때문이라고. 하지만 앞서 요가라는 의지
행위에 작용하는 다양한 의지의 구성 요소를 보았지요. 신체의
의지를 구성하는 감정·사고·정서를 보았고, 신체의 의지 이하
에서 작동하는 기관들과 세포들의 미시적 의지를 보았습니다.
즉 '나'라고 하는 유기체 이상의 수준에서, 그리고 '나'라는 유
기체 이하의 수준에서 작동하는 다양한 의지들이 존재하지요.

    니체의 예시처럼, 내가 팔을 뻗어 무엇을 가격하는 행동
이 이루어지기까지, 근육과 세포 수준에서 일어나는 섬세한 작
용과 미시적 의지에 대해 상상해 볼까요? 하나의 행위에 얼마
나 많은 의지들이 어떤 방식으로 작용하는지 우리의 의식으로
알아챌 수 있을까요? 그리고 우리의 의지로 통제할 수 있을까
요? 이것들에 대해 우리의 의지는 무지하며, 무기력할 수밖에
없지요. 우리 신체에 작동하는 다양한 의지들이 일으키는 사건
들이 바로 우리의 행동이지요. 다양한 의지들이 우리 신체에서
일으키는 사건들에 대해, 우리는 아무것도 알 수 없고 어떤 작
용도 할 수 없는 게 아닐까요?

니체 :
"자유의지에는 자유가 없다!"

데카르트의 주체와 쇼펜하우어의 의지는 자유의지의 중요한
근거입니다. 우리는 데카르트의 코기토를 비판하면서, '의지의

주체'에 대해 이렇게 말할 수 있게 되었습니다. "의지하는 것은 의지 자체이며 의지의 주체는 없다. 의지의 주체를 말한다면 그것은 인간이 아니라 그 무엇이다." 또한 쇼펜하우어의 의지와 대결하면서, '의지의 활동'에 대해 이렇게 말할 것입니다. "의지는 하나가 아니라 다수이며, 의식적이 아니라 무의식적으로 작동한다."

니체의 힘에의 의지는 인간적 유형의 의지를 넘어 새로운 유형의 의지를 생각하게 합니다. 니체는 의지의 주체를 '그 무엇'으로 해석함으로써, 데카르트의 인간학적 관념에서 주체를 해방합니다. 마찬가지로 의지의 작동을 무의식적 의지들의 다양체로 해석함으로써, 쇼펜하우어의 단일성과 직접성에서 의지를 구출합니다.

니체의 힘에의 의지가 말하는 메시지는 이것입니다. "내 신체와 행동의 주체로 간주되는 '자유의지' 같은 것은 없으며, 나에게 일차적인 것은 '무의식적'으로 작동하는 '다양한' 의지들이다. 결국 우리가 자유의지로 할 수 있는 것은 아무것도 없다." 인간의 자유의지에는 자유가 없습니다. 우리가 자유의지를 자유롭다고 생각하는 것은 언어유희 같은 것일 뿐입니다. 니체와 스피노자도 이러한 언어적 유희에 참여하고 있는데요.

우리는 태양이 솟아오를 때 방에서 나와 **"나는** 태양이 뜨기를 원한다"라고 말하는 사람을 비웃는다. 그리고 우리는 바퀴를 멈출 수 없으면서도 "**나는** 바퀴가 구르기를 **원한다**"라고 말하는 사람을 비웃는다. 그리고 우리는 격투에서 져 쓰려져 있는 사람이 "**나는** 여기에 누워 있다. 하지만 내가 **원해서** 누워 있는 것이다!"라고 말하는 것을 비웃는다. 우리는 이렇게 비웃지만, 우리가 '**나는 원한다**'라는 말을 사용할 때, 저 세 사람과 다른 의미로 그 말을 사용한다고 할 수 있는가?

— 『아침놀』, 123

누군가가 '내가 원해서 태양은 뜨고, 바퀴는 구르고, 나는 원해서 누워 있다'라고 말한다면 비웃을 일이지요. 우리가 '나는 원한다' 내지 '나의 자유의지로'라고 말하는 것도 마찬가지로 비웃을 일이라는 거예요. 이는 우리의 뜻대로 되지 않는 우리의 의지 밖에서 작동하는 '필연적인 일들'에 대하여, 우리가 '나의 자유의지'라는 말로 사후에 합리화하는 것뿐입니다. 니체의 이 말은 자유의지에 대한 환상적 주석 혹은 자유의지에 대한 조롱이지요. 태양이라는 자연의 영역에서, 바퀴라는 사물의 영역에서, 나라는 인간의 영역에서, 자유의지의 부재를 말하고 있어요. 우리의 자유의지는 어디에도 존재하지 않습니다. 세계는 결코 우리의 의지대로 작동하지 않습니다.

젖먹이는 자유의지로 젖을 원하고, 성난 소년은 자유의지에 따라 복수하기를 원하고, 겁쟁이는 자유의지로 도망친다고 믿는다. … 술주정뱅이는 나중에 술에서 깨면 공연히 말했다고 후회할지라도, 그 당시에는 정신의 자유로운 결단에 의하여 지껄인다고 믿는다. 마찬가지로 미치광이, 수다쟁이, 어린아이와 이러한 종류의 많은 사람들은 사실은 그들이 갖고 있는 말하고 싶은 충동을 억제하지 못하고 지껄이면서도 정신의 자유로운 결단에 의하여 말한다고 믿는다.

— 스피노자, 『에티카』, 제3부 정리 2

"젖먹이가 자유의지로 젖을 욕구한다고 믿고, 성난 소년이 자유의지에 따라 복수를 원한다고 믿고, 겁쟁이가 자유의지로 도망친다고 믿는" 것은 어리석은 일이지요. 우리가 '정신의 자유로운 결단'이라고 말할 때도, 이와 마찬가지로 어리석다는 것입니다. 우리의 이성으로 어찌할 수 없는 우리의 정신 밖에서 작동하는 '신체의 충동들'에 대하여, 우리는 '정신의 자유로운 결단'이라고 믿고 있을 뿐입니다.

자유의지에 관한 니체와 스피노자의 텍스트는 같은 내용의 다른 버전을 보는 것 같습니다. 니체는 나를 둘러싸고 있는 '세상은 나의 자유의지대로 돌아가지 않는다'라고 말합니다. 한편 스피노자는 나를 구성하고 있는 '내 신체는 나의 자유의지대로 움직이지 않는다'라고 합니다. 즉 나라는 유기체 이상,

그리고 유기체 이하의 어느 영역에서도 자유의지는 없다는 것. 니체가 '우리의 의지로 세계를 마음대로 할 수 있다'라는 허영을 비웃은 것처럼, 스피노자는 '우리의 정신을 통해 신체의 정서나 충동을 지배할 수 있다'라는 생각은 환상이라고 하지요. 우리 신체의 정서나 충동을 지배하는 '정신의 자유로운 결단' 같은 것은 없습니다. 우리의 의식에 떠오른 것은 어떤 것도 무의식적인 충동이 의식적 형태로 번역된 것일 뿐입니다.

인간을 지배하는 비인간 존재의 의지들

'작용'하는 모든 힘이
힘에의 의지이다

문제는 결국 우리가 의지를 정말로 작용하는 것으로 인정하는가이다. … '작용'이 인정되는 곳에서는 어디에서나 의지가 의지에 대해 작용하고 있는 것이 아닌가. … 그리하여 마침내 우리의 총체적인 충동의 생을 … 힘에의 의지가 형성되고 분화된 것으로 설명하게 된다면, … 작용하는 모든 힘을 힘에의 의지로 규정할 수 있다. 그 내부에서 보여진 세계는 … '힘에의 의지'이며 그 밖의 아무것도 아니다.

— 『선악의 저편』, 36

니체는 의지를 '작용하는 것'으로 정의합니다. 모든 '존재'는 그 자체로서 다른 것에 대해 '작용'하는 힘이며, 그 힘을 통해 '작용'하는 의지로 규정할 수 있습니다. 모든 것은 자신의 능력만큼 존재하며, 이 능력은 다른 것에 대한 의지로 표현되지요. 니체는 '의지'라는 인간적인 비유를 사용함으로써, 비인간-비생명체를 수동적인 대상이 아니라 능동적 존재로 포착하려고 합니다. 그리고 의지를 '작용'으로 정의함으로써, 의지를 생명체에 속한 것이 아니라 일반적인 것으로 다루고자 합니다.

결국 작용하는 모든 것을 의지로 파악하는 것은, 힘에의 의지에 도달하기 위한 출발입니다. 이로써 인간/비인간 내지는 생명체/비생명체의 구별을 넘어서, 모든 운동·현상·법칙을 '힘에의 의지'로 해석할 수 있게 됩니다. 즉 모든 것을 힘에의 의지라는 하나의 평면에서 다룸으로써, 모든 존재를 서로에게 작용하는 힘과 의지로서만 파악할 수 있게 되지요. 이처럼 존재하는 모든 것은 힘이며 그 힘을 통해 작용하는 의지로 규정할 때, 인간이나 생명뿐 아니라 물리적인 힘이나 기계적인 사건 역시 힘에의 의지로 해석할 수 있습니다. 이때 힘에의 의지는 존재하는 모든 것에 본질적으로 내재하는 것이 되지요.

데카르트의 코기토는 문법이 갖는 힘과 의지를 생각하게 합니다. '생각에는 주체가 있어야 한다'라는 코기토의 추론은 '동사에는 주어가 있어야 한다'라는 문법적 습관에 따른 것인데요. 이때 데카르트로 하여금 그렇게 생각하게 만든 것은 문법의 힘이 가진 의지라는 점에서 '문법의 의지'라고 할 수 있습니다.

물리적인 힘도 마찬가지인데, 날아가는 공의 관성은 그 자체로 힘이지만 가던 방향으로 계속 가려는 '의지'라고 말할 수 있습니다. 낙하하는 중력은 낙하하게 하려는 '의지'를 가지고 있고, 당기거나 밀치는 자기력은 당기거나 밀치는 '의지'의 작용이라고 할 수 있지요. 반달 모양으로 자기장을 형성하는 자석의 힘은 특정 방향으로 쇳가루를 배열하려는 '의지'를 가지고 있다고 할 수 있어요. 통상적인 어법에서는 물리적인 현상에 '의지'라는 말을 사용하지 않지만, 우리가 의지에 대해 인간적인 편견만 지운다면 다르게 볼 수 있습니다. 날아가는 공이나 자석도 자신과 주변의 것들을 특정한 방식으로 움직이게 하려는 의지를 가지고 있는 셈이라고 말이지요.

따라서 '의지의 주체'는 인간이나 생물체로 제한되는 게 아니라 세계를 구성하는 모든 것입니다. 또한 '의지'는 의식으로 떠오르기 이전 무의식의 영역에서 작동하는 의지·욕망·충동·정서들을 의미하며, 인간을 넘어서 힘이 작동하는 모든 곳에서 나타납니다. 힘(Macht)이 단지 생명체의 힘이 아닌 것처럼, 의지(Wille) 또한 단지 생물학적 욕망이 아니지요.

이를테면 인간의 신체적·사회적 욕망을 비롯하여, 동물의 충동으로서 식욕, 항문 기관의 기능으로서 배설 욕구, 사물의 운동으로서 관성의 법칙 같은 것들이 모두 힘에의 의지입니다. 니체는 인간을 넘어 동물이나 식물을 포함하는 생명체, 나아가 생명이 없는 기계적이고 물질적인 세계까지, 존재하는 모든 것의 발생과 작용을 힘에의 의지로 해석했습니다. 진정한 의미에서 인간적인 휴머니즘을 넘어서는 니체의 기획이었지요.

　　니체가 생명이 없는 사물까지 '힘에의 의지'로 해석할 때, 가장 흔한 오해는 '생기론'이지요. 통상 '의지'는 생명이 있는 존재에 사용하는 개념이기 때문에, '사물의 의지'라는 말은 '무생물에도 생기가 있다'라고 주장하는 생기론으로 간주됩니다. 마르크스가 클리나멘을 '원자들의 영혼'이라고 부르자 '관념론'으로 비판받은 것도 마찬가지겠지요. '영혼'은 관념의 세계에 속한다는 생각에서, '원자들의 영혼'이라는 말은 '원자에도 영혼이 있다'라고 주장하는 관념론이라는 거지요. 하지만 의지가 생명에만 사용할 수 있다거나 영혼은 관념론에만 쓸 수 있다고 생각하는 것은 그저 게으른 통념이 아닐까요? 누구도 그런 권리를 부여하지 않았으니까요.

비인간 존재자의 의지 :
나는 바퀴를 보면 굴리고 싶어진다

　　나는 바퀴를 보면 굴리고 싶어진다 / 자전거 유모차 리어카의 바퀴 / 마차의 바퀴 / 굴러가는 바퀴도 / 굴리고 싶

어진다 / 가쁜 언덕길을 오를 때 / 자동차 바퀴도 굴리고
싶어진다

— 황동규, 「나는 바퀴를 보면 굴리고 싶어진다」

"나는 바퀴를 보면 굴리고 싶어진다, 아무 생각 없이. 나
는 침대를 보면 눕고 싶어진다, 내일 마감인데도. 게임을 하면
멈출 수 없다, 시험을 앞두면 미칠 듯이 재미있다. 스마트폰이
없으면 불안하다, 지각해도 집으로 간다. 천정이 높은 성당에
들어가면 나도 모르게 무릎 꿇고 기도하게 된다, 신자도 아닌
데. 완장을 차면 통제하고 싶어진다, 그것도 권력이라고." 이것
은 모두 인간·생명이 아닌 것들의 의지를 표현한 것입니다. 바
퀴의 의지, 침대의 의지, 게임의 의지, 스마트폰의 의지, 고딕
성당의 의지, 완장의 의지 …. '누구든지 ~만 하면, 그렇게 된
다'라고 했을 때, 그것은 나의 의지가 아니라 그것의 의지라고
해야겠지요.

데카르트의 '나는 생각한다'에 반대하여, 니체는 '그것이
생각한다'라고 합니다. 의지의 주체는 인간이 아닌 비인격성을
특징으로 하지요. 의지 혹은 욕망은 흐름이라는 점에서 어떤
특정한 주체에 종속되지 않습니다. 인간의 의지 혹은 생물의
욕망이라는 통념을 지우면, 비인간과 비생물의 무의식적인 욕
망과 의지들이 전면에 나타납니다.

앞에서 우리는 인간을 모델로 하는 '자유의지'를 해체하

는, '힘에의 의지'라는 의지에 대한 새로운 관점을 얻게 되었지요. 이제 이런 의지들에 대해 말할 수 있게 되었습니다. 인간이 아닌 동물과 식물의 의지, 생명체가 아닌 사물과 기계의 의지, 물질이 아닌 문법이나 진리의 의지. 인간의 의지란 오히려 인간 바깥에 존재하는 이런 의지들에 의해 규정됩니다. 인간이나 생명체를 주어로 하는 '의지'의 통상적 용법과 대결하는, 비인간·비생명·비물질에 이르는 다양한 힘에의 의지는 어떤 방식으로 작동할까요?

비생명의 의지 :
기계의 의지와 기계의 에이전트

카프카의 단편 「유형지에서」는 폐기될 운명에 처한 유형지의 처형 기계와 그 기계에 매혹당한 어느 장교의 이야기입니다. 처형 기계는 세 부분으로 구성되는데, 하부는 '침대', 상부는 '제도기', 바늘이 촘촘한 중간 부분은 '써레'라고 불리지요. 침대 위에 벌거벗은 죄수가 누우면, 써레가 움직이면서 죄수의 몸에 죄목을 새기기 시작하고, 시간이 지나면서 죄수는 자기 몸에 새겨진 죄목을 해독하지요.

그렇게 12시간이 지나면 써레가 죄수를 쿡 찍어서 구덩이로 집어던지면서 처형은 끝나지요. 판사가 죄수에게 판결을 선고하는 방식을 대신해서, 처형 기계가 죄수의 몸에 판결문을 새깁니다. 이렇게 죄수는 자기 죄를 직접적인 고통과 함께 신체로 받아들이게 되는데요. 이 모든 과정은 공개적으로 이루어져, 사람들은 정의의 실현을 지켜보면서 교화됩니다.

기계에 대해 이렇게 공들여 묘사하는 것은, 이야기의 주인공이 처형 기계이며 사건을 끌고 가는 힘이 바로 '처형 기계의 의지'이기 때문입니다. 처형 기계에 매혹된 장교는 기계의 의지를 대신하는 '기계의 에이전트(대리인)'일 뿐입니다. "그걸 보면 써레 아래 누워보고 싶은 충동을 느끼게 되지요." 그에게 이 기계는 완벽하고 정당하고 아름다웠으며, 그래서 폐기물이 될 처지에서 기계를 구해야만 했어요. 기계의 생사에 영향을 미칠 것으로 기대되는 탐험가에게, 그는 기계의 기능적 섬세함에서 이념의 위대함에 이르기까지 마음을 다해 자기의 어펙트를 전달합니다.

하지만 설득이 효과가 없다고 느끼자, 장교는 직접 처형 기계에 누워 자기 신념을 증명하려고 해요. 그런데 기계가 오작동하면서 그는 바늘에 찔려 죽게 됩니다. 죽는 순간까지 그는 처형 기계에 대한 확신을 철회하지 않는데, 장교의 죽음은 단순한 사고가 아니라 더는 희망이 없다고 느낀 그가 폐기물이 될 기계와 운명을 함께하기로 작정한 것처럼 보입니다.

『차라투스트라는 이렇게 말했다』에 등장하는 '창백한 범죄자'는 피를 갈망하는 비수를 대신하여 살인을 저지릅니다. 판사는 범죄자에게 묻지요. "무언가를 강탈하려 했거나 앙갚

음할 원한이라도 있었던 것 아니냐? … 분명히 납득할 만한 살해 동기가 있었을 것이다." 하지만 살인의 동기는 이성적인 동기가 아니라 신체를 지배하는 광기였지요. 광기가 지나간 후 범죄자는 살인의 동기는 물론 살인의 주체로서 자신에 대해서도 아무 말도 할 수 없게 되지요. 그래서 범죄자는 점점 창백해집니다.

이때 차라투스트라는 그의 변호사로서 말합니다. 광기에 휩싸인 "그의 영혼이 갈구한 것은 강탈이 아니라 피였으며, 그는 비수의 행복에 굶주려 있었다." 즉 살인의 주체는 범죄자가 아니라 비수였으며, 살인의 동기 역시 범죄자의 강탈이나 원한이 아니라 비수의 욕망인 피였지요. 광기에 휩싸인 범죄자는 '비수의 행복'을 실현하는 에이전트였으며, 그래서 광기와 살인이 지나간 후 범죄자는 "내가 살인자"라고 말할 수 없게 됩니다.

비물질의 의지 :
   미술의 의지, 음악의 의지

예술 작품이 갖는 어펙트, 즉 작품의 의지가 우리 신체를 직접적으로 지배하는 경우가 있습니다. 스탕달 신드롬(Stendhal syndrome)은 예술 작품을 보고 순간적으로 흥분 상태에 빠지거나 호흡 곤란, 현기증, 위경련, 전신 마비 등 이상 증세를 체험하는 경우를 말합니다.

프랑스 작가 스탕달은 1817년 이탈리아 피렌체에 있는 산타크로체 성당에 갔다가 14세기 화가 지오토의 프레스코화를 보고 그만 압도되지요. "아름다움의 절정에 빠져 … 나는 천상의 희열을 맛보는 경지에 도달했다. 모든 것들이 살아 일어나듯이 내 영혼에 말을 건넸다." 그는 계단을 내려오는데 무릎에 힘이 빠지고 숨이 가빠져 의식을 잃고서 곧 죽을 것 같은 느낌을 받습니다. 이 충격에서 벗어나는 데 무려 한 달이나 걸렸다고 해요. 백 년도 더 지난 한참 후에 피렌체 산타마리아 누오바 병원의 정신과 의사 마제리니는, 20년 동안 피렌체를 방문한 관광객 106명에게서 스탕달과 같은 병리학적 이상 증상을 확인하게 됩니다. 스탕달 신드롬은 1979년 출간한 그녀의 저서 『스탕달 신드롬』에서 처음으로 명명되었어요.

　　고흐 역시 1885년 암스테르담 국립미술관에서 렘브란트의 「유대인 신부」에 매혹되어, 얼마나 시간이 흘렀는지도 잊어버리고 그 자리에서 꼼짝하지 않고 있었어요. 그림 앞에서 2주만 보낼 수 있게 해 준다면, 남은 수명의 10년이라도 떼어 줄 수 있다고까지 하면서. 러시아 출신의 미국 화가 마크 로스코는 추상 표현의 대가이자 평면 회화의 혁명가로 불리지요. 그의 작품 중에서 특히 직사각형의 화면에 검정과 빨강을 대비시킨 대형 화폭을 감상하다가 졸도하는 사람이 많았어요. 로스코는 자신의 작품을 살아 있는 생명체로 체험합니다. "나는 비극, 아이러니, 관능, 운명 같은 인간의 근본적인 감정을 표현하는 데에만 관심이 있다. 내 그림 앞에서 우는 사람은, 내가 그것을 그릴 때 가진 것과 똑같은 종교적 경험을 하고 있는 것이다."

어떤 덴마크 국왕이 어떤 가수의 음악을 듣다가 전투적인 열광에 사로잡힌 채 뛰어올라 그 자리에 모여 있던 대신 다섯을 죽였다는 이야기가 있다. … 바로 이것이야말로 음악의 작용이었다.

— 『아침놀』, 142

바이로이트(*바그너 오페라 전용극장)에 갈 때, 사람들은 자기 자신을 집에 놔두고 가니까요. … 자기 발언권과 선택권을 포기하고, 자기의 취향에 대한 권리도 포기하며, … 극장에서 사람들은 대중이 되고 … 찬성표만 던지는 거수기, 보호자, 바보가 됩니다. **바그너주의자**가 되어 버리는 것입니다. 거기서는 개인적인 양심마저 대다수라는 평준화 마술에 굴복해 버리고 맙니다.

— 『니체 대 바그너』, 내가 반박하는 곳

스탕달 신드롬이 예술의 의지가 우리 신체에 작용하는 긍정적 어펙트라면, 예술이 만들어 내는 부정적 어펙트도 있지요. 니체는 『아침놀』에서 부정적 효과로 작동하는 음악의 의지를 보여 줍니다. 음악의 전투적 열광에 사로잡혀 대신들을 죽인 덴마크 국왕! 전쟁도 적도 없었지만 왕은 음악의 의지에 끌려 들어가 살인을 저지른 거지요. 한편 니체는 사람들을 무리적 어리석음으로 유도하는 바그너 음악의 도덕적 엑스터시를 비판합니다. 사람들은 바그너 음악을 들으면서 바그너를 맹목적으로 추종하는 바그너주의자가 된다는 거지요. 사람들은 바그너 극장에 갈 때 자신을 집에 놔두고 간다고, 거기서 대중이 되어 찬성표만 던지는 거수기, 바보가 된다고 말입니다.

내 신체를 지배하는 작고 커다란 의지들

나를 지배하는 의지들 :
우리는 의식 없이 행동하고, 생각 없이 산다

하버드대 잘트먼 교수는 "인간의 사고·감정·학습의 95%는 무의식 상태에서 이루어진다"라는 '95%의 법칙'을 주장합니다. 그에 따르면, 인간의 욕구는 단지 5%만 의식에 떠오르며, 이것도 언어로 표현할 수 없는 경우가 많다고 해요. 우리 모두는 대체로 의식적 자각 없이 행동합니다. 우리의 행동을 결정하는 것은 무의식이지 자유의지가 아닙니다! 이러한 무의식은 나라는 유기체 이하, 그리고 나라는 유기체 이상의 수준에서 작동합니다.

우리의 신체는 개체화에 따라 다른 개체로 존재합니다. '무엇과 한몸처럼 움직이는가' 하는 개체화의 양상에 따라, 그때마다 우리는 다른 신체가 됩니다. 우선 나는 유기체 이하의 세포·기관들이 모여서 구성된 집합체로 존재합니다. 나는 신체의 생리적 욕구와 개체화하여 숨 쉬고-자고-먹고 마시고-배설하지요. 또한 나는 유기체 이상의 가족·사회 같은 집합체를 구성하는 부분으로 존재합니다. 나는 나의 의지와 상관없이 가족이나 학교, 직장, 국가 등 다양한 사회와 개체화되어 그들의 욕망과 함께합니다. 이렇게 우리는 항상 유기체 이하/이상에서 다른 신체와 개체화되는 방식으로만 존재합니다. 주체-자아-나를 모델로 하는 독립적 유기체는 우리 관념 속에서만 존재하는 거지요.

이처럼 우리는 개체화 방식에 의해 다른 신체가 되고 다른 의지를 갖게 됩니다. 그것이 바로 유기체 이하의 세포·기관의 충동들이거나, 유기체 이상의 사회체의 의지들입니다. 그것들은 나의 의지를 초과하여 나의 신체를 지배하지요. 마감을 앞두고 졸음을 참을 수 없을 때, 그것은 나의 의지가 아니라 수면 세포의 의지겠지요. 영혼을 끌어모아 집을 사려고 하는 것도, 나의 의지라기보다는 지금 시대 사회체의 의지일 것입니다.

그것들은 대체로 내 의지로 표현되지만, 내 뜻대로 할 수 없는 것들이며 오히려 나를 규정하는 의지들입니다. 그렇다면 이렇게 말해야 합니다. 나의 의지는 유기체 이하 세포들의 충동들이나 유기체 이상 사회체의 의지에 의해 결정된다고. 나라는 주체의 의지는 유기체 이하/이상에서 작동하는 의지들에 대한 '나'의 해석일 것입니다. 나와 연결된 유기체 이하/이상에서 무의식적으로 작동하는 의지들은 어떻게 나의 의지를 지배할까요?

나-유기체 이하 :
세포의 의지, 미시적 의지

소위 우리의 의식은 알려져 있지 않고 알려질 수 없는, 그러나 느껴지고 있는 텍스트(*무의식)에 대한 다소 환상적인 주석일 수 있다.

— 『아침놀』, 119

우리 신체 안의 미시적이고 무의식적인 충동은 어떻게 '나의 의지'라는 가면을 쓰게 될까요? 니체는 우리의 '이성적 의식'은 신체 안에서 일어나는 '무의식적 충동들'에 대한 환상적인 주석이라고 합니다. 즉 무의식은 의식을 지배하고 의식은 무의식에 대한 해석일 뿐이라는 거지요. 나의 의지로 그렇게 행동한다고 믿지만, 사실 무의식이 의식에 떠오른 것을 나의 의지라고 해석한다는 겁니다.

- 소셜 미디어가 모바일 기기에서 본격적으로 이용되기 시작한 2009년을 기점으로, 10~14세 여성, 15~19세 여성의 자살률이 각각 151%, 70% 증가했다. (미국 CDC 통계)
- 트위터에서는 가짜 뉴스가 진짜 뉴스보다 6배나 빨리 퍼진다. 소셜 미디어는 이 사실을 알지만 바꾸려 하지 않는다.
- 페이스북에서 극단주의 단체에 가입한 사람들의 64%는 알고리즘이 그들을 조종했기 때문에 그렇게 했다. (페이스북 내부 보고서, 2018)
- 유럽의 정치적 지각 변동이 계속 이어지고 있다. 전체적으로 유럽의 전통적 중도주의 연합이 패배하고, 극우와 극좌파가 부상했다.

— 제프 올롭스키, 「소셜 딜레마」

「소셜 딜레마」는 구글, 페이스북, 인스타그램, 트위터, 유튜브 같은 소셜 미디어가 우리의 무의식을 어떻게 조종하는가에 대한 다큐멘터리입니다. 보고 있으면 이게 다큐인지 공포영화인지 섬뜩해질 때가 한두 번이 아닙니다. 청소년들의 자살이 증가하고, 정치적 견해가 극단화되거나 가짜 뉴스에 끌리는 것이 나의 의지가 아니라 나의 무의식을 통제하는 소셜 미디어와 관련이 있다는 건데요. 그것도 아주 많이, 매우 직접적으로! 소셜 미디어의 사용자 전략은 기본적으로 유기체 이하에서 작동하는 무의식을 겨냥하고 있습니다.

먼저 소셜 미디어의 영향력이 커질수록 청소년의 자살률이 높아지는 것은, '관심과 좋아요'에 집착하도록 설계된 푸시 알림과 무한 스크롤 같은 소셜 미디어의 인터페이스 때문입니다. 관심을 요구하는 소셜 미디어의 대표 용어로, '좋댓구알'(좋아요-댓글-구독-알림 설정)이라는 외계어 같은 유튜브 신조어도 생겨났지요. 타인에게 '관심과 좋아요'를 받지 못해 자살하는 청소년들이 늘어나는데, 대체로 '5분에 한 번씩' 관심과 좋아요를 확인한다고 하지요. 누구라도 5분에 한 번씩 사회적 인정을 확인해야 한다면 일상이 얼마나 우울할까요? 결국 소셜 미디어를 더 많이 사용할수록 청소년들은 자기 가치를 자신에게서 찾지 못하고 타인의 시선을 통해 평가받으려고 합니다. 그리고 자살률이 높아지고 세대 전체가 더 불안하고 더 유약해집니다.

한편 2018년 미국 매사추세츠공대(MIT) 연구 결과에 따르면, 트위터 사용자 1,500명에게 도달하는 시간을 기준으로 했을 때 진짜 뉴스는 60시간이 걸렸지만 가짜 뉴스는 10시간밖에 안 걸렸어요. 가짜 뉴스의 전파 범위도 진짜 뉴스를 압도했는데, 가짜 뉴스는 진짜 뉴스보다 평균 35% 많이 퍼지고 리트윗되는 횟수도 70% 더 많았어요. 또 소셜 미디어의 글을 분류한 결과, 가짜 정보가 3분의 2 정도였고 진짜는 5분의 1에도 못 미쳤어요. 착한 뉴스나 훈훈한 뉴스보다 가짜 뉴스와 자극적 뉴스가 더 많은 사용자를 불러들이기 때문에 이 모든 사태들에 소셜 미디어는 모른 척합니다.

또 우리가 자신도 모르게 점점 극우나 극좌의 극단적인 정치적 견해를 갖게 되는 것은 필터 버블(Filter Bubble)이라는 알고리즘 때문입니다. 이는 소셜 미디어가 사용자의 개인적 취향·사회적 관심·정치적 견해를 분석하여 맞춤형 정보를 제공하고, 사용자들은 알고리즘에 필터링된 정보만을 접하게 되는 현상을 말하지요. 필터 버블은 특히 자기 입장에 최적화된 뉴스를 선별하여 제공함으로써, 그를 특정한 정치적 견해로 가두는 효과를 낳습니다. 그것이 취향이든 견해든 관심이든, 한번 갖게 된 나의 감각들은 알고리즘의 자동 필터링에 의해 어떤 편향으로 고정됩니다. 이러한 인지 편향은 우리가 보고 싶은 것만 보고, 듣고 싶은 것만 듣게 만들지요.

그런데 소셜 미디어는 왜 푸시 알림이나 무한 스크롤 같은 기술을 설계하는 걸까요? 페이스북이나 트위터는 가짜 뉴스의 심각성을 알면서도 왜 바꾸려 하지 않는 걸까요? 소셜 미디어가 필터 버블 같은 알고리즘을 사용하는 이유는 무엇일까요? 그것은 사용자가 소셜 미디어에 머무는 시간을 늘려 더 오래 광고에 노출시키기 위해서지요. 무료 서비스를 기본으로 하는 소셜 미디어의 주요 수익원은 바로 광고입니다. 구글, 페이스북, 인스타그램, 트위터, 유튜브는 모두 우리들의 '관심과 시간'을 놓고 경쟁합니다. 광고주들이 사용자가 더 오래 머무는 플랫폼에 더 적극적으로 투자하기 때문이지요. 그래서 「소셜 딜레마」는 "당신이 상품을 위해 아무것도 지불하고 있지 않다면, 당신이 상품"이라고 말합니다.

"사람들은 흔히 구글은 검색창이고, 페이스북은 친구들이 뭐 하는지 보는 공간이라 생각합니다." 하지만 노트북 화면 반대편, 휴대폰의 작은 화면 반대편에는 소셜 미디어의 알고리즘이 작동하고 있습니다. 알고리즘을 실행하는 대규모 컴퓨터 서버들과 수많은 기술자들(사용자 경험 설계자, 데이터 분석가, 퍼포먼스 마케터, 소프트웨어 개발자)에 의해 작동하는 알고리즘 말이지요. 소셜 미디어의 알고리즘은 사용자 경험(UX, User Experience)이라는 무의식의 작동 패턴을 분석해서, 소셜 미디어에 머무는 시간을 늘리고 더 오래 광고에 노출되는 방식으로 사용자의 무의식을 설계하고 조종합니다.

이 다큐가 사회적 딜레마(소셜 딜레마)인 이유는, 소셜 미디어의 섬뜩한 효과를 안다고 해서 우리가 소셜 미디어를 쉽게 끊을 수 없다는 데 있습니다. 타인에게 관심과 좋아요를 받지 못해 자살하는 청소년들이 늘고, 서로 불신하고 가짜 뉴스에 현혹되는 것이 소셜 미디어의 설계 때문인 것을 깨닫는다고 해도, 어쩔 수 없을 만큼 완전히 중독되어 있다는 거지요.

이 중독성은 먼저 소셜 미디어가 가진 이중성 때문입니다. 소셜 미디어는 자본의 이윤을 위한 마케팅 도구이자 동시에 우리의 일상과 함께하는 소통과 정보의 도구입니다. 그리고 소셜 미디어의 중독성은 알고리즘이 작동하는 방식 때문입니다. 소셜 미디어가 우리의 감각을 지배하는 일은 우리의 의식 이면에서 일어납니다. 우리의 노트북이나 휴대폰 뒤편에 무엇이 있다고 알아차릴 수 없는 것처럼, 소셜 미디어의 알고리즘은 우리가 감각할 수 없는 무의식에서 작동하고 있습니다.

나-유기체 이상 :
사회체의 의지, 시대의 의지

우리는 어떻게 이웃의 의지와 시대의 가치를 '나의 의지'로 간주하게 될까요? 니체는 『차라투스트라는 이렇게 말했다』에서 우리를 '시대의 인간'으로 만드는 시대의 중력장에 대해 경고하지요. 우리가 아직 요람에 있을 때부터 사람들은 우리가 해야 할 것과 하지 말아야 할 것에 관한 '선과 악의 생존 목록'을 주입시킨다고요. 여기서 '사람들'이란 시대적 가치에 복종하고 그것을 재생산하는 가족, 학교, 직장, 군대 같은 나를 둘러싼 사회체들이지요. 이러한 사회체들 가운데서 살아가다 보면 시대적 가치는 자연스럽게 내 것이 됩니다.

아버지는 저녁을 먹다가 자꾸 소소한 격언을 / 늘어놓았다. 아버지가 음식 앞에서 떠올리는 건 / 생존이었다. / "성공하지 못하면 달걀 껍데기를 핥게 된다…." … "하늘

이 돕는 자는 (어쩌고저쩌고)…." / 어머니는 항상 그 설교
시간에 / 추임새를 넣었다. "헨리, / 아버지 말씀 새겨듣거
라." …

— 찰스 부코스키, 「야망 없이 살자는 야망」

이 시는 시대의 이데올로기가 가족공동체에서 생존 목록
의 형태로 전수되는 풍경을 잘 드러냅니다. 여기에 다 쓰지 못
했지만 시대의 이데올로기를 조롱하는 찰스 부코스키의 거친
반전이 유쾌합니다. 그러니 시를 모두 읽어 보기를 권합니다.
앞에서 말한 것처럼, 생존과 관련된 '삶의 방식'과 삶의 가치를
구성하는 '도덕적 이상'은 우리를 시대적 존재로 길러냅니다.
우리 시대가 꿈꾸는 삶의 방식으로, 건물주, 대기업, 중산층을
비롯하여 우리 시대의 바람직한 섹슈얼리티, 가족상, 인간형,
도덕적 이상 등, 시대가 요구하는 생존 목록은 끝이 없습니다.

왜 사람들은 같은 삶을 꿈꾸는가, 왜 같은 일을 희망하는
가, 왜 건물주는 신적인 존재가 되었는가. 이런 가치들이야말
로 시대가 요구하는 삶의 방식이기 때문입니다. 우리가 자신의
특이성을 자각하고 자신을 사랑하는 일이 없도록, 시대적 인간
형으로 길러지도록, 시대는 자신의 생존방식을 우리에게 강요
합니다. 하지만 이것은 일방적으로 강요된 것이 아니라, 동시
에 시대와 공명하는 나의 의지입니다. 이런 가치들은 "이 세계
에 대한 나의 못된 눈길이자 나의 못된 귀"이며, 이것들은 공허

하지만 생존의 절실함에 결박되어 있기 때문에 결코 우상이라고 불리지 않습니다.

이 외에도 자연스러운 신체의 감각조차도 개인적인 것이 아니라 사회적인 것일 때가 많지요. 예를 들어 쥐와 다람쥐는 꼬리를 제외하고 별다른 차이가 없습니다. 하지만 사람들은 대체로 쥐는 징그러운 것으로, 다람쥐는 귀여운 동물로 생각하지요. 사실 쥐를 징그러운 대상으로 감각하는 것은 우리의 감각일 뿐 쥐에게는 아무 잘못이 없지요. 쥐가 징그럽다고 느끼는 것이 단지 우리의 감각임을 안다고 그 감각이 쉽게 바뀌진 않습니다.

이러한 감각의 구별은 사회적으로 학습된 것인데, 쥐를 처음 본 아이의 반응은 성인과 같지 않지요. 구더기에 대한 어린아이와 성인의 반응이 다른 것처럼. 그리고 쥐나 구더기를 식용으로 하는 어떤 사회에서, 이것들은 귀여움과 징그러움이 아니라 식욕과 관련된 감각을 불러일으키겠지요. 이렇게 사회적으로 학습된 감각은 나라마다 다를 것입니다. 우리가 까치를 길조로 까마귀를 흉조로 보는 것이나, 나라마다 먹을 수 있는 것과 그렇지 않은 동물에 대한 감각이 다른 것처럼요. 시대적 감각이란 이런 것입니다.

우리가 아름답다고 느끼는 색채 감각은 어떨까요. 그해의 대표적인 컬러 트렌드는 그해 마지막에 '확인'되는 것이 아니라 그해를 준비하면서 '선언'됩니다. 그해 유행할 컬러는 예측되는 것이 아니라 그해를 지배할 컬러로 발표되지요. 세계적인 색채연구소 팬톤(Pantone Color Institute)은 2000년부터 '올해의 컬러'를 발표해 왔는데요. 2022년 베리 페리(Very Peri), 2023년 비바 마젠타(Viva Magenta)에 이어, 2024년 팬톤의 컬러는 애프리콧 크러쉬(Apricot Crush)입니다. 발음도 심상치 않은 이 컬러는 오렌지빛을 포함한 살구색처럼 보이는데요. 급격하게 변화하는 미래에 대한 불안감이 공존하는 세계에서 회복력과 상쾌함을 의미한다고 하네요.

올해의 컬러는 패션이나 화장품뿐 아니라 건축이나 예술 등 다양한 분야의 색채 감각에 영향을 미칩니다. 세계적 패션 컬렉션에서 시작하여 대도시의 백화점과 패션몰을 거쳐 인터넷 쇼핑몰까지, 애프리콧 크러쉬는 어느 순간 우리 눈앞에 펼쳐집니다. 애프리콧 크러쉬가 멋져 보이고 다른 컬러들이 올드하게 느껴지기도 할 테지요. 그러나 그것은 나의 컬러 감각이 아니라 팬톤의 월드 와이드한 컬러 전략이고, 색채 감각에 대한 시대의 의지입니다.

팬톤이 매년 '올해의 컬러'를 선정하고 모든 명품 브랜드가 그것을 추종하는 것은 왜 그럴까요? 말할 것도 없이 패션산업의 이윤 때문이지요. 매년 새로운 스타일, 새로운 디자인, 새로운 컬러가 선정되어야 이전의 모든 상품들은 빛을 잃고 새로운 상품들이 시장을 장악할 것입니다. 그래야 새로운 매출이 일어나고, 그래야 이윤 축적이 계속되겠지요. '올해의 컬러'야말로 세련된 형태의 마케팅 전략이며, 전 세계의 색채 감각을 하나로 통일시키는 감각에 대한 시대의 폭력입니다. 그런데, 시대가 자행하는 폭력이 컬러뿐일까요?

힘에의 의지와 자유를 향한 파토스

신체는 다양한 힘들로 구성된 의지들의 다양체

우리의 몸은 많은 영혼의 집합체일 뿐이다.

— 『선악의 저편』, 19

하나의 단일 주체를 가정하는 것은 아마도 필요하지 않을 것이다. 우리의 의식과 사고의 바닥(*무의식)에서 이 주체들의 상호작용과 투쟁이 벌어지고 있다. 지배력을 가진 일종의 **세포들의 귀족정치**라고나 할까?

— 『권력에의 의지』, 490

우리의 신체는 '수많은 영혼들의 집합체'입니다. 신체의 주인은 나라는 '자아'가 아니라 세포 수준의 영혼들이라는 거지요. 그에 따르면 '하나의 주체'가 아니라 '다수의 주체'를 가

정해야 하며, 의식 아래에 있는 무의식에서 이 주체들의 상호 작용과 투쟁이 벌어지고 있습니다. 니체는 이를 집단적 형태의 '세포들의 귀족정치'라고 합니다. 이 개념은 인간을 주체로 하는 데카르트의 코기토와 하나의 의지를 가정하는 쇼펜하우어의 의지를 비판하는 탁월한 비유입니다. 세포 수준의 영혼 하나하나는 신체를 장악하기 위해 최선을 다하겠지요. 그래서 어떤 영혼이 신체의 중심을 장악하게 되었을 때, 신체는 이 영혼의 에이전트가 되고 세포의 의지는 우리의 의지가 되는 거지요.

신체는 … 하나의 의미를 지닌 다양성이고, 전쟁이자 평화 … 이다.
　　　　— 『차라투스트라는 이렇게 말했다』, 신체를 경멸하는 자들에 대하여

신체가 '하나의 의미를 지닌 다양성'이라는 것은 어떤 의미일까요? 우리의 신체는 '수많은 영혼들 혹은 세포들'로 표현되는 복수의 힘들이 작동하는 의지들의 다양체인데요. 겉으로는 기쁘다거나 슬프다거나 하는 '하나의 의미'로 표현되지만, 그 아래에는 '다양한' 감정·사고·정서가 웅성거리지요. 이것이 '하나의 의미를 지닌 다양성'이라는 의미입니다. 또 신체가 '전쟁이자 평화'라는 것은 무슨 말일까요? 우리 신체는 다양한 의지들이 최고 자리를 차지하기 위해 서로 경쟁하는데, 어떤 의

지가 다른 의지들을 제압하고 신체의 중심을 차지하는 과정을 통해 하나의 행동으로 드러납니다. 다수의 의지들이 중심을 차지하기 위해 서로 다툴 때 신체는 전쟁 상태에 있게 됩니다. 반면 이러한 전쟁 상태의 투쟁을 통해 하나의 의지 중심이 만들어졌을 때를 평화 상태라고 합니다.

> 참을 수 없이 울적한 순간에도 친구들 농담에 웃고, 그러면서도 마음 한구석에선 허전함을 느끼고, 그러다가도 배가 고파 떡볶이를 먹으러 가는 나 자신이 우스웠다. 지독히 우울하지도 행복하지도 않은 애매한 기분에 시달렸다. 이러한 감정들이 한 번에 일어날 수 있다는 사실을 알지 못해서 더 괴로웠다.
>
> — 백세희, 『죽고 싶지만 떡볶이는 먹고 싶어』, 8쪽

> 의지 작용Wollen이란 나에게는 … 어떤 **복합적인 것**이며, 단지 말로 표현했을 때만 통일성이 있는 그 무엇처럼 보인다.
>
> — 『선악의 저편』, 19

니체는 의지의 구성 요소 가운데 첫 번째로 다양한 감정을 들었습니다. 이 글 화자의 감정에도 우울함 속에 웃음과 허전함이 동시에 존재하는 어떤 순간이 있지요. 그러다가 허기를

느끼는 자신이 우스웠다고 해요. 우리의 감정 상태도 명확하지 않은 애매한 기분일 때가 많지요. 하지만 우리는 의식에 떠오른 다양한 감정들을 그저 기쁨 혹은 슬픔 같은 언어 표현을 통해 하나의 의미로 만들어 버립니다. 이것이 니체의 말처럼, 의지는 복합적인데 말로 표현했을 때만 통일성 있는 어떤 것으로 보이는 이유지요. 이것은 우리가 '자아'라는 종합 개념에 의해 신체의 다양성을 무시하려는 습관을 가지고 있기 때문입니다. 이 때문에 화자는 "이런 감정들이 한 번에 일어날 수 있다는 사실을 알지 못해서 더 괴로웠다"라고 해요. '내 신체'에 다양한 감정이 일어나는 것은 자연스러운 일인데도, '내 자아'가 다양한 감정을 인정하지 않을 때 우리는 괴로워집니다.

여러 감정이 동시에 일어나서 애매한 기분에 시달리는 상태, 이것이 니체가 말하는 신체의 전쟁 상태입니다. 다른 감정과의 다툼에서 아직 어떤 감정이 우세를 점하지 못한 그런 때지요. 그러다가 '떡볶이를 먹고 싶다'라는 감정이 우세해지면, 내 신체는 허기가 지배하게 되겠지요. 혹은 '죽고 싶다'라는 감정이 우세해지면, 나는 더 깊은 우울에 빠질 것입니다. 이것이 니체적 의미에서 신체의 평화 상태입니다. 여러 감정들 가운데 어떤 감정이 신체를 지배하게 되는 때, 더 이상 갈등하지 않아도 되는 어떤 때.

하지만 하나의 의지가 최고의 자리를 차지하는 것은 신체의 일시적이고 잠정적인 사태입니다. 신체는 항상 다양한 의지들의 투쟁과 갈등의 장이거든요. 어떤 의지의 영향력이 증가하고 또 어떤 의지의 영향력은 감소하지요. 지금 이 순간에도 신체의 주인 자리는 불안정한 상태로 남아 있습니다. '죽고 싶지만 떡볶이는 먹고 싶다'라는 욕망 속에서, 무채색의 우울감을 지우는 원색적인 식욕이 신체의 주인이 되지요. 하지만 '떡볶이를 먹는 동안에도 죽고 싶다'라는 감정을 떨칠 수 없다면, 깊은 슬픔이 신체를 지배하게 될 것입니다.

다양한 신체를 지배하는
다양한 의지들

이제 다양한 신체들에서 지배적인 의지는 어떻게 작동하는가 살펴볼까요. 색채의 세계에서도 다채로운 컬러의 의지를 말할 수 있습니다. 우리가 빨간색이라고 인식하는 컬러도 RGB(레드-그린-블루)로 표시되는 색채 배합을 보면, 100% 레드인 경우는 드물고 R198-G30-B20 등 다양한 컬러들이 섞여 있어요. 다만 레드의 의지가 그린이나 블루의 의지를 지배할 때, 우리 시각에서 빨간색으로 보이는 거지요. 그런데 레드의 지배가 확고하지 않더라도 어느 정도까지는 빨간색으로 인지되겠지만 레드의 강도가 점점 낮아지고 블루의 의지가 강렬해지면 어느 순간 보라색 혹은 파란색으로 보이겠지요.

　우리가 니체를 읽을 때도 다양한 이유와 결합된 다양한

의지가 있습니다. 니체만큼 많이 오해받는 동시에 많이 소비되는 철학자도 드물지요. 그래서 처음에는 대부분 아는 척, 잘난 척하기 좋은 철학자로서 '지적인 허영'에서 니체를 읽기 시작하지요. 그렇게 니체의 매력에 빠지다 보면 들뢰즈, 푸코, 데리다, 블랑쇼 등 많은 철학자들이 니체를 철학적 자원으로 삼는 것을 보게 됩니다. '지적 호기심'이 생기는 것은 대체로 이때부터지요. 그러다 니체의 목소리를 듣게 되는 어떤 순간이 오지요. 이때 건강한 '삶을 위한 기술'로서 니체가 보입니다. 하지만 어떤 경우든 하나의 의지가 100%인 경우는 없습니다. 여러 가지 이유가 함께 공존하다가 공부의 강도가 달라지면 공부의 이유와 독서의 의지도 달라지는 거겠지요.

또 지금은 거의 사라지고 없지만, 우리의 장례 풍경은 신체가 가진 정서 혹은 의지의 다양성을 보여 줍니다. 한쪽에서는 늙은 어른들이 곡하는 소리가 끊일 듯 이어지고, 다른 쪽에서는 둘러앉아 술과 음식을 먹는 사람들이 있고, 또 다른 쪽에서는 화투판이나 장기판이 펼쳐지기도 해요. 그리고 이 모든 행위가 어떤 한 사람의 신체 속에서 연속적으로 이루어지는 놀라운 일이 벌어지기도 하지요. 슬픔의 어펙트와 본능적인 식욕과 놀이의 충동이 하나의 신체 안에서 힘의 분포를 바꿔가면서 연속적으로 나타납니다. 죽은 사람에 대한 슬픔으로 날을 지새는 것은 어려운데 우리 신체가 하나의 충동을 오래 지속할 수 없기 때문입니다.

그리고 하나의 신체 안에서 이질적인 인격을 보는 것도 우리의 신체가 다양한 의지들의 복합체이기 때문입니다. 학교·직장 같은 사회적 관계 속에서 나타나는 인격과 가족·연인이라는 사적인 관계 속에서 인격은 마치 다중인격처럼 다르지요. 직장에서 합리적인 사람이 가정에서 가부장적인 폭군인 경우도 흔한 일입니다. 유대인 학살에 앞장섰던 독일 나치의 장교 아돌프 아이히만은 충실한 군인이자 괴물인 동시에 좋은 남편이자 자상한 아버지였다고 하더군요.

어떤 욕망에 먹이를 줄 것인가, 어떤 배치를 구성할 것인가

인간은 자신을 분할할 수 없는 … 개체individuum로서가 아니가, 분할할 수 있는 것dividuum으로서 다룬다. … 인간은 **자신의 그 무엇을** … 자신의 **다른 것**보다 한층 더 사랑하고 있다 … 따라서 자신의 존재를 **분할해서** 한쪽을 다른 한쪽의 희생으로 몰고 간다.

— 『인간적인 너무나 인간적인 I 』, 57

나의 과제. 선한 충동들이 배고픔을 느껴서 활동할 수밖에 없도록 그 충동들을 조정하는 것.

— 『유고(1882년 7월~1883/1884년 겨울)』, 7[88]

'인간이 자신을 분할 가능한 것으로 다룬다'라는 것은 어떤 말일까요? 그것은 우리 내부의 여러 가지 욕망을 분리해서 감각한다는 것입니다. '죽고 싶다'라는 욕망과 '떡볶이를 먹고 싶다'라는 욕망을 다른 것으로 분리해서 느끼는 것처럼. '인간이 자신의 어떤 것을 다른 것보다 더 사랑해서, 자기 존재의 한쪽을 다른 한쪽의 희생으로 몰고 간다'라는 것은? 그것은 '죽고 싶은' 우울감보다 '떡볶이가 먹고 싶은' 식욕을 더 사랑해서, 식욕을 충족시키기 위해 우울감을 희생시킨다는 거지요. 그래서 떡볶이를 먹으러 분식집으로 가겠지요. 물론 반대의 경우도 가능할 테고.

이처럼 신체가 의지의 다양체이고 그것을 분할 가능한 것으로 느낀다면, 우리는 다수의 욕망과 충동 가운데 선택할 수 있을 것입니다. 니체도 자신에게 좋은 충동들이 활동할 수밖에 없도록 충동들을 조정하는 것을 과제로 삼았어요. 우리가 신체의 충동을 마음대로 할 수는 없지만, 어떤 충동을 강화하고 다른 충동을 약화시킬 수는 있지요. 그것은 신체와 관련하는 배치를 변화시킴으로써 가능할 것입니다. 마감을 앞두고 수면의 충동과 작업의 책임 가운데 어떤 충동에 먹이를 줄 것인가? 침대를 포기하고 맑은 공기에 신체를 노출시킴으로써 작업의 의지에 먹이를 줄 수 있지요. 즉 침대와 연결된 '수면의 배치'를 찬 공기와 연결된 '각성의 배치'로 바꿈으로써 작업의 의지를 강화하는 거지요. 나의 자유의지를 강요하여 신체를 채찍질하는 의지주의에 빠지거나 달콤한 수면의 충동에 굴복하여 나의 의지 박약을 자책하는 대신에요.

　모든 마케팅 전략은 대체로 우리의 무의식을 겨냥한 것이지요. 이때 모든 마케팅의 가장 기본적인 욕구는 소비자로 하여금 쇼핑 공간에 오래 머물게 하는 것입니다. 그것이 백화점이건 홈쇼핑 채널이건 인터넷 쇼핑몰이건 상관없이, 단지 상품을 반복적으로 노출하는 것만으로 친숙함을 형성하고 소비자는 무의식적으로 상품을 선택하게 됩니다. 소비자가 공간에 머무는 시간이 길어지는 것은, 상품이 오래 노출되는 것이고 그만큼 상품 판매의 가능성이 커지는 거지요. 우리가 상품에 노출되는 시간이 길어지다 보면, 우리의 '이성적 판단'은 있으면 좋은 물건을 꼭 필요한 물건처럼 보게 합니다. 그래서 나도 모르게 카드를 긁게 되지요. 쇼핑의 충동을 자제하고 싶다면, 자기 신체를 쇼핑 공간과 분리시켜 쇼핑의 배치와 다른 배치 속에 두어야 하겠지요.

　그렇다면 욕망의 주체, 의지의 주체는 무엇인가? 다른 방식으로 말하면 '배치'라고 해야 할 것입니다. 즉 욕망이나 의지의 주체는 배치이며, 욕망과 의지는 배치에 귀속된 것입니다. 이때 인간은 사물과 마찬가지로 배치의 한 요소로서 의지에 관여합니다. '어떤 배치 속에 들어가는가' 배치의 효과에 따라 우리는 다른 의지를 갖게 됩니다. 이를테면, 우리는 앞에서 '나는 바퀴를 보면 굴리고 싶어진다, 나는 침대를 보면 눕고 싶어진다'라는 전제로부터 바퀴의 의지, 침대의 의지, 게임의 의지, 스마트폰의 의지, 고딕 성당의 의지, 완장의 의지 같은 사물의 의지를 보았지요. 하지만 이 의지들은 정확하게 말하면 사물과 나 사이에서 작동하는 '배치의 의지'입니다. 우리에게 감각되는 사물들의 어펙트 역시 사회적 배치와 관련된 것이지요. 침대를 사용하지 않는 문화권에서는 침대를 봐도 눕고 싶은 충동이 생기지 않을 것이며, 스마트폰이 낯선 사회에서는 그것이 신체 일부처럼 감각되지 않을 테니까요.

힘에의 의지,
자유의지 없는 자유

인간의 의지를 넘어 인간을 지배하는 의지들로서, 비인간-비생명-비물질의 의지가 있었지요. 또한 자아라는 유기체를 지배하는 의지들로서, 유기체 이하 세포의 의지와 유기체 이상 사회의 의지가 있었지요. 이러한 의지들은 우리 뜻대로 되지 않는다는 의미에서 '의지의 외부'이며, 우리에게 의식되지 않은 채 작동한다는 의미에서 '의식의 외부'입니다. 니체의 힘에의 의지가 가진 문제의식은 우리의 '자유의지'에 의해 보이지 않았던 의지의 외부, 의식의 외부를 보려는 것입니다. 또한, 그 외부에 의해 우리의 의지를 해석하는 방법이며, 그렇게 외부를 통해 우리의 신체를 바꾸는 감각입니다.

반대로 내 신체와 행동이 나의 자유의지를 따른다는 관점은, 내 뜻대로 되지 않는 외부를 나와 적대적인 것으로 간주합니다. 그럼으로써 자유의지는 외부를 의지와 무관한 것으로 만들지요. 또한 내게 의식된 의지로서 자유의지는, 의식되지 않은 채 작동하는 무의식을 내 의식이 닿을 수 없는 것으로 규정합니다. 그럼으로써 자유의지는 무의식을 의식의 무능지대로 만들어 버리지요. 이렇게 자유의지는 의지의 외부, 의식의 외부를 무력화시키고 보이지 않게 만듭니다.

우리 외부의 수많은 의지들은 내 뜻대로 되지 않는다는 이유로 나와 대결하는 힘으로 맞서 있습니다. 사실 우리 바깥에 존재하는 수많은 의지들은 우리 내부로 들어오기 위해 우리의 감각을 두드리지요. 그것들을 향해 감각을 여는 것이야말로 의지의 역량일 것입니다. 우리가 바깥의 의지들을 향해 더 많이 열수록, 바깥의 의지들은 더 이상 뜻대로 되지 않는 어떤 것이 아니라 내 의지를 풍요롭게 하는 자원이 되겠지요.

또한 무의식은 의식되지 않은 채 작동하지만 우리에게 감각되기 위해 다양한 기호를 생산합니다. 무의식이란 알려질 수 없지만 느껴지는 텍스트, 알 수는 없지만 느낄 수는 있는 어떤 것이기 때문입니다. 다양한 무의식이 만들어 내는 욕망의 기호를 해석하는 것이야말로 의식의 역량입니다. 우리가 무의식을 더 많이 알아차릴수록, 무의식은 알 수 없는 무엇이 아니라 다채로운 욕망들로 가득 찬 신체를 구성하게 되겠지요.

뜻대로 되지 않는 '의지의 외부', 의식되지 않은 채 작동하는 '의식의 외부'를 긍정하는 것! 이때에야 우리는 자유의지 없이 자유를 사유하고, 오히려 자유의지 없는 자유를 향해 나아가게 되겠지요. 의지의 외부, 의식의 외부에 대한 긍정이 삶을 더 건강하게 하고, 우리를 더 자유롭게 할 테니까요.

5

영원회귀,
몰락을 욕망하라

니체, 영원회귀 속으로 걸어가다

영원회귀는 어떻게
니체에게 찾아왔나

달빛 속에서 기어가고 있는 이 더딘 거미와 이 달빛 자체, 함께 속삭이며, 영원한 사물들에 대해 속삭이며 성문을 가로질러 나 있는 길에 앉아 있는 나와 너, 우리 모두는 이미 존재했음에 틀림없지 않은가? … 우리는 영원히 되돌아올 수밖에 없지 않은가?

— 『차라투스트라는 이렇게 말했다』, 환영과 수수께끼에 대하여, 2

창백한 달빛과 달빛 아래 기어가고 있는 거미, 그리고 영원한 사물들에 대한 속삭임들 …. 영원회귀를 노래하는 니체의 아름다운 글입니다. 니체는 영원회귀를 동일한 것의 영원회귀(Die ewigen Wiederkehr des Gleichen)로 정의합니다. '동일한 것이 영원히 되돌아온다'고 합니다. 여기서 동일한 것이란 어떤 것일까요? 그리고 그것은 어떻게 되돌아올까요? 이러한 문제 의식을 가지고 니체를 따라 영원회귀 속으로 들어가 봅시다.

니체만큼 스타일리시한 철학자가 또 있을까요. 니체는 독특한 방식으로 다른 철학과 섞이지 않는 자신의 철학 스타일을 만들었습니다. 그 가운데서도 영원회귀 사상은 단연 독보적이며, 니체 철학의 특이성을 표시하는 핵심 사상입니다. 그는 영원회귀를 가장 심오하고 위대한 사상이라고 말했지요. 그런 만큼 영원회귀 사상은 니체 사유로 들어가는 가장 핵심적인 동시에 가장 난해한 문입니다.

『차라투스트라는 이렇게 말했다』는 영원회귀의 영감으로부터 쓰인 작품입니다. 니체는 여러 작품에서 영원회귀를 단편적으로 언급하고 있지만, 영원회귀 사상을 위한 독자적 작품이 필요하다고 생각합니다. 『차라투스트라는 이렇게 말했다』는 그렇게 탄생한 작품입니다. 그래서 그는 영원회귀를 '차라투스트라의 새로운 노래'이며, '위버멘쉬에 대한 가르침'이라고 합니다.

나는 차라투스트라의 내력을 이야기하겠다. 이 책의 근본 사상인 **영원회귀 사유**라는 도달될 수 있는 최고의 긍정 형식은―1881년 8월의 것이다: "인간과 시간의 6천 피트 저편"이라고 서명된 채 종이 한 장에 휘갈겨졌다. 그날 나는 실바프라나 호수의 숲을 걷고 있었다. 수르레이에서 멀지 않은 곳에 피라미드 모습으로 우뚝 솟아오른 거대한 바위 옆에 나는 멈추어 섰다. 그때 이 생각이 떠올랐다.

― 『이 사람을 보라』, 차라투스트라는 이렇게 말했다, 1

니체는 실바프라나의 아름다운 호수(알프스산맥 근처 스위스의 질스마리아에 있는)를 산책할 때 어떤 바위 옆에서 '영원회귀'의 위대한 영감이 떠올랐다고 합니다. "인간과 시간의 6천 피트 저편", 여기서 6천 피트는 질스마리아의 고도(해발 6,000피트. 1,800m)를 말하지요. 이후에도 니체는 몇 년에 걸쳐 질스마리아를 방문하여 『차라투스트라는 이렇게 말했다』의 중요한 부분들을 썼어요. 이곳에는 니체가 말한 피라미드 모양의 니체 바위가 있고, 니체가 산책한 철학자의 길과 니체 하우스도 있어요.

니체는 영원회귀의 영감이 번개처럼 내리쳤다고 고백합니다. 무엇보다 눈에 띄는 것은 "영원회귀의 서명이 휘갈겨졌다." 그리고 "이 생각이 떠올랐다"라는 표현처럼, 영원회귀와 관련하여 피동태로 쓰고 있다는 거지요. 내가 영원회귀 사상을 쓴 것이 아니라, 영원회귀 사상이 나에게 덮쳐 왔다는 것. 이때 자신의 신체는 덮쳐온 영원회귀 사상을 기록하는 도구였다고 합니다. 위대한 사상은 아무에게나 오는 것은 아니지만, 그것은 내가 원해서 오는 게 아니라 그것이 원할 때 오는 거라고 니체는 말합니다.

니체는 어떻게
영원회귀 속으로 걸어 들어갔나

니체는 1889년 1월 2일까지 『이 사람을 보라』 원고를 마지막으로 수정하고, 1월 3일 소인이 찍힌 엽서에다 『디오니소스 송가』가 완성되었다는 사실을 알립니다. 그리고 같은 날, 토리노의 카를로 알베르토 광장에서 채찍질 당하는 말을 안고 쓰러집니다. 이후 니체는 정신착란 상태에서 긴 어둠의 터널을 지나게 됩니다. 그가 숨을 멈춘 날은 1900년 8월 25일이었지만, 토리노에서 쓰러진 1889년 1월 3일 이후 10년 동안 식물인간과 같았습니다.

『차라투스트라』를 쓰던 해와 **이후**의 해는 비할 바 없는 위기였다. 불멸하기 위해서는 비싼 보상을 치러야 하는 법이다: 즉 불멸을 위해서는 살아생전에 여러 번 죽어야 하는 법이다. 내가 위대함의 원한이라고 부르는 것이 있다:

작품이든 행위든 위대한 것이 한 번 성취되면, 그것은 그 것을 행한 자에게 주저 없이 **대항**한다. 위대한 것을 성취 함으로써 이제 그것을 행한 자는 **약해진다**. 그는 자기가 해놓은 것을 더 이상 견뎌내지 못하고, 똑바로 바라보지 못한다. ⋯ 인류 운명의 매듭이 맺어지는 것 ⋯ 이제 그 짐을 **지는 것**! ⋯ 그 짐은 그를 으깨 버린다.

— 『이 사람을 보라』, 차라투스트라는 이렇게 말했다, 5

내가 언젠가 **신성하다**는 말을 듣게 될까 봐 나는 매우 불 안하다: ⋯ 나는 성자이기를 원치 않는다. 차라리 어릿광 대이고 싶다. ⋯ 아마도 나는 어릿광대일지도 모른다.

— 『이 사람을 보라』, 왜 나는 하나의 운명인지, 1

니체는 자신의 정신착란을 예견한 듯 1888년 『이 사람을 보라』에서 위대한 자에게 내리는 '위대함의 원한'에 대해 쓰고 있습니다. 그는 영원회귀를 인류의 운명에 결정적 사건으로 보 았습니다. 인류가 영원회귀의 비밀을 알게 되면, 사는 동안 매 번 새롭게 태어나고 죽어서도 영원히 되돌아올 것이라고 말이 지요. 그리고 영원회귀의 성취가 철학자로서 자신의 불멸을 보 장할 것으로 예견합니다. 그만큼 영원회귀 사상의 위대함을 스 스로 확신했던 거지요.

동시에 영원회귀를 성취한 대가로 자신은 파괴될 것이라

고 합니다. 영원회귀라는 인류 운명의 위대한 것을 성취한 자는 자기의 성취를 더 이상 견디지 못하고, 그 짐이 그를 으깨어 버린다고요. 예견대로 그는 정신착란이라는 비싼 대가를 치르고서 불멸을 얻습니다. 하지만 니체는 죽고 나서 우상화되거나 신성시되는 것을 우려하는데, 오히려 광인을 연상하게 하는 어릿광대이고 싶다고 합니다.

> 니체는 신체 자체를 전장으로 만듦으로써, (*병적인) 생리학적 체질은 투쟁을 절정에 이르게 한다. … 이 신체(이 도구, 이 육체)는 파토스의 대가였다. 신체 안에 깊이 새겨지기 위해서, 우주의 정의로서의 … 영원회귀의 법칙은 그것을 폭로한 기관(*니체) 자체의 파괴를 요구했다.
>
> — 클로소프스키, 『니체와 악순환』, 280쪽

피에르 클로소프스키 역시 '니체의 정신착란'을 영원회귀의 비밀을 폭로한 자에게 요구되는 신체의 파괴로 설명합니다. 광기의 이 신체는 영원회귀라는 파토스의 대가라는 것! 우주의 정의는 영원회귀의 법칙을 폭로한 니체라는 기관의 파괴를 요구한다는 거지요. 그런 의미에서 영원회귀의 비밀을 폭로한 니체의 정신착란이야말로, 위대한 것을 행한 자에게 내리는 '위대함의 대가'일 것입니다.

나 자신의 때는 아직 오지 않았다. 몇몇 사람은 사후에야 태어나는 법이다.

— 『이 사람을 보라』, 나는 왜 이렇게 좋은 책을 쓰는지, 1

　니체는 "나의 시대는 미래이며, 나는 죽은 후에 다시 태어날 것"을 예언처럼 말합니다. 니체는 '영원회귀'의 과제를 성취하여 시대의 과제를 자기 안에서 극복하여 시대를 초월하였고, 그는 죽고 나서 영원히 다시 태어납니다. 니체 사후에 쓰인 모든 책과 이후에 쓰일 모든 책을 포함하여, 그리고 이 책도 그의 다시 태어남을 증언하고 있습니다.

　내게는 그의 정신착란과 죽음 이전의 긴 어둠이야말로 그의 존재가 몰락하고 다른 차원으로 이행하였음을 보여 주는 증거처럼 보입니다. 우리 감각으로 정신착란처럼 보이는 그의 마지막 시간들은 실은 다른 신체를 생성하기 위한 몰락의 표시일 뿐, 니체는 어둠을 경유하여 다른 차원으로 이행한 게 아닐까. 영원회귀가 니체를 집어삼킨 것처럼 보이는 이 사태를 두고, 오히려 나는 다른 해석을 하게 됩니다. 그렇게 그는 영원회귀 속으로 걸어 들어간 것이 아닐까 하는.

니힐리즘을 넘어 영원회귀

우리 시대는 너나 할 것 없이 삶에 대한 허무와 불안·우울·무기력을 호소하고 있습니다. 니힐리즘을 표현하는 이러한 증상들은 '현대인이라면 누구나' 그러하다는 점에서, 특정 개인을 넘어서 마치 현대인의 특징처럼 생각됩니다. 니체는 19세기가 끝나갈 무렵, 다가오는 20세기와 21세기 현대 사회에 니힐리즘의 도래를 경고합니다. 니힐리즘의 도래를 백 가지의 징후로 말하고 있다고! 대체 니힐리즘은 어디서 오는 것일까요? 한편 니체는 극단적인 형식의 니힐리즘이 바로 영원회귀라고 해요. 또 영원회귀를 두고 니힐리즘을 극복할 수 있는 '사유 중의 사유'라고 하지요. 니힐리즘과 영원회귀는 어떤 연관이 있을까요?

니체, 최초의
완전한 니힐리스트

니힐리즘이 문 앞에 와 있다. 손님 중에서 가장 무시무시한 손님, 니힐리즘은 어디서 오는가?

—『권력에의 의지』, 1

다가오는 두 세기는 니힐리즘이 도래할 것이다. 앞으로 두 세기는 니힐리즘이 아닌 다른 방식으로 올 수 없으며,

니힐리즘의 도래는 지금 백 가지의 징후로 말하고 있다.

—『권력에의 의지』, 서언, 2

유럽 최초의 완벽한 니힐리스트로서, 그(*니체)는 이미 니힐리즘 자체를 자기 내부에서 끝까지 극복하고, 그것을 자신의 뒤에, 자신의 밑에, 자신의 바깥에 두고 있다.

—『권력에의 의지』, 서언, 3

니체는 신이 죽은 우리 시대를 니힐리즘(Nihilism)이 지배하는 시대라고 말합니다. 니힐리즘의 니힐(Nihil)은 공허 혹은 무(無)를 의미하는 라틴어인데, 그래서 니힐리즘을 보통 허무주의라고 번역하지요. 허무주의는 '세상 모든 것이 헛되다'고 느끼는 감정입니다. 이 세계와 우리의 삶이 아무런 의미도 가치도 없이 허무하다는 거지요. 이처럼 '허무주의'에는 부정적 뉘앙스가 강한 데 반해, 니체는 부정적 의미에서 긍정적 용법으로 니힐리즘의 가치전환을 시도합니다. 이러한 니체의 문제설정을 따라, 나는 허무주의보다 니힐리즘이라는 단어를 사용하려고 합니다.

우리는 니체를 니힐리즘과 대결한 철학자라고 생각합니다. 하지만 니힐리즘과 대결하여 그것을 넘어서기 이전에, 그의 고백대로 니체는 '완벽한 니힐리스트'였습니다. 니힐리즘의 극복이란 단지 그것을 논리적으로 부정하는 것이 아닙니다. 니힐리즘을 온전히 살아내지 않으면 그것에서 벗어날 수 없습니다. 그는 완벽한 니힐리스트였기 때문에 니힐리즘을 극복할 수 있었는데요. 이것은 '니체적으로 철학하기'에 관한 중요한 방법을 보여 줍니다.

먼저, 니체 철학의 자기 극복. 니체가 철학자를 '자기 시대를 자기 안에서 극복하면서, 시대를 넘어서는 자'라고 정의한 것은 완전히 옳습니다. 니힐리즘을 자기 안에서 극복하면서 시대를 넘어서고, 이렇게 자신이 앞서 니힐리즘을 넘어설 때 그 시대는 비로소 니힐리즘에서 벗어나기 시작할 것입니다. 시대의 한계조차 자기 자신의 극복을 경유하지 않으면 안 됩니다.

다음, 니체 철학의 방법론. 니힐리즘을 끝까지 체험한 니체는 이제 그것을 자신의 뒤에, 자신의 밑에, 자신의 바깥에 둘 수 있었습니다. 여기서 니힐리즘을 자신의 뒤에 둔다는 것은, 니힐리즘을 이미 지나간 낡은 가치로 간주한다는 거지요. 니힐리즘을 자신의 밑에 둔다는 것은, 니힐리즘을 비판하고 지배해야 할 가치로 바라본다는 겁니다. 마지막으로 니힐리즘을 자신의 바깥에 둔다는 것은, 니힐리즘에서 새로운 시대를 위한 가치 생성을 시도한다는 의미입니다. 니힐리즘에 대한 낙타적 복종을 뒤로하고, 니힐리즘을 비판하는 사자적 대결을 거쳐, 니힐리즘을 재료로 하는 어린아이의 생성까지, 니힐리즘에 대한 니체적 가치전환입니다.

그리고, 니체 철학의 절대 긍정. '존재하는 것 가운데 버릴 것은 하나도 없다'라는 니체의 절대 긍정 정신입니다. 니힐리즘에 '굴복'하거나 그것과 '대결'하는 것보다 높은 위계에 있는 것이 니힐리즘을 '긍정'하는 것입니다. 니힐리즘이 우리 삶에 적대적인 한 그것은 언제든지 우리 삶을 병들게 할 수 있습니다. 신도 마찬가지로, 우리가 긍정적인 것으로 가치전환하지 않으면 다시 우리를 지배하게 됩니다. (자세한 것은 1장의 '생성하는 신, 영원회귀의 신'을 참조하세요.) 문제는 니힐리즘을 우리에게 긍정적으로 바꾸는 것입니다. 이것은 조금 후에 수동적 니힐리즘과 능동적 니힐리즘에서 덧붙여 말하겠습니다.

니힐리즘은 무엇이며,
어디서 오는 것일까

1. … '사회적 절망'이나 '생리적 퇴화'를 심지어 '부패'를 니힐리즘의 **원인**으로 말하는 것은 오류이다. … 영혼의 절망이나 신체의 절망, 지성의 절망은 그 자체로 니힐리즘 (가치, 의미, 욕망을 철저히 부정하는 것)을 낳지 못한다. … 그보다 니힐리즘의 원인은 기독교적·도덕적 해석에 있다.

— 『권력에의 의지』, 1

니힐리즘이란 무엇을 의미하는가? 최고의 가치들이 탈가

치화하는 것(*가치를 상실하는 것). 목표는 더 이상 존재하지 않는다. '왜'라는 물음에 대한 답이 존재하지 않는다.

— 『권력에의 의지』, 2

니체는 니힐리즘을 두 가지 방식으로 말하고 있습니다. 먼저 우리가 삶에서 느끼는 감정으로서 '가치·의미·욕망을 철저히 부정하는 것'입니다. 앞서 보았듯이 이 세계와 삶이 아무런 의미도 가치도 없이 허무하다는 감정이지요. 그런데 이 감정이 개인적인 것이 아니라 한 시대를 지배하는 것이라고 했을 때 그것은 다르게 표현될 것입니다. 그것은 시대적 현상으로서 종교·도덕·철학 같은 '최고 가치들이 가치를 상실하는 것'입니다. 최고 가치들이 가치를 상실했다는 것은 곧 최고 가치들이 믿음과 권위를 상실했다는 거지요. 결국 한 시대를 지배했던 절대 가치들이 몰락(권위와 믿음의 상실)하면서 사람들의 내면에는 가치 상실의 허무가 나타나는데, 이 감정이 바로 니힐리즘입니다.

그러면 니힐리즘은 어떻게 생기는 걸까요? 최고 가치들은 어떻게 가치를 상실하게 되었을까요? 우리는 보통 니힐리즘의 원인을 사회적 절망이나 위기, 생리적 퇴화, 부패나 타락 같은 데서 찾습니다. 니체는 사회적 절망, 생리적 퇴화·부패 현상을 데카당스라고 비판합니다. 3장에서 언급한 것처럼 데카당스란 힘의 퇴화 의지인데, 스스로 '생명력의 쇠퇴와 본능의 타락'을 의지하는 힘감정입니다. 니체는 니힐리즘은 데카당스를 나타내는 한 표현이지만 데카당스가 니힐리즘의 원인은 아니라고 합니다. 왜냐하면, 데카당스(힘의 퇴화 의지)는 그 자체로서 니힐리즘(최고 가치들의 가치상실)을 낳지 못하기 때문입니다.

2. 기독교의 몰락. … 기독교적 세계 해석과 역사 해석의 허위와 기만에 대하여 구토를 느낀다. 그래서 "신은 진리다"에서 "모든 것은 거짓이다"라는 광적인 믿음으로의 반전이 일어나게 되었다.

— 『권력에의 의지』, 1

3. 도덕에 대한 회의. … 저편의 세계로 도피하려고 시도한 이후 … 도덕적 세계 해석의 몰락은 니힐리즘으로 이어진다. "모든 것은 무의미하다." (지금까지 엄청난 힘을 쏟았던 유일한 세계 해석이 실행 불가능하게 되면, '모든 세계 해석은 거짓이 아닐까' 하는 의심이 생겨난다.)

— 『권력에의 의지』, 1

니체는 니힐리즘(최고 가치들의 가치 상실)의 원인을 최고 가치들 자체(기독교의 몰락과 도덕에 대한 회의)에서 찾습니다. 기독교 신자조차 성경의 말씀을 그대로 믿지 않게 되었고, 세상은 전혀 도덕적이지 않아서 도덕 교과서에서 일러 준

대로 사는 것은 불가능해졌지요. 이처럼 기독교적 가치가 허위로 드러나면서 이제까지 "신은 진리다"라는 믿음이 "모든 것은 거짓이다"라는 니힐리즘으로 반전이 일어나게 됩니다. 또한 도덕적 가치에 회의가 일어나면서 "모든 것은 무의미하다" 혹은 "모든 세계 해석은 거짓이 아닐까" 하는 니힐리즘이 생겨납니다.

니체는 니힐리즘을 보다 근본적으로 정의합니다. 먼저 니힐리즘은 신·도덕·철학뿐 아니라 권력·자본 심지어 과학에 이르기까지 우리 외부의 절대 가치에 대한 믿음과 그 믿음의 상실에서 오는 반동적이고 부정적인 힘감정이라고 말입니다. 한편 니힐리즘은 외부의 절대 가치는 허물어졌지만 우리 스스로의 가치를 창조하는 힘이 부재한 상태를 표현합니다. 따라서 우리가 외부에 절대 가치를 세우고 그것에 의존하는 한, 그리고 우리 스스로 가치 창조의 힘을 결여하는 한, 니힐리즘은 계속될 것이라고 니체는 경고합니다.

이처럼 니힐리즘이란 단지 '세상 모든 것은 헛되다'라고 탄식하는 허무의 감정이 아니라, 삶의 외부에서 절대 가치를 찾으려는 절대주의적 사고방식입니다. 세계의 창조자인 중세의 신이나 진리의 본질인 플라톤의 이데아를 추구하는 것이 전통적 방식의 니힐리즘입니다. 현실의 지배적인 가치인 도덕이나 과학, 자본·화폐·국가 같은 것을 절대적으로 숭배하는 것역시 현대적 형태의 니힐리즘입니다. 전통적 진리나 중세의 신이 죽은 자리를 현대의 인간적 우상들이 차지한 거지요. 전통적이거나 현대적이거나 모두 우리 삶의 외부, 우리 존재의 외부에서 가치와 의미를 찾으려는 사고방식이라는 점에서 니힐리즘입니다.

> 인간이 섬기며 살아야 하는 최고의 가치들, … 인간은 그것을 섬겨야 했다. 이러한 **사회적 가치들**의 목소리를 **강화하기** 위한 목적으로, 그것들은 마치 신의 명령인 것처럼, '실재'로서, '참된' 세계로서, 희망과 미래의 세계로서 인간 위에 세워졌다. 이러한 가치들의 초라한 기원이 명백해진 지금, 우주는 가치를 잃어버리고 '무의미해'진 것처럼 보인다. 그러나 이것은 단지 **중간 상태**일 뿐이다.
>
> ― 『권력에의 의지』, 7

> 하나의 해석(*최고 가치)이 몰락하였다. 그러나 그것이 유일한 해석으로 여겨졌기 때문에, 지금 마치 존재에 아무런 의미가 없는 것처럼 보이고, 모든 것이 헛된 것처럼 보인다.
>
> ― 『권력에의 의지』, 55

인간들은 최고의 가치들을 섬기고 살아야 했기 때문에, 이 가치들을 강화하기 위해서 '신의 명령'으로 인간 위에 세웠던 거지요. 그런데 최고 가치들의 권위가 허물어진 지금, 세계 전체가 가치를 잃어버리고 무의미하게 느껴집니다. 하지만 이것은 중간 상태일 뿐 여기서 무엇을 시도하는가에 따라 모든 것이 파괴된 이 폐허야말로 새로운 가치의 건설 현장이 될 수 있습니다.

사실 이것은 인간이 신이나 진리, 과학이나 자본이라는 절대 가치를 삶의 유일한 가치로 여겼기 때문에 생기는 문제지요. 삶의 유일한 가치가 허물어졌을 때, 존재에 아무런 의미가 없는 것처럼 보이고 삶의 모든 것이 헛된 것처럼 보입니다. 하지만 그것은 세상을 바라보는 하나의 해석 혹은 하나의 가치가 허물어진 것뿐입니다. 그것이 허물어졌다고 우리 존재가 무의미한 것도 아니고 삶이 무가치한 것도 아니지요. 신이 죽었다고 세상이 망한 게 아닌 것처럼요! 우리는 니체를 따라 이렇게 말할 수 있습니다. 얼마나 많은 신들이 아직도 가능한가! 얼마나 많은 가치들이 여전히 가능한가!

두 가지 니힐리즘 :
수동적 니힐리즘과 능동적 니힐리즘

니힐리즘. 두 가지 의미가 있다.

A. 정신의 힘이 증가한 징후로서의 니힐리즘. 능동적 니힐리즘.

B. 정신의 힘의 쇠퇴와 퇴행으로서의 니힐리즘. 수동적 니
힐리즘.

— 『권력에의 의지』, 22

니힐리즘은 강함의 징후일 수 있다. 정신의 힘은 이제까
지의 목표들('확신들'과 신조들)이 그에게 더는 적합하지
않게 될 정도로 증대할 수 있다. … 니힐리즘은 **파괴**의 폭
력적 힘으로서 상대적 힘의 **최고점**에 도달한다. **능동적 니
힐리즘**으로서.

이 반대는 더 이상 **공격하지 않는** 지친 니힐리즘일 것이다.
… **수동적 니힐리즘**으로서. 약함의 징후로서, 정신의 힘이
지치고 고갈되어 이제까지의 목표와 가치들이 적합하지
않게 되고 더는 신뢰받지 못한다.

— 『권력에의 의지』, 23

니체는 니힐리즘을 부정적 영역에만 남겨두지 않았어요.
니체는 니힐리즘을 두 가지 유형으로 구분합니다. 우리가 보
통 허무주의라고 부르는 수동적 니힐리즘은 절대 가치의 붕괴
를 '수동적'으로 받아들여 삶의 가치를 부정(이를테면 데카당
스)하는 데 그칩니다. 반면 능동적 니힐리즘은 절대 가치의 해
체를 '능동적'으로 수행하여 삶의 긍정적 가치(이를테면 영원
회귀)를 준비합니다. 전자가 정신력의 하강에서 비롯된 것이

라면, 후자는 상승된 정신력에서 나타나는 것입니다. 결과적으로 수동적 니힐리즘은 스스로 어떤 가치를 생산할 힘이 없기 때문에 가치 상실의 허무에 주저앉아 낡은 가치를 존속시키지요. 반면 능동적 니힐리즘은 강한 정신력으로 이전의 가치들을 파괴하여 새로운 가치 창조에 봉사합니다. 결국 전자가 생성과 변화를 부정한다면, 후자는 생성과 변화를 긍정하는 방향으로 나아가게 됩니다.

니힐리즘은 '최고의 가치들이 가치를 잃어버리는 것'이지만, 힘에의 의지에 따라 절대 가치의 상실에 대한 태도는 이중적입니다. 수동적 니힐리즘은 무기력하게 말합니다. "삶의 방향을 제시해 주던 절대 가치가 없어졌으니 이제 사는 게 무의미해졌다." 하지만 능동적 니힐리즘은 다른 가능성을 봅니다. "삶을 구속하던 절대 가치가 해체되었으니 이제 모든 가치가 허용되고 삶의 모든 방식이 가능한 게 아닐까?" 이처럼 하나의 전제로부터 서로 다른 두 가지 결론으로 갈라집니다. 절대 가치의 붕괴라는 사건은 전자에게는 재난이지만 후자에게는 호재입니다. 결국 절대 가치의 붕괴에서 무엇을 보는가에 따라 달라지겠지요. 약한 의지의 수동적 니힐리즘은 단지 세상의 허무와 삶의 부정을 보지만, 강한 의지의 능동적 니힐리즘은 새로운 가치 창조의 가능성을 볼 것입니다.

(*능동적) 니힐리즘은 '헛되다'라는 감정에 대한 고찰만

도 아니고, '모든 것은 마땅히 몰락할 가치가 있다'는 믿음만도 아니다. 니힐리즘은 사람이 실제로 파괴하는 것이다. … 니힐리스트는 논리적인 파괴를 믿지 않는다. 니힐리즘은 강한 정신과 의지의 상태이다. 강한 정신과 의지에게 "판단"에 의한 부정에 머물러 있는 것은 불가능하며, 행동에 의한 부정을 요구한다. 판단에 의한 소멸(*파괴)이 행동에 의한 소멸(*파괴)에 협력한다.

— 『권력에의 의지』, 24

부정과 **파괴**는 긍정의 조건이다.

— 『이 사람을 보라』, 왜 나는 하나의 운명인지, 4

불완전한 니힐리즘, 그것의 형식들. 우리는 그 한가운데서 살고 있다. 그 가치들(*최고 가치들)을 재평가하지 않고 **니힐리즘으로부터 도피하려는 시도들이** … 문제를 첨예화시킨다.

— 『권력에의 의지』, 28

그러면 능동적 니힐리즘은 낡은 가치를 어떻게 파괴할까요? 수동적 니힐리즘은 "모든 것은 헛되다" 혹은 "모든 것은 몰락할 가치가 있다"는 판단에 의한 부정에서 멈추지요. 하지만 능동적 니힐리즘은 니체가 『권력에의 의지』에서 최고 가치인

종교·도덕·철학에 전면적 비판을 수행했듯이, 행동에 의한 파괴까지 밀어붙입니다. 이때 부정은 긍정을 위한 부정이며, 파괴는 생성을 위한 파괴가 됩니다. 니체는 수동적 니힐리즘의 불철저한 태도를 비판합니다. 니힐리즘의 원인이 되는 최고 가치들을 재평가하지 않고 니힐리즘에서 도피하려는 시도가 새로운 버전의 최고 가치를 생산하는 방식으로 문제를 첨예화시킨다고 말이지요. 그런 의미에서 수동적 니힐리즘은 불완전 니힐리즘이며, 능동적 니힐리즘이야말로 완전한 니힐리즘일 것입니다.

능동적·수동적 니힐리즘이 '강함과 약함' 혹은 '완전함과 불완전함'의 차이라는 것은 무슨 의미일까요? 두 가지 니힐리즘은 서로 '대립'되는 것이 아니라 '강도'의 차이 혹은 '완전성'의 차이라는 것입니다. 두 가지 니힐리즘을 차이로서 파악하는 것은 니체의 중요한 기획을 보여 줍니다. 무엇보다 니힐리즘의 자기 극복, 니힐리즘에 의한 니힐리즘의 극복 전략입니다. 수동적 니힐리즘과 대결하고 능동적 니힐리즘을 강화함으로써 니힐리즘을 완성하려는 것입니다.

니체의 기획은 우리로 하여금 강한 힘에의 의지로서 능동적 힘과 긍정적 의지를 요청합니다. 우리는 「3장 힘에의 의지와 힘의 유형학」에서 신체는 힘들의 복합체이며 의지의 다양체라는 것을 보았지요. 반동적 힘과 부정의 의지가 강할 때 신체는 쉽게 허무의 감정에 지배당합니다. 반대로 능동적 힘과 긍정의 의지가 신체를 지배하면 '세계의 모든 가치는 거짓'이라는 극단적 허무를 기반으로 새로운 가치로 넘어가게 됩니다.

극단적 니힐리즘과 영원회귀

(*세상은) 아무런 의미도 없다. … 어떤 진리도 존재하지 않으며, 사물의 절대적 본질 같은 것은 절대로 없…다는 것. … **이것 자체가 니힐리즘이며, 가장 극단적인 니힐리즘이다.**

— 『권력에의 의지』, 13

가치들과 그 변화는 가치정립자의 힘의 증대에 비례한다. 최고로 강력한 정신의 힘과 더없이 풍요로운 삶의 이상으로서 '니힐리즘'. 그것은 부분적으로 파괴적이고 부분적으로 아이러니하다.

— 『권력에의 의지』, 14

능동적 니힐리즘은 절대 가치의 해체를 철저히 수행하여 새로운 가치 창조를 준비한다는 점에서 극단적 니힐리즘이라고 할 수 있습니다. 극단적 니힐리즘은 허무의 정서를 극단으로까지 밀고 나가 모든 진리의 가치와 존재의 의미를 부정합니다.

이처럼 절대적 '진리'와 불변의 '존재'를 부정하기 때문에, 삶을 긍정하는 '더없이 풍부한 삶의 이상'이라고 해요. 그리고 허무의 정서에 굴복하지 않고 그것을 극단까지 밀고 나가 결국은 허무를 넘어서기 때문에 '정신의 강력한 힘'이라고도 하지요. 그리고 낡은 가치를 파괴하기 때문에 '파괴적이고' 또한 니힐리즘으로 니힐리즘을 극복하기 때문에 '아이러니하다'고 합니다.

> 모든 믿음은 '무엇인가를-진리로-간주하는 것'이다. 가장 극단적인 형태의 니힐리즘은 모든 믿음, 즉 모든 '무언가를-진리로-간주하는 것'이 필연적으로 거짓이라는 통찰이다. **왜냐하면 진리의 세계는 전혀 존재하지 않기 때문이다.** 따라서 세상은 보는 관점에 따라 달리 보이고, 이 세상의 기원은 우리 안에 있다. … 이런 점에서 (*극단적) **니힐리즘은 진리의 세계와 존재를 부정하는 신적인 사고방식일 수 있다.**
>
> — 『권력에의 의지』, 15

> 니힐리즘이 완성되는 이 순간(자정)에, 가치전환을 위한 모든 준비가 마쳐 있다.
>
> — 들뢰즈, 『들뢰즈의 니체』, 51쪽

사실 우리가 '무엇을 믿는다'는 것은 그것이 종교든 학문이든 사실이든 그것을 올바른 진리로 여기는 것입니다. "모든 믿음은 무엇인가를-진리로-간주하는 것이다"라는 말은, 내가 믿는 것은 옳고 다른 것은 잘못이라는 거지요. 그런데 극단적 니힐리즘은 '절대적 진리 같은 것은 없다'는 관점에서, 종교든 학문이든 사실이든 '무언가를-진리로-간주하는 것'은 필연적으로 거짓이라고 합니다. 세상은 보는 관점에 따라 다르게 보이는 것이지, 절대적으로 올바른 진리 같은 것은 없습니다. 이를테면 기후 위기가 심각해지기 이전에 자본주의의 넘쳐나는 상품 생산력은 풍요의 상징이었습니다. 하지만 기후 위기가 인류를 집어삼키고 있는 지금, 높은 생산력은 재앙의 원천일 뿐입니다.

따라서 이 세상의 기원은 '절대적 진리'에 있는 게 아니라 '세상을 보는 우리의 관점'에 있습니다. 이렇게 절대적 진리와 불변의 존재를 부정하는 극단적 니힐리즘은 새로운 가치를 생성할 수 있는 신적인 사고방식입니다. 그래서 들뢰즈는 니힐리즘이 완성되는 자정에 가치전환을 위한 모든 준비가 완료된다고 합니다. 모든 가치가 부정되는 '니힐리즘의 완성'은, 낡은 것에서 새로운 것으로 '가치전환의 준비 완료'를 의미합니다. 니체 철학에서 정오가 위버멘쉬의 시간으로 새로운 가치 창조의 시간이라면, 자정은 새로운 가치 창조를 위해 모든 낡은 가치가 부정되는 니힐리즘이 완성되는 시간입니다.

목표와 목적도 없이 "헛되다"를 동반하는 **지속**은 **가장 마비시키는** 사상이다. … 이 사상을 가장 끔찍한 방식으로 생각해 보자. 의미와 목표도 없는, 그렇지만 피할 수 없이 회귀하는, 무(無)에 이르는 피날레도 없는, 존재하는 그대로의 실존: "영원한 회귀". 그것은 니힐리즘의 가장 극단적인 형식이다. 무('무의미한 것')여, 영원하라!

— 『권력에의 의지』, 55

영원회귀가 극단적 형식의 니힐리즘이라는 것은 무슨 의미일까요? 단지 '모든 것이 헛되다'는 것에 그치지 않고, 의미도 목적도 없이 이 과정이 계속되는 '헛된 지속'이야말로 사람을 가장 무기력한 니힐리즘에 빠지게 합니다. 그런데 이 과정이 '영원히 계속'된다면 그야말로 끔찍하겠지요. 니체는 영원회귀란 이런 것이라고 합니다. 그런데 무(無)라는 최종적인 결말도 없이 그 자체로서 '영원히 회귀'하는 것이 무엇일까? 바로 생성!입니다. 즉 인간적 관점에서 '헛된 지속의 반복'처럼 보이는 이 사건이 우주적 차원에서는 '생성의 영원한 회귀'인 것이지요.

극단적 니힐리즘이 낡은 가치를 부정하기 때문에 새로운 가치 창조에 봉사한다고 했는데요. 영원회귀는 모든 가치가 해체된 극단적 니힐리즘의 폐허에서 건져 올린 가장 아름다운 영혼일 것입니다. 한편 니체는 우리가 생성의 우주적 영원성을 받아들인다면, 인간이 만들어 낸 절대 가치와 그 상실에서 겪게 되는 니힐리즘을 넘어설 것이라고 합니다. 영원회귀가 어떻게 니힐리즘을 극복할 수 있는 '사유 중의 사유'인가, 자세한 이야기는 다음에 이어서 계속할 것입니다.

영원회귀, 생성의 영원한 회귀

세 가지 영원성 :
초월적 영원성, 존재의 영원성, 그리고 생성의 영원성

인간을 포함하여 세계의 어떤 존재도 영원하지 않고 언젠가는 소멸하기 마련이지요. 우리는 존재의 유한성으로부터 허무주의에 빠지기도 하고 영원성에 관심을 갖게 됩니다. 앞서 '어떤 니힐리즘이 영원회귀에 봉사하는가'의 관점에서 검토했다면, 이제 '어떤 영원성이 니힐리즘을 극복하는가'의 관점에서 이야기를 계속하려고 합니다. 니체는 세 가지 유형의 영원성을 통해 '존재의 유한성으로부터 오는 니힐리즘을 어떻게 극복할 것인가'를 사유합니다. '초월적 영원성'이라는 니힐리즘과 대결하고, '존재의 영원성'이 갖는 불철저함을 넘어, '생성의 영원성'으로 니힐리즘을 극복하려는 것입니다.

먼저, 초월적 영원성이란 이 세계와 우리의 삶을 '초월'하여 영원히 변하지 않는 어떤 것을 추구하는 것입니다. 유한한 인간의 존재를 허무하게 느끼면서 플라톤의 이데아(불변하는 사물의 본질)나 기독교의 천국(죽음 이후 하나님의 나라) 같은 것을 추구합니다. 이처럼 초월적인 영역에서 영원한 것을 욕망하는 것은 지금 여기서의 생성과 변화를 부정하게 됩니다. 니체는 『우상의 황혼』, 『안티크리스트』 등에서 플라톤철학과 기독교사상의 영원성이 삶을 병들게 하는 니힐리즘이라고 비판합니다.

다음, 존재의 영원성이란 초월적 영역이 아니라 이 세계와 우리의 삶에서 영원히 '존재'하기를 바라는 것입니다. 예술가가 자신의 예술작품 속에서 불멸을 꿈꾸듯이, 그리스인들은 인간의 유한성을 극복하기 위해 폴리스-공동체의 기억 속에서 불멸의 명성을 획득하고자 했습니다. 그래서 존재의 영원성을 예술적 불멸성 혹은 그리스적 불멸성이라고도 하지요. 니체는 『비극의 탄생』을 통해 초월적 영원성에 대한 대안으로, 예술적 불멸성 혹은 존재의 영원성을 검토합니다.

존재의 영원성을 추구하는 것은 우리 주변에도 흔하지요. "호랑이는 가죽을 남기고 사람은 이름을 남긴다"라는 말처럼 자신의 이름과 명성이 영원히 기억되기를 바라는 형태로. 혹은 "인간은 개체적으로는 유한하지만 유적으로는 영원하다"라는 생각에서 자손을 낳음으로써 영원히 존재하기를 바라는 형태로. 초월적 영원성이 저 세계에서의 영원성을 추구하는 것이라면 존재의 영원성은 지금 여기에서 영원하기를 원하는 거지요. 하지만 어떤 존재도 소멸할 수밖에 없으며, 어떤 기억도 영원하지 않습니다. 존재의 영원성 역시 '영원한 기억 속에서 소멸하지 않는 존재'를 추구한다는 점에서, 생성과 변화를 부정하는 초월적 영원성과 동형적입니다.

한편, 생성의 영원성이란 소멸의 영원성과 같은 의미이고 생성과 소멸의 영원한 반복을 욕망하는 것입니다. 니체의 영원회귀처럼 세계 모든 존재의 생성과 소멸의 영원한 순환을 긍정합니다. 생성은 소멸의 다른 이름이며, 생성의 과정은 곧 소멸의 과정이기 때문입니다. 영원회귀의 사상은 생성이 세계의 근본 운동이라는 사유 속에서 어떤 종류의 초월성도 불멸성도 거부합니다. 오히려 소멸하는 것들에 대한 허무 대신에 소멸의 아름다움과 유한성을 긍정하는 것입니다. 니체는 『차라투스트라는 이렇게 말했다』와 『권력에의 의지』로 묶인 작품들을 통해 영원회귀와 생성의 철학을 제안하고 있습니다. 이것이 니힐리즘의 결론인 영원성을 이용하여 니힐리즘을 극복하려는 니체의 전략입니다.

세 가지 영원성을 가르는 근본적인 차이는 생성에 대한 태도에 있습니다. 즉 '새로운 변화와 생성을 긍정하는가 혹은 부정하는가'의 문제입니다. 초월적 영원성이나 존재의 영원성은 영원히 변하지 않는 불변의 가치를 위해 생성에 유죄를 선고합니다. 반면 니체의 영원회귀는 생성의 무죄를 증명하기 위해 불변하는 어떤 가치도 부정합니다.

한편 세 가지 영원성을 특징짓는 사유의 스타일이 있습니다. 초월적 영원성이 지금 이곳의 바깥을 바라보는 '초월의 사유'라면, 존재의 영원성은 영원한 기억 속에서 소멸하지 않는 존재를 욕망하는 '기억의 사유'입니다. 영원회귀를 의지하는 생성의 영원성은 일체의 초월성과 불멸성을 거부하는 '영원성을 부정하는 영원성'이며, 곧 새로운 생성을 위해 낡은 것들의 소멸을 욕망하는 '망각의 사유'입니다. 「3장 힘에의 의지와 힘의 유형학」에서 반동적 기억과 능동적 망각을 검토했었지요. 영원회귀의 사유는 영원성과 결합하여 기억이 어떻게 질병이며 망각이 어떻게 능력인지에 대한, 혹은 망각의 위대함과 기억의 위험에 대한 훌륭한 예시입니다.

(*너의 영원성에 대한 의지는) 고정과 불멸을 향한 열망, **존재**를 향한 열망이 원인인가, 아니면 파괴, 변화, 새로운 것, 미래, **생성**을 향한 열망이 그 원인인가? … 영원에의 의지는 두 가지 해석을 동시에 요구한다. 우선 이것은 감사와 사랑의 표현일 수 있다. … 하지만 이 의지는 또한 커다란 고통을 겪고 있는 자, 싸우는 자, 고문당하는 자의 폭군적 의지일 수도 있다.

— 『즐거운 학문』, 370

이러한 영원성은 우리의 욕망과 관련되어 있습니다. 즉 초월적 영원성·존재의 영원성은 영원불멸의 욕망에서 나온 것이고, 생성의 영원성은 영원회귀의 욕망에서 나온 것이지요. 니체는 '네가 의지하는 영원성은 어떤 욕망에서 나온 것인가' 묻습니다. 영원히 불멸하려는 '존재'를 향한 욕망에서 나온 것인가, 아니면 영원히 되돌아오는 '생성'을 향한 욕망에서 나온 것인가? 니체는 여기서 '존재'와 '생성'을 강조해서 표시합니다. 존재와 생성이 바로 두 가지 영원에의 의지를 가르는 핵심적인 개념이기 때문이지요. 존재와 생성은 니체 철학에서 '가치들을 평가하는 가치'이며, 이는 니체와 철학적 성좌를 함께 구성하는 들뢰즈 같은 철학자들에게도 마찬가지입니다.

존재란 무엇이고, 생성이란 무엇일까요? 존재(being)는 '현재 상태에 있음'을 말하고, 생성(becoming)이란 '새로운 변화'를 의미합니다. 그래서 '존재를 향한 욕망'이란 현재 존재하는 사물과 질서에 높은 가치를 부여하고 현재의 모든 것이 변하지 않기를 바라는 욕망이지요. 반면 '생성을 향한 욕망'이란 새로운 사물과 질서에 높은 가치를 부여하고 현재를 낡은 것으로 만드는 새로운 변화를 향한 욕망입니다. 영원불멸이 '존재의 영원한 불멸'을 뜻한다면, 영원회귀는 '생성의 영원한 회귀'를 의미합니다. 그러면 누가 존재를 욕망하고, 누가 생성을 욕망할까요? 그것은 이 질문으로 대신할 수 있겠어요. '현재의 질서를 유지'하려는 자는 누구이며 '새로운 질서로 변화'를 꿈꾸는 자는 누구인가?

　니체는 이어서 영원불멸에 대한 욕망은 신체의 깊은 병에서 나온 것이며, 영원회귀에 대한 욕망은 감사와 사랑으로 추진되는 것이라고 하지요. 영원불멸의 욕망을 깊은 병이라고 하는 것은, 생성과 소멸이라는 생명의 자연스러운 변화를 부정하고 불멸을 고집하기 때문입니다. 반면 영원회귀의 욕망을 감사와 사랑이라고 하는 것은, 나의 생명은 다른 생명이 소멸한 결과이며 나의 소멸은 다른 생명의 탄생으로 이어지기 때문입니다. 이러한 영원회귀의 순환 가운데 누구라서 영원회귀를 욕망하지 않을까요? 우리는 이렇게 물을 수 있습니다. 어떤 영원성이 우리의 죽음을 존재의 소멸을 넘어 영원한 생성으로 나아가게 할 것인가?

생성과 소멸을 반복하는
'생성의 영원한 회귀'

에너지 보존의 원리는 영원회귀를 수반한다.

— 『권력에의 의지』, 1063

나에게 "세계"가 무엇인지를 알고 있는가? … 이 세계는 시작도 끝도 없는 거대한 힘이며, 커지지도 않고 작아지지도 않는 … 전체로서는 그 크기가 변하지 않는 … 힘의 크기이며 …, 일정한 힘으로서 어디에나 있으며, 힘과 힘의 파동의 유희로서 하나인 동시에 다수이고, 여기에서는 쌓이지만 동시에 저기에서는 줄어들고, 자기 속으로 광포하게 휘몰아치고 밀려드는 힘들의 바다이며, 영원히 변화하고 영원히 되돌아오며 엄청난 회귀의 세월과 함께, …. 전적으로 동일한 자신의 궤도와 세월 속에서도 여전히 자기 자신을 긍정하고, 영원히 회귀할 수밖에 없는 것으로서 자기 자신을 축복하면서, 어떠한 배부름이나 권태나 피로도 모르는 생성이다. 영원한 자기 창조와 영원한 자기 파괴의 이러한 나의 디오니소스적 세계, … 이러한 나의 "선과 악 그 너머"의 세계. 순환의 즐거움 자체가 아니라면 어떤 목표도 없고, 순환의 고리 자체에 대한 선한 의지가 아니라면 어떤 의지도 없는 그런 세계. … 이 세계는 힘에의 의지이며 그 외에는 아무것도 아니다! 그리고 너희 자신 역시 이러한 힘에의 의지, 그 외에는 아무것도 아니다!

— 『권력에의 의지』, 1067

니체는 작품의 여러 곳에서 이 세계를 거대한 생명의 바다로, 영원회귀를 바다의 힘찬 에너지와 끊임없이 출렁이는 파도로 설명합니다. 세계라는 바다에서 파도가 출현하고 퇴장하는 생성과 소멸의 흐름이, 정말 긴 세월을 거듭하여 영원히 반복되는 것입니다. 니체가 들려주는 생명의 바다에서 일어나고 있는 영원회귀의 이야기를 들어 볼까요.

첫째, 힘들의 바다. 바다는 시작도 끝도 없는 거대한 힘인데, 이 힘의 크기는 전체로서 커지거나 작아지지 않고, 일정한 힘으로서 어디에나 있습니다. 이 바다는 거대한 힘들(잠재적 힘)과 힘의 파동(잠재적 힘의 현행화)이 유희하듯 휘몰아칩니다. 즉 바다는 생성과 소멸이 반복되는 잠재적 힘들의 장으로, 이 힘들은 끝없이 출렁이는 파도를 통해 현실화됩니다. 한편 바다와 파도의 관계는 거대한 전체로서 '하나'인 동시에 끊임없는 파동으로서 '다수'입니다. 사실 바다와 파도는 개념적으로만 구분될 뿐이지 구분될 수 없는 하나의 신체이지요.

우리의 세계도 이와 같습니다. 세계는 시작도 끝도 알 수 없는 거대한 에너지들의 장으로, 에너지의 형태는 여러 가지로 변하지만 그 크기는 변하지 않는 일정한 힘으로 작동합니다. 세계가 생명의 잠재적 에너지를 품고 있는 바다라면, 여기서 생겨난 생명체들은 바다의 에너지가 현실화된 파도지요. 바다와 파도가 그러한 것처럼, 전체로서 생명과 부분으로서 생명체 역시 구분될 수 없는 하나입니다. 바다와 파도가 하나라는 것은 의문의 여지가 없지만, 세계와 내가 하나라는 것은 추상적으로만 감각되지요. 하지만 내가 어디서 왔고 어디로 돌아갈 것인가를 생각하면, 그것은 전체로서의 생명, 곧 자연일 수밖에 없습니다. 이렇게 자연이라는 거대한 생명으로 돌아간 개체는 또 다른 생명체로 생성될 것입니다. 퇴장과 출현을 거듭하는 파도처럼 말이지요.

둘째, 영원회귀의 바다. 힘들의 바다는 영원히 변화하고 영원히 되돌아옵니다. 바다는 영원히 동일한 생성 운동을 반복하지만, 한 번도 같은 파도를 생성시킨 적이 없습니다. 즉 영원히 생성·소멸하는 운동 자체는 동일하게 반복되지만, 운동의 방식은 항상 다르게 반복됩니다. 이 바다에서는 포만·권태·피로를 모르는 생성과 소멸의 과정이 무한한 시간과 함께 영원히 되풀이됩니다. 하나의 파도가 생겨나고 소멸할 때마다 바다 전체는 영원한 자기 창조와 영원한 자기 파괴의 작업을 수행하는 것이지요. 이처럼 생성과 소멸을 반복하는 혹은 영원한 자기 창조와 자기 파괴를 거듭하는, 바다와 파도의 유희를 선과 악으로 판단할 수 있을까요? 바다는 오로지 생성과 소멸이라는 순환의 쾌감과 순환의 의지만이 존재할 것입니다. 선과 악은 아무래도 상관없다는 듯 말이지요.

이 세계도 마찬가지입니다. 생명의 에너지로 가득한 이 세계는 무한한 시간에 걸쳐 생명체의 생성과 소멸을 계속하고 있습니다. 영원히 되풀이되는 생명의 생성 과정이란 언제나 새로운 생명체의 출현을 말합니다. 즉 생명의 생성은 영원히 되돌아오지만, 그것은 항상 차이 나는 방식으로만 그러할 것입니다. 다양한 생명체가 생성과 소멸을 반복할 때마다 전체로서 생명은 자기 창조와 자기 파괴 작업을 수행합니다. 이처럼 세계라는 '생명의 바다'와 그 바다 위에 떠오른 '생명체로서 파도'가 엄청난 세월 속에서 생명의 순환을 되풀이한다고 칩시다. 이 위대한 생명의 순환은 인간의 선악 따위는 상관없이 생성·소멸의 유희와 창조·파괴의 의지만을 영원히 되풀이할 것입니다.

셋째, 영원회귀를 향한 힘에의 의지. "나에게 이 세계는 무엇인가?" 니체는 아포리즘의 처음에 이렇게 물음을 던지고 나서 세계에 대한 자신의 해석을 펼칩니다. 그리고 마지막을 이렇게 끝맺습니다. "이 세계는 힘들의 의지이며, 우리 자신도 힘들의 의지, 그 외에는 아무것도 아니다!" 생명의 바다에 존재하는 것은 영원회귀를 향한 힘에의 의지이며, 동시에 생명체로서 파도에 작동하는 것 역시 영원회귀를 욕망하는 힘에의 의지입니다.

'생명의 바다'를 지배하는 힘에의 의지는 세계의 존재 방식으로서 영원회귀의 원리입니다. 즉 이 세계에서 영원히 고정불변하는 것은 없으며 생성소멸의 운동만이 반복될 것이라는 원리입니다. 한편 '생명체로서 파도'에 작동하는 힘에의 의지는 윤리적 실천으로서 영원회귀에 대한 의지입니다. 즉 우리가 생성소멸을 반복하는 영원회귀의 순환을 욕망함으로써 건강한 변신을 이루려는 의지입니다. 영원회귀를 향한 두 가지 힘에의 의지가, 이어서 살펴볼 영원회귀의 두 차원을 구성합니다.

> **파괴**에 대한 긍정, **생성**, … 영원회귀에 대한 가르침, 즉 무
> 조건적이고 무한히 반복되는 만사의 순환에 대한 가르침
>
> — 『이 사람을 보라』, 비극의 탄생, 3

이것이 생명의 바다에서 일어나고 있는 영원회귀의 이야기입니다. 영원회귀는 우주적 차원에서 생성과 소멸의 흐름이라는 '생명의 장대한 서사시'이며, 동시에 영원회귀는 개체적 차원에서 장대한 생명의 흐름 가운데 솟아나는 '하나의 사건'입니다. 우리 모두는 생명의 위대한 바다 위에 떠오른 하나의 사건으로 생명의 순환과 흐름 가운데 있습니다. 하나의 생명체를 통해 우주적 생명의 잠재성 전체가 되돌아오고, 그렇게 생성은 시작도 끝도 알 수 없는 시간 동안 영원히 회귀하고 있습니다.

이 장의 처음을 영원회귀에 관한 질문에서 시작했던 것을 기억하지요. 영원회귀는 동일한 것의 영원회귀 즉 '동일한 것이 영원히 되돌아온다'라는 것인데, 여기서 동일한 것이란 무엇이고 그것은 어떻게 되돌아올까? 이제 그것에 답하려고 합니다. 영원히 되돌아오는 동일한 것이란, 생성과 소멸의 반복으로서 '생성' 그 자체입니다. 그리고 생성은 언제나 '차이' 나는 방식으로 회귀할 것입니다.

앞서 말한 것처럼 바다의 에너지는 영원히 동일한 생성 운동을 반복하지만, 그때마다 다른 방식으로 다른 파도를 출현시

키지요. 생명의 에너지가 영원의 시간을 거쳐 생성과 소멸을 반복하지만, 항상 새로운 방식으로 새로운 생명체를 탄생시키는 것처럼. 영원히 되돌아오는 동일한 것은 '생성'이며, 그것은 언제나 '차이' 나는 방식으로 되돌아옵니다. 이런 점에서 '생성의 동일성과 생성 방식의 차이'로서 영원회귀를 말할 수 있습니다.

영원회귀의 두 차원 :
세계의 존재 방식, 그리고 윤리적 실천 의지

세계는 존재한다. 세계는 생성되는 것도 아니고, 소멸하는 것도 아니다. 혹은 오히려 세계는 생성하고 소멸하지만, 세계는 결코 생성을 시작한 적도 없고 소멸하기를 그친 적도 없다. 세계는 생성과 소멸의 양자 속에서 **유지된다**. 세계는 스스로를 먹으며 살아가고 있다. 세계의 배설물이 곧 세계의 양식이다. … 이미 무한히 반복되었고 자신의 놀이를 무한히 즐기는 순환운동으로서의 세계.

— 『권력에의 의지』, 1066

그대가 사상들 중의 최고의 사상(*영원회귀)을 체화한다면, 그대는 그대 자신을 변화시킬 것이다. 그대가 원하는 모든 것에 이렇게 물어 보라. "나는 그것을 무수하게 하기를 원하는가?" 영원회귀야말로 최대의 무게이다. … "그대

의 삶을 다시 한번 살기를 원하는 방식으로 살아라! 이것
이야말로 과제이다. 왜냐하면 어떻게 하든 그대는 그 삶
을 다시 살게 될 것이기 때문에!"

— 들뢰즈, 『들뢰즈의 니체』, 148~149쪽

'생성의 영원한 회귀'로 정의되는 니체의 영원회귀는 두
차원에서 이해할 수 있습니다. 먼저, 영원회귀는 세계를 이해
하는 관점으로서 하나의 세계관입니다. 즉 영원회귀의 세계관
은 "세계는 생성과 소멸이 영원히 반복된다"라고 말합니다. 한
편, 영원회귀는 삶에 대한 실천 의지로서 주체의 선택입니다.
즉 영원회귀의 윤리론은 "너의 삶을 다시 한번 살기를 원하는
방식으로 살아라!"라고 말합니다. 영원회귀의 첫 번째 측면은
'세계는 어떻게 존재하는가' 하는 세계의 존재 방식에 관한 이
론입니다. 영원회귀의 두 번째 측면은 '어떤 삶을 살 것인가'
하는 삶에 관한 윤리적 실천 의지입니다.

영원회귀를 하나의 세계관으로 승인한다는 것은 '생성과
소멸의 영원성'을 긍정한다는 거지요. 그리고 영원회귀를 삶의
윤리로 선택한다는 것은 자신을 영원회귀의 바퀴를 돌리는 힘
들의 일부로 만드는 것입니다. 영원회귀에 대한 이러한 태도는
우리 자신을, 그리고 우리 삶을 어떻게 달라지게 할까요?

영원회귀의 세계관을 갖는 것은 자신의 개체적 죽음을 긍
정하게 합니다. 영원회귀하는 세계를 긍정한다는 것은 생성·

소멸하는 거대한 생명(Life)의 흐름을 긍정한다는 것입니다. 우리의 존재 역시 영원한 생성과 소멸의 순환 가운데 있는 것이고, 따라서 우리의 죽음 역시 이러한 순환의 일부로서 긍정하게 됩니다. 영원회귀의 세계관은 이야기합니다. "모든 것은 회귀한다. 개체적 삶을 넘어 죽음을 욕망하라." 이로써 개체적 죽음은 긍정되고, 죽음의 허무는 극복됩니다. 나의 소멸이 그것으로 끝나지 않고 다른 생성으로 이어질 때, 나의 죽음은 긍정되고 죽음에 대한 허무는 사라질 것입니다.

영원회귀의 윤리를 선택하는 것은 차이를 생성하는 삶을 긍정하게 합니다. 영원회귀하는 삶을 선택한다는 것은 생성·소멸하는 삶(life)의 방식을 긍정하는 거지요. 생성·소멸하는 삶의 방식이란 고정된 삶의 유형이 아니라, 끊임없이 새로운 변화와 차이를 만들어 내는 삶의 방식을 말합니다. 영원회귀의 윤리론은 말합니다. "차이만이 반복된다. 동일성을 해체하고 차이를 생성하라." 이렇게 차이를 생성하는 삶이 시도되면서 일상의 반복은 긍정되고 삶의 허무는 극복됩니다. 일상의 반복이 새로운 차이를 만들어 낼 때, 일상의 되풀이는 긍정되고 삶에 대한 허무는 날아갈 것입니다.

그런데, 영원회귀는 무엇보다 소멸에 대한 욕망입니다. 생성은 언제나 소멸과 함께합니다. 생성은 '없던 것이 생겨나는 것(생성)'이고, 동시에 '있던 것이 없어지는 것(소멸)'입니다. 어떤 것이 생겨나는 과정은 어떤 것이 없어지는 과정과 동시적이기 때문입니다. 따라서 생성과 소멸은 하나의 과정에 대한 다른 설명이라고 하겠어요. 엄밀히 말해 생성이란 '어떤 것이 다른 것으로 달라지는 모든 종류의 변화'를 말하지요. 따라서 영원회귀의 생성은 몰락에 대한 욕망이며, 생성을 위해 몰락을 긍정하는 것입니다.

생성이 개체를 넘어 진행될 때 그것은 죽음의 형태(신체의 해체)로 나타나고, 생성이 개체적 삶 안에서 구성될 때 그것은 차이의 형태(동일성의 해체)로 나타납니다. 그래서 영원회귀는 명령합니다. "모든 것은 회귀한다, 죽음을 욕망하라!" 이때 죽음이란 우주적 생성의 다른 이름입니다. 그리고 "차이만이 반복된다, 차이를 생성하라!" 이때 차이란 개체적 차원의 생성입니다. 개체를 넘어선 생성이거나 개체 내부의 생성이거나, 모든 생성은 몰락의 다른 이름입니다. 따라서 모든 생성(몰락)은 '자아의 죽음'을 전제합니다. 내가 나로서 죽지 않으면 다른 생명의 생성은 불가능할 것이며, 지금의 나로서 죽지 않으면 새로운 나의 출현은 불가능할 것이기 때문입니다. 그런 의미에서 영원회귀의 전제는 어떤 방식으로든 자아의 죽음입니다.

모든 계급에 걸쳐서 가장 건강하지 않은 종류의 인간이 니힐리즘이 성장하는 토양이다. 그들은 영원회귀를 하나의 **저주**로 느낄 것이다. … (*그들은) 수동적으로 소멸하는 것이 아니라, 의미도 목표도 없는 모든 것을 **소멸**

시킨다.

그때 최강자로서 스스로를 입증하는 것은 누구일까? 더할 나위 없이 만족할 줄 아는 자, 여하한 극단적인 신앙개조도 필요로 하지 않는 자, 우연이나 무의미를 그저 용서하기만 하지 않고 사랑하는 자, 인간에 관해서는 그 가치를 상당히 낮게 생각하면서도, 그것 때문에 작아지거나 약해지지 않는 자이다. 즉 대개의 불운도 버틸 수 있을 만큼 성장에 도달하고, 이 때문에 불운을 그다지 두려워하지 않는, 건강에 가장 부유한 자—**스스로의 힘에 확신**을 가지고, 인간이 **이룩한** 힘을 의식적으로 과시하면서 대표하는 인간. 그런 인간은 영원회귀를 어떻게 생각할까?

—『권력에의 의지』, 55

신체에 따라 영원회귀는 어떻게 다르게 감각될까요? 우리의 신체가 어떤 힘에의 의지를 가졌는가에 의해 영원회귀는 다르게 받아들여질 것입니다. 나의 신체가 약한 의지에 지배당할 때 영원회귀는 하나의 저주로 느껴질 것입니다. 아무것도 생성하려는 힘도 의지도 없는 이들에게, 영원회귀는 의미도 목적도 없는 삶이 영원히 반복되는 것이니까요. 하지만 내가 강한 의지에 충만할 때, 영원회귀는 하나의 놀이이자 축복이 될 것입니다. 새로운 것을 생성하려는 힘과 의지로 충만한 이들에게, 영원회귀는 언제나 새로운 삶의 영원한 회귀이기 때문입니다.

영원회귀를 다르게 감각하는 신체란 어떤 것일까요? 먼저 건강하지 못한 약한 신체는 니힐리즘이 자라나는 토양입니다. 지칠 대로 지치고 힘이 고갈된 신체는 허무를 욕망하는 니힐리즘에 이끌리고, 니힐리즘을 정당화하는 생각을 전염병처럼 퍼트립니다. 반면 건강한 신체를 가진 강자는 새로운 가치의 담지자입니다. 이들은 스스로 가치를 창안하므로 신이나 도덕 같은 절대적 믿음이 필요 없으며, 그의 삶은 다양한 의미를 생산하므로 '삶에 주어진 의미가 없다'라는 것은 오히려 환영할 일이지요. 그리고 강한 힘에의 의지는 우연이나 불운을 삶의 흥미로운 실험으로 여길 것입니다. 영원회귀는 우리에게 묻습니다. 너는 어떤 존재이며, 어떤 삶을 영원히 반복하려고 하는가?

모든 것은 회귀한다, 죽음을 욕망하라

먼저 검토할 것은 세계의 존재 방식으로서 영원회귀, 하나의 세계관으로서 영원회귀입니다. 영원회귀를 하나의 세계관으로 받아들이는 것은, 세계를 생성과 소멸의 영원한 흐름으로 이해하는 것이지요. 이때 인간의 존재 역시 생성·소멸하는 세계 순환의 일부로서, 인간의 죽음 역시 세계적 순환의 일부로 긍정하게 됩니다. '모든 것은 회귀한다'라는 것은 '하나의 죽음이 그것으로 끝나는 게 아니라 다른 생명으로 영원히 되돌아온다'는 거지요. 그래서 '영원회귀를 욕망'하는 것은 '죽음을 욕망'하는 것이 됩니다. 영원회귀의 세계관을 갖는 것은 우리를 어떻게 달라지게 할까요?

두 가지 영원에의 의지 :
영원불멸과 영원회귀

> 저 황제는 (＊세계의 변화 속에서) 모든 사물을 너무 **중시**하지 않고 … 평정을 유지하기 위해, 모든 사물의 덧없음에 눈을 두고 있었다. 나에게는 반대로 모든 것이 덧없기에는 너무도 가치 있는 것으로 여겨진다. 나는 모든 것을 위해 영원성을 찾고 있다. 가장 귀중한 향유와 포도주는 바다로 부어져야 하는 것이 아닌가?―지금까지 존재했던 모든 것이 영원하다는 것이 나의 위안이다.―바다가 그것을 다시 돌려줄 테니까.
>
> ―『권력에의 의지』, 1065

저 황제와 니체는 영원성에 대한 두 가지 퍼스펙티브를 말하고 있습니다. 황제는 영원하지 않은 세계의 변화 속에서 허무에 빠지지 않고 평정을 유지하기 위해 '사물이란 영원하지 않고 덧없다'고 생각합니다. 하지만 니체는 '모든 것이 너무도 가치 있다'고 생각해서 모든 것에 영원성을 부여하려고 합니다. 사물이란 덧없는 것일까요, 아니면 너무도 가치 있는 것일까요? 이러한 태도의 차이는 어디서 비롯되는 것일까요?

먼저 황제는 개별적인 생명체의 소멸에 눈을 두고 있었지만, 니체는 생명의 전체적인 순환에 마음을 두고 있었기 때문이지요. 개별적인 생명체는 언젠가 소멸하겠지만 생명의 전체적인 흐름 속에서 다른 존재로 되돌아올 것이며, 그렇게 어떤 것도 영원할 것입니다. 보다 적극적으로 말하면 개별적 생명체가 소멸하지 않고서는 생명 전체의 순환은 결코 일어나지 않을 것입니다.

또한 황제에게 영원성이란 존재의 영원한 불멸을 뜻하는 것이었고, 니체에게 영원성이란 생성의 영원한 회귀를 의미하는 것이기 때문이지요. 그리고 영원성에 대한 이러한 태도의 차이는 결국 니힐리즘과 영원회귀로 갈라집니다. 황제는 개별적 존재의 영원불멸을 추구하기 때문에 끊임없이 사물의 덧없음이라는 허무주의에 빠지게 됩니다. 반면 니체는 생성의 영원한 회귀를 욕망하기 때문에 감사의 마음으로 존재하는 모든 것에 영원성을 부여하려고 하는 거지요.

그대들은 그대들 자신이 **영원히 지속되기**를 원하는가? 그것은 뻔뻔스러운 것이 아닌가? 그대들은, 그대들을 지금까지 견뎌온 것처럼, **그대들을** 영원히 **견뎌내야** 할 모든 다른 것들을 생각하지 않는 것인가? … 이 지상에 영생하는 인간이 오직 하나만 있어도, 이 지상에 있을 모든 다른 것들은 **그에 대한 혐오감** 때문에 죽고 싶고 자살하고 싶은 격렬한 욕망을 갖게 될 것이다!

— 『아침놀』, 211

불사의 존재가 되는 것은 매우 흔한 일이다. 인간을 제외하고 모든 피조물들은 죽음에 대해 무지하기 때문에 불사의 존재들이다.

— 보르헤스, 『알렙』, 「죽지 않는 사람들」, 26쪽

니체는 존재의 영원불멸에 대해 냉소합니다. 영생을 꿈꾸는 인간이 지상의 다른 존재들에게는 얼마나 뻔뻔한 일이 될 것인가. 지상에 영생하는 인간이 하나만 있어도, 다른 존재들은 그에 대한 혐오감 때문에 죽고 싶을 것이라고 말이지요. 사실 지상의 존재들 가운데 인간만이 유일하게 영생을 꿈꾸는 존재일 것입니다. 길가의 플라타너스가 혹은 플라타너스를 기어다니는 벌레가 영원히 살기 위해 안간힘을 쓴다는 것은 상상할 수 없는 일입니다. 그들은 자연에서 나서 각자의 삶을 열심히 살다가 그대로 자연으로 돌아갈 뿐입니다.

보르헤스는 이렇게 말합니다. 인간을 제외한 모든 생명들은 죽음을 모르기 때문에 죽지 않는 불사의 존재라고. '죽음에 대해 알지 못하면 영원히 살 수 있다'는 게 무슨 말일까요? 개

체의 죽음은 자아라는 관념과 관련되어 있습니다. 나무나 벌레처럼 자연에서 나서 자연으로 돌아가는 개체들은 자연과 자신을 분리할 수 없습니다. 자연의 일부로 살다가 자연의 일부로 돌아가기 때문에 자연과 분리된 '나'라는 관념이 있을 수 없지요. 자연에서 분리된 개체로서 자아를 자각할 수 없으므로 자아의 죽음에 대해서도 무지할 것입니다. 자연과 구별되는 자아의 관념을 지울 때, 자연으로서 영원히 사는 불사의 존재가 되는 거지요.

내가 나로서 남아 있으려 할 때만 죽음은 소멸을 의미합니다. 생성과 소멸의 영원한 흐름 안에서 어떤 개체의 죽음은 다른 개체의 탄생을 의미할 뿐입니다. 죽음이란 '나'라고 부를 수 있는 것들이 해체되고 다른 것으로 구성되는 어떤 문턱 같은 것이지요. 그런 의미에서 죽음이란 하나의 개체가 다른 개체로 넘어가는 이행의 계기일 뿐입니다. 영원회귀란 '나'라는 존재가 해체되면서 다른 존재로 새롭게 구성되는 것입니다. 그 과정에서 '나'라고 부를 수 있는 것이 더 이상 남아 있지 않을 때, 내가 아닌 다른 존재가 생성되지요. 이때 죽음이 소멸의 공포가 아니라 생성의 기쁨이 되는 또 다른 차원의 자유가 열리는 것입니다. 그래서 니체는 말합니다. 모든 것은 회귀한다, 죽음을 욕망하라!

목적도 의미도 없는
생성의 영원한 회귀

> 신과 도덕적 질서에 대한 믿음이 허물어졌을 때, 자연의
> 절대적 비도덕성(자연의 무목적성과 무의미성에 대한 믿
> 음)이 필요한 감정이 된다.
>
> ——『권력에의 의지』, 55

우리가 생성의 영원회귀에 참여하기 위해서는, 먼저 인간
적 차원을 넘어서는 우주적 퍼스펙티브가 필요할 것입니다. 니
체는 '인간의 절대적 가치가 붕괴되었을 때, 자연의 절대적 비
도덕성이 필요하다'고 합니다. 여기서 '자연의 절대적 비도덕
성'이란 인간의 도덕을 넘어서는 자연의 가치를 말하지요. 인
간의 절대 가치가 신과 도덕, 돈과 권력 같은 거라면, 자연의
절대 가치는 무목적성과 무의미성입니다. 자연은 아무런 목적
도 없고 어떤 의미도 없는 생성과 변화 자체지요. 태양이 뜨고
지거나 바다의 파도가 출렁이는 것에, 생성과 변화 외에 어떤
목적이나 의미가 있을 수가 없지요. 스피노자는 자연은 아무런
목적도 의미도 없으며, 자연에 목적이나 의미를 부여하는 것은
인간의 허구라고 비판합니다.

니체는 왜 절대 가치를 상실한 인간에게 자연의 비도덕
성이 필요하다고 했을까요? 자연과 마찬가지로 인간의 삶에도

주어진 목표나 의미가 없기 때문입니다. 인간이 '목적이나 의미가 없이는 삶'을 긍정하지 못할 때 니힐리즘이 생기는 거지요. 인간이 '목적과 의미를 추구'하는 도덕적 존재라면, 자연은 아무런 '목적도 의미도 없는' 생성을 본질로 합니다. 신이나 도덕, 돈이나 권력같이 인간이 부여한 목표·의미는 인간의 창조적인 삶과 다채로운 생성을 가로막습니다.

반면 우리는 생성과 소멸의 우주적 영원성을 받아들임으로써 더 이상 신이나 도덕 같은 인간적 가치를 추구할 필요가 없게 됩니다. 이 순간 우리는 절대 가치의 상실에서 겪게 되는 니힐리즘을 넘어섭니다. 목적도 의미도 없는 영원한 생성을 우리 삶으로 받아들인다면, 영원회귀야말로 우리에게 절대자유를 약속할 것입니다. 우리는 어떤 목적도 요구받지 않고 어떤 의미에도 갇히지 않고, 우리의 생명력 그대로 생성하는 존재일 것이기 때문입니다.

우리는 마지막 목표를 부정한다. 실존이 그런 목표를 가지고 있다면, 그 목표는 이미 달성되었을 것이기 때문이다. … 우리는 과정에서 목적이라는 개념을 제거하고, **그럼에도 불구하고** 과정을 긍정할 수 있는가? 만약 그 과정 내에서 어떤 것이 매 순간 달성되고, 그리고 항상 동일한 것이 **달성된다면**, 우리는 그 과정을 긍정할 수 있을 것이다.

— 『권력에의 의지』, 55

생성의 영원회귀를 긍정하는 것은 최종 목적을 지우고 생성 자체를 긍정하는 것입니다. 만약 이 세계에 그런 것이 있었다면 그것은 이미 달성되었을 것이기 때문입니다. 영원회귀는 과정에서 목적 개념을 제거하고, '목적을 위한 수단'으로서의 과정이 아니라 '과정 자체'를 긍정합니다. '과정의 매 순간'에 무엇이 달성된다면 '최종 순간에 달성되는 목적' 따위는 필요 없을 것입니다. 그렇다면 영원회귀의 과정 안에 있으면서 과정의 매 순간 달성되는 것은 '무엇'일까요? 마찬가지로 새로운 변화, 생성입니다. 생성을 긍정하는 것은 생성이 이루어지는 매 순간을 긍정하는 것이 됩니다.

생성의 목적이 있다면 생성 자체이며, 생성의 의미가 있다면 그 또한 생성 그 자체일 것입니다. 생성이 영원히 계속되기 위해서는 무엇이 필요할까요? 그것은 생성에서 목적과 의미를 지우는 것입니다. 생성에 어떤 목적이 있다면, 목적이 달성되는 순간 생성은 거기서 멈추겠지요. 또 생성에 어떤 의미가 부여된다면, 어떤 의미에 갇힌 생성은 더 이상 생성이 아닐 것입니다. 생성 외에 어떤 목적도 주어져서는 안 되고, 생성 외에 어떤 의미도 없어야 할 것입니다. 따라서 영원회귀란 목적도 의미도 없는 생성 자체에 대한 긍정이며, 생성의 영원한 회귀일 수밖에 없습니다.

생성에 존재의 성격을 각인하는 것 — 이것이 힘에의 의지의 최고 형태이다. … 모든 것이 회귀한다는 것은, 생성의 세계가 존재의 세계에 극한적으로 접근한 것이다.

— 『권력에의 의지』, 617

'생성의 영원회귀와 함께하는 존재의 형식'은 어떤 것일까요? 우리는 앞에서 생성과 존재를 서로 대립되는 의미로 사용했습니다. 그것은 생성을 '새로운 변화'로 정의하고, 존재를 '현재 상태에 있음'으로 간주하는 한에서 그렇습니다. 하지만 인간을 비롯하여 생물이든 무생물이든 세계를 구성하는 어떤 것도 현재 상태에 그대로 존재하지는 않습니다. '현재 그대로 있다'고 보일 때조차 그 내부에서는 무엇인가 생겨나고 사라지는 변화가 진행되고 있지요. 그런 점에서 모든 존재자는 생성 속에 있고, 존재란 곧 생성을 뜻합니다.

내 친구 '라라'를 생각해 볼까요. 내가 그를 '라라!' 하고 부르는 순간에도 그 신체는 세포 수준에서 끊임없이 달라지고 있어, 엄밀하게 말하면 내가 아는 그와 같은 존재일 리 없습니다. 하지만 존재적 동일성이 세포 수준의 차이를 제거하고 그를 하나의 존재로 묶어 주기 때문에 나는 그를 어떤 존재로 알아차릴 수 있는 거지요. 하지만 그 신체가 급속하게 해체 운동을, 다른 것으로의 생성 운동을 진행하게 된다면 나는 그를 더 이상 같은 존재로 인식할 수 없을 것입니다. 존재하는 것은 생성뿐입니다. 그런 의미에서 생성은 세계의 절대적 운동이며,

존재는 생성의 일시적인 형식라고 할 수 있습니다. 끊임없는 생성 운동이 일시적으로 '지금 어떤 상태에 있음'이라는 형식을 띨 때, 우리는 그것을 존재라고 부르지요.

그렇다면 생성과 대립하는 존재 형식과 반대로 생성과 함께하는 존재 형식이 있을 것입니다. 생성과 대립하는 존재 형식이란, 인간 개체의 영원불멸을 비롯하여 자본과 권력 혹은 종교와 이념 등 지금 현재의 것을 최고 가치로 두고 새로운 변화를 가로막는 것입니다. 반대로 생성과 함께하는 존재 형식이란, 생성의 영원회귀를 위해 인간 개체의 소멸을 기꺼이 긍정하는 것이며, 지금 현재의 가치로부터 끊임없이 새로운 것들을 시도하고 창안하는 것입니다. 이처럼 생성과 함께하는 존재 형식을 '생성하는 존재자'라고 부를 수 있을 것입니다.

영원한 것은 '인간'이 아니라 '생성'입니다. 영원회귀를 긍정한다는 것은 이런 것입니다. 인간적 목적과 의미를 넘어 생성의 영원회귀를 긍정하는 것! 즉 인간적 목적과 의미를 지우고 인간이 우주적 생성의 계기로 참여하는 것입니다. 개체적 삶과 죽음을 넘어 개체적 소멸을 통해 우주적 생성의 계기가 되는 것입니다. 이것이 우주라는 거대한 생성에 인간 존재의 성격을 각인하는 영원회귀의 방식이며, 힘에의 의지의 최고 형태입니다. 이처럼 모든 존재가 생성의 영원한 회귀 속으로 들어감으로써 생성의 세계는 존재의 세계에 극한적으로 접근하게 되는 것입니다. 이것이 니체가 말하는 생성의 존재론입니다.

죽음을 넘어
영원회귀를 욕망하는 존재들

> 어떻게 인간은 영원해지는가 — 단테, 『신곡』 「지옥편」,
> 15곡 85행.
>
> — 『권력에의 의지』, 1002

> 죽음이 삶에 대립되는 것이라고 말하는 것을 경계하
> 자. 삶은 죽음의 한 형태일 뿐이며, 그것도 매우 희귀
> 한 형태다.
>
> — 『즐거운 학문』, 109

"인간은 어떻게 스스로를 영원한 존재로 만드는가?" 니체
는 단테의 『신곡』 중 「지옥편」을 인용하여 이렇게 질문합니다.
인간을 영원한 존재로 만드는 것은 소멸을 긍정하는 용기일 것
입니다. 생성의 무구함을 받아들인다는 것은 생성의 무구함 이
면에 있는 소멸의 무구함을 긍정하는 것입니다. 그것은 소멸하
는 것에 대한 슬픔 대신 소멸을 긍정하는 용기를 말합니다. 생
성과 소멸의 영원한 흐름 가운데서 삶과 죽음은 분리할 수 없
는 하나의 과정입니다.

니체에 따르면, 죽음은 삶에 대립되는 게 아니며 오히려
삶이 죽음의 한 형태입니다. 영원회귀의 바다에서, 모든 파도

는 바다에서 생성되어 바다로 소멸합니다. 이때 죽음이란 하나의 파도가 거대한 바다로 다시 복귀하는 것이며, 삶이란 거대한 바다에서 또 다른 파도가 만들어지는 것입니다. 죽음이라는 형태로 인식되는 '바다'가 모든 것을 품고 있는 거대한 잠재성이라면, 삶이라는 형태로 출현하는 '파도'는 바다가 현행화된 형태이지요. 다양한 파도가 거대한 바다의 한 형태인 것처럼, 삶은 죽음의 한 형태인 것입니다.

"미타쿠예 오야신"Mitacuye Oyasin.

— 아메리카 인디언 다코타족

아메리카 인디언 다코타족(다 함께 연결된 사람들)은 "미타쿠예 오야신"이라고 인사합니다. "모든 것이 하나로 연결되어 있다." 이 말은 개체적 삶과 죽음을 넘어서는 개체 너머의 영원회귀를 예시하지요. 인디언들에 따르면, 모든 것은 하나로 연결되어 있어 죽음은 끝이 아니라 새로운 생명을 의미합니다. 이때 내가 그대로 다시 태어나는 게 아니라 나의 죽음이 다른 생명으로 이어집니다. 이를테면 이런 것이지요. 사람이 죽어 땅으로 돌아가면, 그 땅이 나무를 키워내고 새를 날게 하고 바람을 불게 하고. 그렇게 되면 사람은 나무와 새와 바람이 되는 것이지요. 내가 죽어서 나무와 새와 바람이 된다면, 죽는 게 무엇이 그리 두려운가? 내가 죽어서 나의 육체가 나무와 새와 바람과 만나게 된다면, 죽는 게 무엇이 그리 서러울까?

그들은 죽은 뒤에 떡갈나무가 되어도 좋고, 참새가 되어도 좋고, 산들바람이 되어도 좋고, 다시 사람이 되어도 좋다고 생각합니다. 왜냐하면 생명의 커다란 순환 속에서 떡갈나무나 참새, 산들바람이 사람과 다르지 않기 때문이지요. 그래서 인디언은 때가 되면 죽음을 소망했지만, 현대인은 죽음에서 도망치기 위해 필사적으로 노력합니다. 인디언은 생명을 자연이 주는 선물처럼 생각했기 때문에 자연 속으로 돌아가기를 소망했어요. 반면 현대인은 생명을 의학 기술의 혜택으로 생각하기 때문에 의학 기술에 기대어 죽음을 피하고 생명을 연장하기 위해 온갖 노력을 다하지요. 이런 온갖 노력에도 불구하고 인간은 영원히 살 수 없습니다. 자신의 죽음으로 다른 생명들을 키워내지 않는다면 말이지요!

암컷 문어는 굴에만 있었죠. 나와서 배를 채우지도 사냥을 하지도 않았어요. 알을 돌보는 일에 온몸을 바치다시피 했죠. 그러다 보니 몸무게가 확 줄고 기력이 눈에 띄게 떨어졌어요. ⋯ 사이펀으로 산소를 공급하며 암컷이 알을 보살피고 있었어요. 그리고 서서히 죽어 갔죠. 알이 부화하는 날에 맞춰 죽음을 맞이한 겁니다. ⋯ 겨우 숨만 붙어 있던 암컷 문어는 굴 밖에 쓸려 나와 있었어요. 문어는 물고기 먹이가 됐죠. 수많은 청소 동물이 와서 뜯어먹었어요. 다음날 큰 상어가 나타났어요. 상어는 문어를 낚아채서 뿌연 숲으로 사라지더군요. … 암컷 문어가 죽고 몇 개월 후, 아주 작은 문어를 찾아냈어요. 죽은 암컷의 새끼일 수도 있겠다고 생각했어요. 크기나 발견 시점을 보면 그럴 법했죠. 암컷 문어를 다시 만난 것처럼 기뻤습니다.

— 피파 얼릭·제임스 리드, 「나의 문어 선생님」

「나의 문어 선생님」은 크레이그 포스터라는 다큐멘터리 감독이 남아프리카 바다에서 만난 특별한 문어에 관한 다큐 영화입니다. 영화의 제목이 '나의 문어 친구'가 아니라 '나의 문어 선생님'인 것은, 한 마리의 문어가 크레이그에게 가르쳐 준 삶과 죽음에 관한 진실 때문입니다. 케이프타운 근처에서 프리다이빙을 하던 그는 우연히 암컷 문어를 발견하고, 2010년 1년 동안 매일 관찰합니다. 크레이그는 이 문어를 'She'라고 친근하게 부르고, 매일 그를 만난 문어도 조금씩 경계를 풀고 그에게 호기심을 보이지요. 그를 따라오거나 다리를 접촉하며 그와 친밀감과 유대감을 형성하게 되죠.

특히 크레이그가 진술하는 암컷 문어의 마지막 날들은 생성과 소멸이라는 생명의 진실을 들려줍니다. 그녀는 온몸을 바쳐 알을 잉태하고 낳고 보살피면서 서서히 죽어 가요. 알이 부화해서 생명이 태어나는 날에 맞춰 그녀는 죽음을 맞이합니다. 그리고 그녀의 일부는 청소 물고기의 먹이가 되고, 나머지 일부는 평소 그녀를 노리던 상어에게 낚아채여 사라집니다. 그리고 어느 날 작은 새끼 문어가 발견됩니다.

나는 이 영화를 영원회귀에 대한 슬프고 아름다운 이야기라고 생각합니다. 한 마리의 문어는 어떻게 되돌아오는가? 바로 무아無我, 내가 아닌 것으로 돌아오지요. 모든 존재는 영원히 되돌아오지만, 다른 존재로만 되돌아옵니다. 모든 생명은 회귀하지만, 다른 생명체로 회귀하지요. 그녀의 생명은 청소 물고기의 신체로, 상어의 살로, 바다의 영양분으로, 그리고 50만 마리의 새끼 문어로 되돌아옵니다. 마지막으로 크레이그의 삶에 대한 새로운 감각으로, 영원회귀의 진실로 되돌아옵니다.

우리에게는 생성과 소멸이라는 흐름만이 영원히 돌아올 뿐이지요. 개체적 삶과 죽음을 넘어 우주적 차원으로 열리는 영원회귀는 우리에게 개체 너머의 자유를 생각하게 합니다. 우리는 영원한 생성의 흐름 가운데 하나의 계기로서 존재합니다. 우리가 인간적 존재를 넘어서 죽음을 긍정하게 될 때, 비로소 새로운 차원의 자유로 상승하게 될 것입니다.

차이만이 반복된다, 차이를 생성하라

이제 삶의 실천 방식으로서 영원회귀, 윤리적 선택으로서 영원회귀에 대해 검토해 볼까요. '영원회귀를 긍정하는 삶', 생성의 영원성을 긍정하는 삶이란 차이를 생성하는 삶이지요. 차이의 생성이란, 시대적인·지배적인·대중적인 방식과 다른 비시대적이고 소수적이고 특이적인 것을 생산하는 것입니다. '좋은 대학-좋은 직장-안정된 삶'으로 대표되는 우리 시대 보통의 삶과 다른 새로운 스타일의 삶을 시도하는 것입니다. 예술에서도 요즘 대세인 음악 유형, 대중들이 좋아하는 미술 방식과 다른 스타일을 창안하는 거지요. 어째서 보편적인 것이 아니라 차이 나는 것이 반복되는 걸까? 우리 삶에서 차이를 어떻게 생성할 수 있을까요?

두 가지 주사위 놀이 :
절대적 반복과 차이의 반복

"오 차라투스트라여, 너 지혜의 돌이여! … 너는 위를 향해 너를 던져 올렸겠다. 위로 던져진 돌은 어김없이 도로 떨어지기 마련이거늘! … 오, 차라투스트라여, 너는 네 머리 위로 떨어져 너를 박살 내도록 되어 있는 돌을 멀리도 던져 올렸던 것이다. 그러나 돌은 다시 네 머리 위로 떨어지고 말 것을!" 이렇게 말하고 나서 난쟁이는 입을 다물었다.

— 『차라투스트라는 이렇게 말했다』, 환영과 수수께끼에 대하여, 2

난쟁이는 이렇게 말해요. "주사위는 다시 떨어지게 마련인데, 던지는 게 무슨 소용!" 혹은 "아무리 던져도 주사위는 똑같은 6개만 반복하게 될걸!" 일상에서 많이 들어 본 소리지요. "어차피 죽을 건데 열심히 살아서 뭐 해." 난쟁이가 말하는 주사위 던지기는 언제나 같은 행위의 반복이고, 행위의 결과는 1~6 사이의 주사위 눈에 갇히겠지요. 이때 주사위 던지기는 자신을 파괴하는 '내 머리를 박살 내는' 행위가 되고, 자기 생명력을 약화시키는 피로감으로 덮쳐 옵니다. 이처럼 난쟁이의 주사위 던지기는 똑같은 것의 절대적 반복이며, 이러한 반복이 낳는 것은 니힐리즘의 피로감입니다.

계속될수록 피로가 쌓이는 반복, 그래서 생명력을 갉아먹는 반복은 어떤 것일까요? 맞습니다. 바로 '노동의 반복'입니다. 노동은 단지 회사나 공장에서 하는 일이 아니지요. 먹고살기 위한 일, 낡은 것을 반복하는 예술 작업, 입시를 위한 공부 …. 그것이 무엇이든 하기 싫은 것을 억지로 해야 한다면 그것이 바로 '노동'입니다. 우리의 삶에서 노동은 끝이 없습니다. 초중고 12년과 대학 4년 동안 공부 노동을 견디고, 이후에도 생계를 위한 직장 노동, 그리고 노후를 위한 노동까지….

노동은 활동 자체가 아니라 다른 것을 목적으로 합니다. 따라서 노동의 목적은 계속해서 갱신되고 나의 욕망은 계속해서 유보되지요. 노동은 피로가 누적되는 채로 생명력이 다할 때에야 멈출 것입니다. 그리고 이렇게 반복되는 노동은 필연적으로 무력감과 체념으로 이어집니다. '어떻게 해도 지금의 상태를 벗어날 수 없다'라고, '열심히 해도 지금보다 나아질 수 없다'라고 말이지요. 이런 '헛된 지속'을 중단하는 방법은 삶을 그만두는 수밖에 없다고 생각합니다. 지금 이 삶은 견딜 수 없어 보이고 다른 삶은 불가능해 보입니다.

> 그대들은 **주사위**를 잘못 **던졌던 것이다**. 그러나 주사위 노름꾼들이여, 무슨 상관이랴! 그대들은 어떻게 노름을 하고 희롱을 해야 하는지 방법을 익히지 못했던 것이다! 우리는 희롱을 하고 노름을 하도록 마련되어 있는 거대한 테이블에 언제나 앉아 있지 않은가? 큰 일을 이루지 못했다고 곧 실패한 것인가? … 그게 무슨 문제라고! 얼마나 많은 것이 아직도 가능한가!
>
> —『차라투스트라는 이렇게 말했다』, 보다 높은 인간에 대하여, 14~15

하지만 차라투스트라의 주사위 던지기는 아주 다르지요. "주사위 던지기는 놀음이자 유희"이며, "우리의 삶은 놀이를 위한 거대한 테이블"입니다. 삶이 유희라면 커다란 성취가 삶의 목표일 수는 없겠지요. 차라투스트라에게 주사위 던지기는 언제나 새로운 반복이며, 매번 1~6 바깥에 있는 7번째 수를 던집니다. 이때 7번째 수란 무엇이 나올지 알 수 없다는 의미에서 새로운 가능성이며, 그래서 주사위 던지기는 새로운 에너지로 충만한 신체를 생산합니다. 이처럼 차라투스트라의 주사위 던지기는 매번 달라지는 차이 나는 반복이며, 이러한 반복이 낳는 것은 영원회귀의 즐거움입니다.

계속할수록 즐거움이 쌓이는 반복, 그래서 생명의 새로운 활력을 만들어 내는 반복은 어떤 것일까요? 그렇지요. '놀이의 반복'입니다. 놀이는 단지 아이들이 하는 행위는 아니지요. 함께하는 쾌감을 동반하는 공동작업, 새로운 것을 만들어 내는 예술작업, 학위나 명예가 아니라 그 자체가 즐거운 공부…. 무엇이든 그것 자체가 즐거움이고 기쁨이 되는 모든 행위는 '놀이'가 됩니다. 우리의 삶에서 놀이는 무한하지요. '노동'이라는 행위에서 목적을 지우고 과정을 긍정할 수 있다면 모든 것은 '놀이'가 될 것입니다.

그래서 차라투스트라는 어떤 목적을 위한 주사위 던지기, 노동으로서 주사위 던지기를 비판합니다. '그대들은 주사위를 잘못 던졌다'라고. 놀이에는 아무런 목적도 의미도 없으며, 놀이 자체가 목적입니다. 따라서 놀이의 유희에 빠진 신체는 '지금 여기'의 즐거움에만 몰두하지요. 놀이는 피로를 알지 못하며, 건강한 신체와 좋은 에너지를 만들지요. 그래서 놀이의 즐거움은 다음 놀이를 부르고, 이것이 놀이의 반복입니다. 아이들의 놀이를 지켜보면 아주 단순한 행위를 몇 시간이고 지치지 않고 반복하는 에너지가 놀랍습니다. 삶이 놀이라면, 니체는 말합니다. "얼마나 많은 것이 아직도 가능한가!"

주사위 놀이는 영원회귀에 관한 훌륭한 비유입니다. 주사위 놀이는 영원회귀가 절대적 반복이 아니라 차이의 반복이라는 사실을 말합니다. 두 가지 방식의 주사위 놀이는 두 가지 유형의 반복을 의미합니다. 난쟁이의 주사위 던지기가 어떤 새로움도 없는 절대적 반복이라면, 차라투스트라의 주사위 던지기는 매번 다른 즐거움을 생성하는 차이의 반복입니다. 전자가 노동의 반복이라면, 후자는 놀이의 반복입니다. 노동이 어떤 목적을 위한 수단이라면, 놀이는 그 자체가 목적이지요. 따라서 반복되는 노동이 '헛된 지속'이라는 허무를 생산하는 니힐리즘적 반복이라면, 반복되는 놀이는 즐거움과 기쁨을 생산하는 영원회귀적 반복이지요.

똑같은 것이 되풀이되는 절대적 반복은 영원히 계속될 수는 없습니다. 왜냐하면 이런 반복은 계속될수록 자기 신체가 약화되기 때문이며, 결코 두 번 다시 원하지 않는 그런 종류의 반복이기 때문입니다. 또한 '좋은 대학-좋은 직장-중산층'이라는 삶의 도식을 반복하는, 동일한 유형의 동일한 삶은 매혹적이지 않습니다. 그 성공이 아무리 화려해도 그가 시대적 가치를 재생산하는 약자라는 사실에는 변함이 없습니다.

반면 매번 새로움을 생산하는 차이의 반복은 영원히 되돌아옵니다. 왜냐하면 이런 반복은 계속될수록 자기 신체가 건강해지기 때문이며, 영원히 하기를 욕망하는 그런 종류의 반복이기 때문입니다. 또한 지배적인 삶의 방식과 다른 차이를 가진다면, 아무리 사소한 것이라 하더라도 유혹적일 수밖에 없습니다. 그것이 아무리 작은 것이라도 다른 삶을 시도하는 강자적 스타일이 그를 빛나게 합니다. 그래서 니체는 말합니다. 차이만이 반복된다, 차이를 생성하라!

도덕적 의무를 대체하는
영원회귀의 욕망

난쟁이와 차라투스트라는 똑같이 주사위를 던지지만, 난쟁이는 노동을 반복하고 차라투스트라는 놀이를 반복합니다. 노동과 놀이를 가르는 결정적인 것은 무엇일까요? 그것은 바로 '즐거움'입니다. 하나의 수는 다음 수를 부르고, 하나의 주사위는 다음 주사위를 기다립니다. 그래서 주사위 놀이는 영원히 되돌아오는 거지요. 아이들은 왜 그렇게 영원히 놀이를 계속할까요? 즐겁기 때문이지요. 즐거움이 새로운 반복과 순환의 원인입니다. 즐거움이 다음의 즐거움을 기대하는 새로운 반복을 불러오지요.

그래서 영원회귀는 놀이의 즐거움이고 즐거움의 욕망이지요. 그리고 이런 욕망이야말로 우리를 점점 건강한 신체로 만들어 줍니다. 주사위 놀이처럼 즐거움은 그것을 반복하게 만들고, 반복은 그것을 더 잘하게 만듭니다. 이처럼 즐거움과 반복이 계속되면서 우리는 점점 건강한 신체가 되어 가지요. 사람들은 웃으면서 더 잘 웃는 법을 배우고, 놀면서 더 잘 노는

법을 배우고, 춤추면서 더 잘 추는 법을 배우게 됩니다. 니체는
웃음과 놀이와 춤을 새로운 가치 생성을 위한 신체의 긍정적인
힘이라고 합니다.

> 그대가 하기를 원하는 모든 것에 이렇게 물어보라. "나는
> 그것을 무수하게 하기를 원하는가?"라고. … "그대의 삶을
> 다시 한번 살기를 원하는 방식으로 살아라! 이것이야말로
> 과제이다. 왜냐하면 어떻게 하든 그대는 그 삶을 다시 살
> 게 될 것이기 때문에! 노력하는 것이 최고의 환희인 자는
> 노력하라, 쉬는 것이 최고의 환희인 자는 쉬라, 질서에 따
> 르고 복종하는 것이 최고의 환희인 자는 복종하라! 다만
> 사람들은 자신에게 최고의 환희를 주는 것을 의식적으로
> 추구해야 하며, 이를 위해서 모든 수단을 강구해야 한다.
> 영원이 문제 되고 있는 것이다!"
>
> — 들뢰즈, 『들뢰즈의 니체』, 148~149쪽

노동이 '괴로움의 반복'이라면 놀이는 '즐거움의 반복'입
니다. 니체는 스스로에게 물어보라고 합니다. "나는 그것을 수
없이 계속 반복하기를 원하는가?" 그런데 "그렇다!"라고 말할
수 있는 것은 오직 '놀이'입니다. 이것이 바로 '영원히 그것을
하기를 원하는' 영원회귀의 욕망입니다. 그래서 영원회귀는 의
무가 아니라 욕망입니다. 왜냐하면 영원회귀는 '즐거움'을 자

기 동력으로 삼고 있기 때문입니다. 그래서 우리는 이렇게 말할 수 있지요. 일상을 놀이처럼 하라, 삶을 놀이처럼 살라!

뭐 하나 새로울 것이 없이 다람쥐 쳇바퀴처럼 반복되는 '노동 같은 삶'을 원하기란 쉽지 않습니다. 반대로 남들이 뭐라든 돈이나 인정과 상관없이 하고 싶은 것을 하는 '놀이 같은 삶'은 누구라도 원할 것입니다. 하지만 현실에서 놀이 같은 삶을 사는 경우란 흔치 않지요. 우리 시대에 보편적 '노동 같은 삶' 대신 자기 욕망을 따르는 '놀이 같은 삶'을 살기 위해서는 능동적 에너지와 긍정의 결단이 없고서는 불가능하기 때문이지요. 그런 의미에서 영원회귀는 우리의 의지로 선택되는 삶의 윤리입니다. 그래서 니체는 말하지요. "그대의 삶을 다시 한번 살기를 원하는 방식으로 살아라!"

'영원회귀'는 우리에게 모든 도덕으로부터 해방된 의지가 자율에 이르기 위한 법칙을 부여한다. 우리가 무엇을 의욕하든(예를 들면, 나의 게으름, 탐욕, 나의 비겁함, 나의 악덕과 미덕), … 영원회귀를 의욕하는 방식으로 그것을 '의욕해야만' 한다. … 비록 비겁함, 게으름이라도 그것이 자신의 영원회귀를 의욕한다면, 게으름과 비겁함은 다른 것이 될 것이다. 그것들은 능동적이 되고 긍정의 '힘'이 될 것이다.

— 들뢰즈, 『들뢰즈의 니체』, 59~60쪽

절대 가치인 도덕이 해체된 후에 무엇이 삶의 기준이 될 수 있을까요? 니체는 '도덕'을 대체하는 의지의 기준이 바로 '영원회귀'라고 합니다. 이제까지 해야 할 것과 하지 말아야 할 것을 구분하는 선악의 도덕이 우리 삶의 기준이었습니다. 하지만 모든 시대, 모든 사람이 지켜야 할 보편적인 도덕 같은 것은 없지요. 신이라는 이름의 절대 가치가 붕괴될 때, 도덕이라는 보편 기준도 그 생명력을 잃어버렸으니까요. 들뢰즈는 니체를 반복합니다. 도덕이라는 '보편적 기준'으로부터 해방된 우리에게 영원회귀가 '자율적 기준'을 부여한다고.

칸트는 의지의 기준을 도덕의 '정언명령'으로 제시했습니다. "네 의지의 준칙이 언제나 보편입법의 원리가 되도록 행위하라." 너의 의지가 '시대의 보편도덕'이 되도록 행하라는 거지요. 반면 니체는 의지의 기준을 '영원회귀의 욕망'으로 제시합니다. "네가 무엇을 의욕하든, 영원회귀를 의욕하는 방식으로 의욕하라." 너의 의지가 '영원히 그것을 하기를 원하는가'와 일치하도록 하라는 거지요.

'너는 그것을 해야 한다'라는 도덕적 기준 대신, '영원히 그것을 하기를 원하는가'라는 영원회귀의 욕망에 의해 판단하고 행동할 것을 요구합니다. 도덕적 의무는 어느 시대나 그 시대의 평균적 인간을 만듭니다. 절대적 반복이 만들어 내는 동일한 유형의 존재들이지요. 반면 영원회귀의 욕망은 각각의 욕망에 따른 특이한 주체를 생산합니다. 차이의 반복이 생산하는 특이한 유형의 존재들입니다.

하나의 삶 안에서
차이를 생성하는 방식들

명치가 아픈 게 회사 가기 싫다.

날씨도 좋은 게 회사 가기 싫다.

길들이 막힌 게 회사 가기 싫다.

오늘은 화요일, 왜 화요일일까.

진짜로 명치가 아픈 게, 진짜 회사 가기 싫은가 보다.

— tvN 유 퀴즈 온 더 블럭, 「택시에서 써 내려간 2,200명 승객들의 일기」

내일은 내일의 태양이 뜬다(After all, tomorrow is another day).

— 빅터 플레밍, 「바람과 함께 사라지다」

"회사 가기 싫다." 회사에 출근하기 싫은 어떤 심정이 무기력하고 권태롭게 흘러내리는 듯합니다. 신체의 모든 상태가, 세상의 모든 것들이 회사 가기 싫은 이유를 제공합니다. "내일이 안 왔으면 좋겠어! 이대로 지구가 망해 버렸으면…." 내일은 내일의 태양이 뜨겠지만, 모든 사람에게 새로운 날이 밝는 것도 아니고 내일의 태양이 뜨는 것도 아니지요. 이런 사람들에게 내일은 무수한 날 중 하나이며, 똑같은 태양이 뜨는 무의미한 반복 혹은 끔찍한 반복입니다. 니체는 이런 신체에게 영원회귀는 저주와 같을 것이라고 말했지요. 이처럼 어떤 것이 자기 생명력을 조금씩 갉아먹는 것을 지켜보아서는 안 됩니다. 스스로 그것에서 자기 신체를 분리시켜야 합니다.

"내일은 내일의 태양이 뜬다." 스칼렛은 이렇게 말함으로써, "얼마나 많은 것이 아직도 가능한가!" 니체를 반복합니다. 오늘이 어쨌거나, 내일에는 모든 가능성을 지닌 새로운 태양이 솟아오른다는 것! 스칼렛은 이렇게 말함으로써 모든 절망을 한꺼번에 날려 버리는 의지를 보여 줍니다. 이때 스칼렛은 스스로 영원회귀의 원인으로 작동합니다. 세계의 모든 가능성은 동일하게 되돌아오겠지만, 이때 세계는 다른 모습으로 펼쳐질 것입니다. 내가 주사위를 던진 세계와 주사위를 던지지 않은 세계는 완전히 다르기 때문이지요. 무엇보다 주사위를 던지는 나의 신체와 의지가 달라지고, 이것이 세계를 변화시킬 것입니다.

창조하는 자들이여. 너희 삶에는 쓰디쓴 죽음이 허다하게 있어야 한다! 그래야 너희는 덧없는 모든 것들을 받아들이고 정당화하는 사람이 되는 것이다. … 진정, 나는 백 개나 되는 영혼을 가로질러, 백 개나 되는 요람과 해산의 고통을 겪어가며 나의 길을 걸어왔다. 나는 이미 허다한 작별을 경험하기도 했고. 그리하여 가슴이 미어질 것만 같

은 마지막 순간들을 나는 알고 있다. 그런데도 나의 창조
적 의지, 나의 운명은 그러기를 바라고 있다.

— 『차라투스트라는 이렇게 말했다』, 행복한 섬에서

227. 다시 생겨나려면 소멸하기를 원해야 한다. — 한 날
에서 다른 날로. 백 개의 영혼을 통한 **변신**(Verwandlung,
transformation) — 그것이 너의 삶, 너의 운명이 되도록 하
라. 그리고 나서 마지막으로, 이 전체 계열을 다시 한번 원
하라!

— 『유고(1882년 7월~1883/1884년 겨울)』, 5[1]

하나의 삶 안에서 어떻게 차이를 생성할 수 있을까요? 그
것은 이전의 내가 죽고 다른 나를 구성하는 것입니다. 니체는
다시 태어나기 위해서는 쓰디쓴 죽음이 허다하게 있어야 한다
고 하지요. 여기서 쓰디쓴 죽음이란 이전의 정체성이나 스타일
을 부정하는 것을 말합니다. 익숙했던 나와 결별하는 것, 명성
을 가져다준 작업방식을 부정하는 것, 그래서 쓰디쓴 죽음이란
쓰디쓴 작별입니다. 이것은 우리의 삶 안에서 죽음과 탄생을
반복하는 비인칭인 죽음을 말합니다. 생물학적 죽음과 다른 의
미의 사건적 죽음 말이지요. 이것이 개체적 삶 안에서 영원회
귀를 체험하는 방식이며, 우리 존재 내부에서 차이를 생성하는
방법입니다.

니체는 "나는 나를 기다린다"라는 말로 자신을 '생성하는 존재자'로서 사유했습니다. 생성하는 존재자란, 비인칭적 죽음을 통해 스스로 새로운 나를 창조하는 존재입니다. 생성하는 존재자를 시도하면서 우리는 하나의 생애를 통해 여러 존재로 살 수 있을 것입니다. 그리고 이러한 시도를 멈추지 않는다면, 우리는 죽을 때까지 평생에 걸쳐 다른 나를 만나게 될 것입니다. 생성을 위해서는 먼저 소멸을 욕망해야 합니다. 소멸이 없이는 생성이 없으니까요. 차이를 생성하는 것은, 생성하기 위해 소멸하고 하나의 존재에서 다른 존재로의 변신을 욕망하는 것입니다.

"난 혼돈을 받아들여요. 혼돈이 날 받아들일지는 모르겠지만."

— 토드 헤인즈, 「아임 낫 데어」

「아임 낫 데어」는 하나의 삶을 차이 나는 방식으로 사는 것, 하나의 존재로서 여러 자아를 생성시키는 것에 관한 영화입니다. 먼저 이 영화는 밥 딜런의 생애를 일곱 명의 각기 다른 배우가 연기하여, 딜런의 단일한 정체성을 해체합니다. 이러한 자아의 해체는 다분히 의도적이어서, 토드 헤인즈는 백인-중년-남성으로서 지배적이고 다수적인 존재인 딜런을 흑인-아이-여성이라는 소수적인 존재로 표현합니다. 일곱 명의 딜런은 각 시대와 각 사건의 주인일 뿐, 단일한 주체라고 설명할 수 있는 무엇도 가지고 있지 않습니다. 일곱 명의 딜런을 이어 주는 일관성은 그들의 '생각이나 의식'이 아니라, 모든 딜런들이 '발을 튕기는 순간의 신체성'에 있지요. 우리가 '하나의 딜런'을 상정하는 데 익숙하다면, 토드 헤인즈는 시대와 사건 속에서 '달라지는 딜런'을 포착하려고 했습니다.

다음으로 토드 헤인즈는 밥 딜런이라는 하나의 신체를 주파하는 다양한 힘을 통해 그를 생성하는 존재자로 실험합니다. 딜런은 포크 가수, 인권 운동가, 반전 운동가, 시인, 은둔자, 기독교인으로 자신의 모습을 끊임없이 변화시킵니다. 딜런이 하나의 생애를 통해 다양한 딜런으로 살 수 있었던 것도, 그때마다 신체 내부에서 힘들의 분포를 바꾸고 의지의 방향을 다르게 함으로써 가능했습니다.

자기 신체를 새로운 힘과 의지를 향해 열어 둔 생성하는 존재자로서 딜런의 의지는 이렇게 말합니다. "난 혼돈을 받아들여요. 혼돈이 날 받아들일지는 모르겠지만." 혼돈 혹은 카오스는 이전의 모든 정체성이 해체되는 동시에 신체의 힘과 욕망이 모든 가능성을 향해 흘러넘치는 상태를 말하지요. 새로운 자아란 이렇게 '정체성의 해체와 힘들의 과잉 상태'를 의미하는 카오스를 거쳐 생성되는 것입니다. 이처럼 카오스를 통해 새로운 자아를 생성할 줄 알았던, 그래서 그때마다 다른 나로 살았던 딜런은 이렇게 말할 수밖에 없을 것입니다. "나는 당신이 알고 있는 그 누구도 아니다. I'm Not There. 거기에 나는 없었다"라고. 다만 각 시대, 각 사건에 접속해 있는 "자신의 힘에의 의지에 충실한 나"만이 존재했다고.

6

아모르파티,
운명을 사랑하라

아모르파티, 운명에 대한 사랑

"그래서 니체가 말하려는 게 결국은 뭐야?" 그 대답은 이것입니다. "운명을 사랑하라." 신의 죽음을 선언함으로써 절대 가치의 해체를 말하고, 위버멘쉬를 통해 인간적 가치를 넘어설 것을 제안했어요. 그리고 힘에의 의지로 능동적 힘과 긍정의 의지를, 영원회귀로 죽음의 욕망과 차이의 생성을 가르쳤지요. 그런데 니체의 이 모든 철학은 사실 이 말을 하려고 했던 거지요. "아모르파티. 삶을 사랑하라, 네 운명을 사랑하라!" 니체의 모든 철학적 메시지는 삶을 사랑하는 방법을 향해 있습니다. 아모르파티는 니체 철학이 의욕하는 마지막 사랑입니다.

무엇보다 아모르파티는 니체 철학의 근본 사유인 영원 회귀의 결론입니다. 먼저 "모든 것은 회귀한다. 죽음을 욕망하라!" 삶을 넘어 개체적 죽음을 욕망하는 것이, 인간의 유한한 운명에 대한 긍정이자 운명을 사랑하는 방법입니다. 또한 "차이만이 반복된다. 차이를 생성하라!" 삶의 모든 순간에 새로움을 시도하고 차이를 생성하는 삶이, 바로 삶을 창조하고 삶을 사랑하는 기술인 거지요. 그렇다면 운명을 사랑한다는 것은 어떤 것일까요?

운명애는
운명에 순응하는 것? 삶을 견디는 것?

라틴어 아모르파티(Amor-Fati)는 사랑을 뜻하는 'Amor'와 운명을 뜻하는 'Fati'가 합쳐져, "운명을 사랑하라"는 뜻입니다. 운명에 대한 사랑(Love of Fate)이나 운명애(運命愛)로 표현되기도 하지요. 대중가요의 영향으로 우리나라에서 아모르파티를 모르는 사람이 없게 되었어요. 그래서 '아모르파티'는 '신은 죽었다'라는 말만큼 니체를 대표하는 시그니처가 되었지요.

아모르파티가 사람들에게 친숙해지다 보니 어처구니없는 해석이 생기기도 하네요. 하지만 나는 이렇게 사람들이 철학의 말을 일상으로 가지고 와서, 노래도 하고 오해도 하고 그렇게 가지고 노는 것이 좋다고 생각합니다. 그것이 오해나 왜곡을 낳는다고 하더라도 말이지요. 그러는 가운데, 그리고 이런 왜곡을 거쳐야 철학은 삶이 될 테니까요. 그런데 대체 '운명을 사랑한다'라는 게 뭘까요? 아모르파티에 대해 사람들은 어떻게 이해하고 있을까요?

- 아모르파티, 네 운명을 사랑하라. 견디자, 다 지나간다.
- 우리에게 지워진 운명적인 삶의 굴레는 어느 순간 극복하는 것이 아니다. 견뎌내는 것이다.
- 꼭 하루씩만 살아 내자. 아모르파티. 네 운명을 사랑하라.
- 피할 수 없으면 즐겨라. 아모르파티.

— 인터넷을 떠도는 아모르파티에 대한 오해들

삶을 한낱 힘든 노역이자 불안으로 받아들이고 있는 너희 또한 삶에 몹시 지쳐 있는 것이 아닌가?

— 『차라투스트라는 이렇게 말했다』, 죽음의 설교자들에 대하여

"견디자, 다 지나간다." 혹은 "견뎌내자, 꼭 하루씩만 살아 내자." 이 말에 담긴 그 삶이 느껴져서 마음이 다 슬퍼집니다. 어서 지나가기를 견디는 것 말고 아무것도 할 수 없는 삶이란 대체 어떤 것일까! 이런 슬픈 감정에 붙여진 운명애, '네 운명을 사랑하라'처럼 참담한 것이 또 있을까요. 참고 견디는 삶을 받아들이고 사랑해야 한다니! 그러면 "피할 수 없으면 즐겨라"

는 어떨까요? 이것 역시 어쩔 수 없으니 '즐기는 방식'으로 그것을 받아들이라는 주문입니다. 고통을 견디는 대표적 정신 승리법이지요.

결국 '참고 견디자' 혹은 '피할 수 없으니 즐기자'라는 것은 모두 운명애를 '삶을 견디는 것'으로 해석하고 있습니다. 이러한 관점이 전제하고 있는 것이 있습니다. "삶은 고통일 뿐이야." 그래서 이어지는 결론은 이렇습니다. "네 처지를 인정하고 운명을 받아들이면 삶의 고통이 줄어들 거야." 운명이나 삶에 대해 이렇게 말하는 자들에 대해 차라투스트라는 비판합니다. 자신의 약한 신체에서 나온 병든 시각으로 삶을 해석하고, 그것으로 타인의 삶의 의지를 꺾는 자들이라고. 니체의 운명에 대한 사랑이 이런 걸까요? '참고 견디는 미덕'을 위해 니체가 아모르파티를 말한 것은 결코 아니겠지요. 그것은 니체의 일이 아니라 종교의 일이지요. 참고 견디는 것이야말로 니체가 가장 비판하는 삶의 태도입니다.

동양에서는 운명을 자연의 섭리로 여기고 순응하는 데에 비해, 개인의 자유의지를 중시하는 서양에서는 운명에 순응하기보다는 운명에서 벗어나 자신만의 길을 걷는 것을 추구….

— 나무위키, 「운명」

한편 동양적 운명론은 운명을 '순응해야 할 어떤 것'이라고 보는 데 반해, 서양적 운명론은 운명을 '벗어나야 할 무엇'으로 여긴다고 합니다. 운명에 대한 상반된 태도처럼 보이지만 동양과 서양은 운명 자체에 대한 부정적 가치를 공유하고 있어요. 운명이란 '미리 정해져 있어서 바꿀 수도, 통제할 수도 없는 어떤 것'이라는 겁니다. 이것이 흔히 우리가 말하는 운명론이지요. 니체의 운명애가 이런 의미라면 니체가 새삼 철학으로 기획할 필요도 없었을 것입니다. 이미 모두가 알고 있는 것을 똑같이 반복할 이유는 없을 테니까요. 아무래도 운명론을 넘어서지 않고서는, 운명은 순응하거나 대결해야 하는 부정의 대상일 뿐 결코 사랑할 수 없을 거 같습니다.

필연성은 나를 다치게 하지 않는다. 운명애는 내 가장 내적인 본성이다.

— 『바그너의 경우』, 4

인간에게 있는 위대함에 대한 내 정식은 **운명애**다: 앞으로도, 뒤로도, 영원토록 다른 것은 갖기를 원하지 않는다는 것. 필연적인 것을 단순히 감당하기만 하는 것이 아니고, … 오히려 그것을 **사랑하는** 것….

— 『이 사람을 보라』, 나는 왜 이렇게 영리한지, 10

니체는 운명애야말로 인간의 위대함을 드러내는 정식이라고 합니다. 운명을 사랑할 줄 아는 인간이야말로 위대한 인간이라는 거지요. 그에 따르면, 운명을 사랑한다는 것은 다른 것을 갖기를 원하면서 '운명을 회피'하거나, 그것을 감당하려고 하면서 '운명과 대결'하는 것이 아니라, 오히려 '운명을 사랑'하는 것입니다.

니체의 운명애(Amor-Fati)는 통상적인 운명론(Fatalism)과는 다릅니다. 앞에서 살펴본 것처럼 운명론은 수동적 '체념'을 가르칩니다. "모든 것은 운명적으로 정해져 있으니, 운명을 받아들여!" 하지만 니체의 운명애는 능동적 '창조'를 명령합니다. 수동과 능동이야말로 운명론과 운명애를 가르는 핵심적인 힘감정입니다. '운명과 삶을 사랑하라'는 것은 '운명과 삶을 아름답게 창조하라'는 것과 같은 말입니다. 대체 운명을 사랑한다는 것, 운명을 창조한다는 것은 무엇일까요? 운명에 순종하는 것도, 운명과 대결하는 것도 아니라면 말이지요.

운명애는
운명을 창조하려는 힘에의 의지

나는 사물에 있어 필연적인 것(*운명)을 아름다운 것으로 보는 법을 더 배우고자 한다. —그렇게 하여 사물을 아름답게 만드는 사람 중 하나가 될 것이다. 네 운명을 사랑하라_{Amor-fati} : 이것이 지금부터 나의 사랑이 될 것이다. 나는 추한 것과 전쟁을 벌이지 않으련다. 나는 비난하지 않으련다. 나를 비난하는 자도 비난하지 않으련다. **눈길을 돌리는 것**이 나의 유일한 부정이 될 것이다! 무엇보다 나는 언젠가 긍정하는 자가 될 것이다!

— 『즐거운 학문』, 276

니체가 아모르파티를 처음으로 언급한 텍스트입니다. 모든 사물, 모든 존재에 있어 필연적인 것이란 바로 '운명'을 가리킵니다. 니체는 이 운명을 아름답게 보는 법을 배우고, 그래서 운명을 아름답게 만들려고 합니다. 운명을 아름답게 만든다? 그렇습니다. 니체에게 운명은 '창조'의 대상이며, 운명애는 운명을 아름답게 만들 수 있는 '능력'을 말합니다.

니체에게 사랑은 창조와 동의어입니다. 친구를 사랑하면 친구를 창조하고, 삶을 사랑한다면 삶을 창조해야 하고, 운명을 사랑하는 것은 곧 운명을 창조하는 것입니다. 그에게 운명이란 '어쩔 수 없이 정해진 숙명'과 같은 것이 아니며, 운명에 대한 사랑 역시 '주어진 숙명에 순응하라'는 것이 아닙니다. 다시 말해 운명이란 '내 삶이 놓여 있는 필연적 세계'를 의미하며, 운명에 대한 사랑은 내게 주어진 필연적인 것을 아름답게 만들 수 있는 '운명에 대한 창조 의지', 즉 운명을 창조할 수 있는 힘에의 의지를 말합니다.

나는 사랑하노라. 그 자신의 덕(*힘에의 의지)으로부터
자신의 취향과 운명을 만들어 내는 자를. … 덕(*힘에의
의지)은 운명을 묶어 주는 매듭이기 때문이다.

— 『차라투스트라는 이렇게 말했다』, 차라투스트라의 머리말, 4

니체가 말하는 '덕'(Virtus)이란 힘에의 의지를 윤리적 형
태로 표현한 것입니다. 니체는 자신의 힘에의 의지로 자기 운
명을 만들어 내는 자를 사랑하며, 힘에의 의지는 운명을 묶어
주는 매듭이라고 해요. 다시 말해, 자신의 힘에의 의지가 자신
의 운명을 만들어 냅니다. 앞서 니체는 운명을 창조의 대상이
라고 했는데, 운명을 창조하는 주체가 바로 힘에의 의지라는
거지요. 바로 능동적 힘과 긍정의 의지라는 건강한 힘에의 의
지가 운명을 창조합니다.

너희가 하나의 의지(*힘에의 의지)만을 의욕하는 자들이
고, 온갖 역경의 이 전환이 너희에게 필연으로 불릴 때, 거
기에 너희의 덕의 근원이 있으렸다.

— 『차라투스트라는 이렇게 말했다』, 베푸는 덕에 대하여, 1

필연성에 대한 완전한 인식은 모든 '해야만 한다'를 지양
하게 될 것이다.

— 『유고』(1882년 7월~1883/1884년 겨울), 4[43]

그리고 운명을 창조하는 힘에의 의지가 무엇인지를 말하지요. 우리가 단지 '역경을 인내'하거나 '역경과 대결'하는 게 아니라 '역경을 전환'하는 것을 필연적 운명이라고 할 때, 그것이 진정한 의미의 힘에의 의지라는 것입니다. 니체는 이런 방식으로 자신의 모든 필연성 곧 운명을 전환시키려 합니다. 주어진 운명을 다른 방식으로 전환하는 것이 바로 니체가 운명을 창조하는 방법입니다. 필연성(운명)을 이런 방식으로 인식하게 될 때, 우리는 운명에 대해 더 이상 '해야만 한다'라는 태도를 갖지 않을 것입니다.

운명을
의지의 대상으로 삼을 수 있을까

삶은 고해(苦海)다. 이것은 삶의 진리 가운데서 가장 위대한 진리다. 그러나 이런 평범한 진리를 이해하고 받아들일 때 삶은 더 이상 고해(苦海)가 아니다. 다시 말해 삶이 고통스럽다는 것을 알게 되고 그래서 이를 이해하고 수용하게 되면, 삶은 더 이상 고통스럽지 않다. 왜냐하면 비로소 삶의 문제에 대해 그 해답을 스스로 내릴 수 있기 때문이다. … 삶이 힘들다는 것은 문제를 직면하고 해결하는 과정이 고통스럽다는 것을 말한다. 문제가 생기면 어떤 문제냐에 따라 절망, 비애, 슬픔, 외로움, 죄책감, 후회, 분노, 두려움, 걱정, 고뇌, 좌절 같은 감정을 느끼게 된다. 이러한 감정들로 인해 우리의 마음은 불편해진다. 종종 아주 불편해지고 육체적인 통증과 같은 고통을 느끼며, 그 고통은 때로 가장 심한 육체적 고통과 맞먹는다. 우리가 문제를 문제라고 부르는 이유는 사건이나 갈등이 야기하는 바로 이 고통 때문이다. 삶은 끊임없는 문제를 연속적으로 배출하고 있으므로 삶은 항상 힘들고 기쁨과 동시에 고통으로 가득 차 있는 것이다.

— M. 스캇 펙, 『아직도 가야 할 길』, 15~22쪽

"삶은 고해다! 이것이 삶의 위대한 진리다." 정말 그럴까요? 흔히 우리는 삶을 고통의 바다[苦海]라고 생각해서, 끊임없이 몰아치는 파도를 크고 작은 삶의 난관에 비유하지요. 먼저 고통의 바다와 거친 파도를 어쩔 수 없는 '복종의 대상'으로 받아들이는 경우가 있지요. 체념의 의지는 탄식합니다. "파도야, 난 어쩌란 말이냐." 이때 '무수한 파도를 견디면서 어떻게 이 바다를 무사히 건널 것인가' 하는 것이 삶의 관건이 됩니다. 한편 거친 파도가 몰아치는 바다를 '대결의 상대'로 생각하는 경우도 있지요. 불굴의 의지는 말합니다. "아무리 몰아쳐도 파도야, 나는 쓰러지지 않을 테다." 이때 '거친 파도에 굴복하지 않고 어떻게 바다를 정복할 것인가'를 삶의 목표로 삼게 됩니다.

그런데 말이지요. 파도를 찾아다니는 사람, 심지어는 거

칠고 커다란 파도에 열광하는 사람들이 있습니다. 그들에게 거칠고 높은 파도는 놀이의 친구이고, 파도를 일으키는 바다는 놀이터입니다. 우리는 이런 이들을 파도 타는 사람, 서퍼(surfer)라고 하지요. 이들에게 파도는 복종의 대상이거나 대결의 상대가 아니라 유희와 놀이의 친구입니다. 파도에 복종하든, 파도와 대결하든, 파도와 바다에 대한 감각은 다르지 않습니다. 파도는 여전한 위험이며, 바다는 고통일 뿐입니다. 하지만 서퍼들에게 파도와 바다에 대한 감각은 달라집니다. 계속해서 일어나는 파도는 고통이 아니라 즐거움이며, 바다는 적대적인 어떤 것이 아니라 무한한 에너지일 것입니다. 파도가 없다면, 파도를 만들어 내는 바다가 없다면, 더는 파도와 놀 수 없기 때문입니다.

이것이 니체의 말대로 '필연이라는 바다를 아름답게 보는 방법'이고, 파도를 타는 서퍼들이야말로 '바다를 아름답게 만드는 자들'이지요. 또한 이것이 운명을 다른 방식으로 전환하는 것이고, 운명을 창조하는 방법이며, 곧 운명을 사랑하는 방법일 것입니다. 우리가 어떤 유형의 힘에의 의지를 갖는가에 따라 운명에 대한 태도가 결정됩니다. 즉 낙타의 의지를 갖는다면 운명은 복종의 대상이 될 테지요. 그리고 사자의 의지에 그친다면 운명은 대결의 대상일 뿐입니다. 하지만, 아이의 생성을 배운다면 운명은 놀이의 상대이자 창조의 대상이 될 것입니다.

우리는 압니다. 파도가 위협이나 대결이 아니라 놀이가 되는 것은 마음먹기에 달려 있거나 정신 승리로는 불가능한 일이라는 것을! 파도를 아름답게 보는 것, 혹은 파도를 아름답게 만드는 것이야말로 엄청난 힘과 의지를 전제로 한다는 것을! 거친 파도를 긍정할 수 있는 의지와 파도와 함께 놀 수 있는 능력이 필요한 일이지요. 건강한 힘에의 의지 말입니다. 이것이 파도라는 이름의 운명 혹은 삶에 관한 '위대한 진리'입니다.

그래서 니체에게 운명에 대한 사랑은 곧 운명에 대한 창조 의지, 운명을 창조하려는 힘에의 의지와 같은 의미가 됩니다. 결국 이것은 '운명이라는 필연을 의지의 대상으로 삼을 수 있는가' 하는 문제를 제기합니다. 우리는 쉽게 운명은 필연적이며 우리의 의지로는 어찌할 수 없는 것으로 받아들이지요. 하지만 니체는 운명을 아름답게 만드는 힘에의 의지에 의해 필연적 운명이 의지의 대상이 될 수 있음을 증명합니다. 즉 니체는 운명(주어진 삶, 필연적 세계)조차 힘에의 의지를 통해 창조하려고 합니다. 그것은 운명에 순응하는 낙타적 복종도, 운명과 대결하는 사자의 저항도 아닌, 운명을 사랑하는 어린아이의 놀이입니다. 그것이 바로 니체가 말하는 운명애, 아모르파티지요.

아모르파티 방법: 어떻게 운명을 사랑할 수 있나

우리는 바로 앞에서 아모르파티의 의미에 대해 살펴보았습니다. 삶을 사랑한다는 것은 무엇이며, 운명을 사랑한다는 것이 어떤 것인지. 이제 우리가 검토할 것은 아모르파티의 방법입니다. 우리는 어떻게 삶을, 우리의 운명을 사랑할 수 있을까요? 운명애가 단지 현재의 삶이나 내게 주어진 운명을 사랑하는 게 아니라면, 우리는 어떻게 우리의 삶과 운명을 사랑할 수 있을까요? 운명은 어쩔 수 없는 것이고, 사는 건 그냥 사는 거지, 뭐! 정말 그럴까요? 삶에도 기술이 필요하다고, 삶이야말로 가장 창조적인 영역이라고 니체는 말합니다. 이제 니체가 말하는 삶을 사랑하는 기술에 집중하도록 합시다.

너의 운명을 사랑하라.
그에 앞서 운명을 사랑할 줄 아는 자가 되어라!

어느 때고 너희가 의욕하는 것을 행하라. 그러나 그에 앞서 너희는 **의욕할 줄 아는** 자들이 되어야 한다! … 이웃을 항상 너 자신처럼 사랑하라. 그러나 그에 앞서 **자기 자신을 사랑할 줄 아는** 자들이 되어야 할 것이다.

— 『차라투스트라는 이렇게 말했다』, 왜소하게 만드는 덕에 대하여, 3

니체에 대한 오해 중 하나는 "자기 욕망에 충실하라"는 것입니다. 시대적 가치가 '우리의 욕망을 억압'하는 것에 대해 '자기 욕망을 따르는 것'을 니체적 가치처럼 말하기도 합니다. 하지만 자기 욕망에 대한 니체의 전제를 이해하지 않는다면, 니체의 말을 "네 멋대로 해라"처럼 해석하게 되지요. 니체는 말합니다. 너의 의지에 따라 살기 위해서는, 그에 앞서 의욕(의지)할 줄 아는 자가 되어야 한다고. '자기 의지나 욕망에 충실하라'는 말이 긍정적인 가치를 가지려면 '의욕할 줄 아는 능력'이 전제되지 않으면 안 됩니다. 의욕할 줄 아는 능력이란, 바로 능동적 힘과 긍정의 의지라는 건강한 힘에의 의지를 생산하는 신체를 뜻합니다.

내가 어떤 존재이고 무엇을 욕망하는지, 나는 알 수 없습니다. 왜냐하면 시대적 가치 아래 나는 시대적 존재이고, 나의 욕망은 시대의 욕망을 욕망하기 때문입니다. 왜냐하면 한 번도 우리는 나 자신을 탐구해 보지 않았기 때문입니다. 여기서 우리는 『도덕의 계보』에서 니체가 한 말을 다시 반복해야 합니다. "우리는 우리 자신을 잘 알지 못한다. 그것은 우리가 한 번도 자신을 탐구해 본 적이 없기 때문이다. 그런데 어느 날 우리 자신을 찾는 일이 어떻게 일어날 수 있는가!"

이와 유사한 용법으로 "이웃을 네 자신처럼 사랑하라"는 말이 있습니다. 이 말은 니체가 비판했던 동정이나 연민 같은 기독교의 가치로 읽히지요. 니체는 '이웃 사랑'을 자신으로부터 도피하여 이웃에게 달아나는 행위라고 비판합니다. 자신을 사랑한다는 것에는 자신을 창조하는 커다란 능력이 필요한 반면, 이웃을 사랑한다는 것은 적은 노력으로도 가능하기 때문이지요. 그래서 니체는 말합니다. 이웃 사랑에 앞서 자신을 사랑할 줄 아는 자가 되어야 한다고. 이웃을 자신처럼 사랑하기 위해서는, 그에 앞서 자기 자신을 사랑하는 법을 배우라! '이웃에 대한 사랑'이 긍정적 가치를 가지는 것은 '자신에 대한 사랑'이 전제될 때입니다. 이때 이웃 사랑은 자기 사랑이 확장되고 깊어진 자연스러운 결과일 것입니다.

운명에 대해서도 우리는 니체를 따라 이렇게 말할 것입니다. "너의 운명을 사랑하라. 그러나 그에 앞서 주어진 운명에 굴복하는 게 아니라 자기 운명을 사랑할 줄 아는 자가 되어라!" 그에 앞서 자기 운명을 사랑할 수 있는 능력을 가져야 합니다. 그에 앞서 주어진 필연적인 운명을 아름답게 만들려는 의지를 가져야 합니다. 마찬가지로 "네 삶을 사랑하라. 그러나 그에 앞서 찌질한 삶이 아니라 사랑할 만한 삶을 살아라." 내 삶의 어떤 경우든 건강한 삶을 위한 재료로 활용할 수 있는 능동적 힘과 긍정의 의지를 가져야 합니다. 그렇다면 능동적인 힘과 긍정의 의지는 어떻게 우리의 삶을 건강하게 만들까요? 혹은 아름답게 만들까요?

모든 종류의 위기를 도대체가 반박으로, **없애 버려야** 하는 것으로, 간주하는 일은 최고의 어리석음이다.

— 『이 사람을 보라』, 왜 나는 하나의 운명인지, 4

그는 우연한 나쁜 경우들을 자기에게 유용하게 만들 줄 안
다: 그를 죽이지 못하는 것은 그를 더욱 강하게 만든다.

— 『이 사람을 보라』, 나는 왜 이렇게 현명한지, 2

니체는 어째서 '위기를 반박하거나 제거해야 할 것으로 간
주하는 것은 어리석다'라고 할까요? 왜냐하면 위기야말로 우리
를 강하게 만들 수 있는 사건이기 때문이지요. 위기와 고통 같은
부정적인 것을 긍정하는 태도는 삶을 사랑하는 가장 중요한 기
술입니다. 온실의 화초처럼 아무런 위협이나 위기가 없는 조건
이 정말 우리에게 좋은 것일까요? 그래서 니체는 말합니다. "나
를 죽이지 못하는 것은 나를 더욱 강하게 만든다."
　거친 파도는 나를 쓰러뜨리기도 하지만, 파도를 넘어선다
면 나는 그만큼 강해지고 그와 같은 파도는 더 이상 나를 위협
할 수 없게 되겠지요. 상한 사과가 배탈을 일으키기도 하지만,
나의 소화능력이 그것을 소화시킬 수 있다면 나의 소화기관은
그만큼 튼튼해질 것입니다. 거친 파도와 상한 음식은 그 자체로
나쁜 것도 좋은 것도 아닙니다. 내가 그것을 수용할 수 있는 능
력만 있다면 그것들은 얼마든지 내게 좋은 것이 될 수 있습니
다. 오히려 이렇게 말해야 합니다. 거친 파도와 상한 음식이야

말로 신체를 건강하게 만들고 삶을 보다 자유롭게 만들 거라고.

앞에서 말한 요가 활동을 떠올려 볼까요. 요가에 있어서 어떤 자세가 나에게 좋은 자세일까요? 사람마다 신체가 다르기 때문에 내가 잘하는 요가 자세가 따로 있지요. 나는 첫날부터 쟁기 자세를 아주 능숙하게 해냈지만, 아치 자세 같은 것은 비슷하게 따라 하는 데만 3년이 걸렸어요. 내가 어떤 자세를 잘하고 어떤 자세에 서툰 것은 내 신체의 강한 부분과 약한 부분을 드러내는 것입니다. 그도 그럴 것이 내가 잘하는 쟁기 자세는 대표적 전굴 자세(앞으로 구부리는 자세)이고, 나를 괴롭혔던 아치 자세는 전형적 후굴 자세(뒤로 구부리는 자세)지요. 내 신체와 일상은 전굴 자세와 친하고 후굴 자세와는 낯설기 때문입니다. 이때 내 신체를 강하게 하는 것, 나를 건강하게 하는 자세란 어떤 것일까요? 처음부터 능숙했던 쟁기 자세일까요, 오래도록 나를 힘들게 했던 아치 자세일까요?

나를 둘러싸고 있는 관계도 마찬가지인데, 수유너머 공동체를 생각해 볼까요. 어떤 관계가 나를 성숙시킬까요? 어떤 사람은 처음부터 마음이 잘 맞아서 내가 힘들 때마다 위안을 주는 관계가 있지요. 반대로 어떤 사람은 시간이 지나도 가까워지기 힘든 사람, 언제나 나를 긴장시키는 관계가 있지요. 내가 어떤 사람을 편하게 생각하고 어떤 사람을 불편하게 느끼는 것도 그의 성격이라기보다는 내가 가진 관계의 역량을 말하는 것입니다. 내 신체가 약해졌을 때는 내가 기댈 수 있는 사람이 도움이 되겠지요. 이런 관계는 나를 편안하게 하지만 나를 강하게 만들 수는 없습니다. 관계의 역량을 확장시키는 것은 오히려 나를 힘들게 하고 나를 긴장하게 하는 사람일 것입니다. 이런 관계와 공동작업을 하고 공동의 신체성을 만들어 낸다면 나의 관계 역량은 새로운 차원으로 상승하게 되겠지요. 점점 어떤 사람, 어떤 관계도 불편하지 않은 신체가 되어 갈 것입니다.

이처럼 운명에 대한 사랑은 운명을 사랑할 수 있는 창조 의지와 창조 능력을 전제한다는 것을 알게 됩니다. 따라서 운명애는 필연적인 운명을 창조를 위한 힘에의 의지로 바꾸어 갈 것을 요구합니다. 이것은 조각을 사랑하는 조각가가 연장을 탓하지 않고, 요리를 사랑하는 요리사가 재료를 핑계 삼지 않는 것과 같습니다. 탁월한 조각가에게 나쁜 연장이란 그의 작업 능력을 날카롭게 하는 계기이며, 훌륭한 요리사에게 나쁜 재료란 그의 요리 실력을 향상시키는 사건일 것입니다. 이것이 조각가와 요리사가 자신의 운명을 사랑하는 방법일 테지요.

힘에의 의지는
삶의 '우연한 나쁜 경우'를 유용하게 만든다

그는 우연한 나쁜 경우들을 자기에게 유용하게 만들 줄 안다: 그를 죽이지 못하는 것은 그를 더욱 강하게 만든다.

— 『이 사람을 보라』, 나는 왜 이렇게 현명한지, 2

어떤 것을 긍정하는 것 자체가 능력이지만, 한편 어떤 것을 긍정하기 위해서는 특정한 능력이 전제되지 않으면 안 됩니다. 그러한 능력을 니체는 이렇게 표현합니다. "나는 우연한 나쁜 경우들을 자기에게 유용하게 만들 줄 안다." 사실 이 아포리즘은 "나를 죽이지 못하는 것은 나를 더욱 강하게 만든다"라는 유명한 아포리즘에 가려져 있어요. 하지만 나는 '삶을 사랑하는 니체의 기술' 가운데 탁월한 것이라고 생각합니다. 이 아포리즘을 '힘에의 의지' 관점으로 해석해 보겠습니다.

먼저, 힘에의 '의지': 우연한 나쁜 경우에 대한 '긍정의 의지'에 대해.

> 언제나 나는 우연히 발생하는 일을 잘 견뎌낼 수 있었다. … 나는 크고 작은 무례한 행위들을 겪어야 했지만, 그럼에도 불구하고 그 원인은 '의지'가 아니었고, **악의**는 더더욱 아니었다. … 오히려 내 삶에 폐를 끼친 것은 **선의**였고, 차라리 이것에 대해 내가 불평해야 했을 것이다.
>
> ─ 『이 사람을 보라』, 나는 왜 이렇게 현명한지, 4

'어떻게 사람은 자기의 모습이 되는가'는 '자기가 본래 **무엇**인지'에 대해 희미하게라도 예측하고 있지 않다는 것을 전제한다. 이런 관점에서는 삶의 **실책**들마저도 나름의 의미와 가치를 갖는다. 즉 때때로 옆으로 새거나 길을 잘못

들거나 주저하거나, '겸손함', **자기** 과제에서 멀리 떨어진 과제들로 인해 진지함을 허비해 버리는 것 등도.

— 『이 사람을 보라』, 나는 왜 이렇게 현명한지, 9

나쁜 경우는 모두 '우연히' 발생하지 '의도적'으로 발생하지 않습니다. 즉 나의 잘못이나 너의 잘못처럼 어떤 의도에 의해 발생하지 않는다는 거지요. 물론 나 혹은 너가 중요한 원인으로 떠오른다고 하더라도, 잠깐만 생각해 보면 그것은 전체 맥락의 일부라는 것을 알 수 있습니다. 그런데 우연한 나쁜 경우에 대하여 '우연성'을 제거해 버리면, '나쁜 경우'만 남게 되지요. 이때 나쁜 경우의 원인(나의 잘못이나 너의 잘못)을 추적하는 데 모든 에너지를 쏟게 되어, 정작 나쁜 경우에 대한 대처 능력을 잃어버리게 됩니다.

나쁜 경우에 대한 '원한의 감정, 자책의 감정'만 제거하더라도 나쁜 경우는 훨씬 쉬운 문제가 되고, 따라서 그것에 대처하기도 쉬워지는데 말이지요. 대부분 '나쁜 경우'에 대한 이런 부정적 의지(부정적 종합)가 어떻게 해보기도 전에 '나쁜 경우'에 대처하는 힘(능력, 에너지)을 꺾어 버리지요. 따라서 내게 생기는 모든 나쁜 경우는 '우연히' 생긴 것이라는 긍정의 의지가 필요합니다. 이처럼 '우연히 나쁜 경우'라는 표현에는 이런 긍정의 의지가 전제되어 있습니다.

그래서 니체의 '긍정의 의지'는 이렇게 말합니다. "언제나 나는 우연히 발생하는 일을 잘 견뎌낼 수 있었다." 우리는 대체로 내게 닥친 나쁜 일은 타인의 악의 때문이라고 쉽게 단정하지요. 하지만 니체는 내 삶을 나쁘게 만든 것은 악의가 아니라 선의였다고 해요. "지옥으로 가는 길은 선의로 포장되어 있다." 니체적으로 말하면, 얼마나 많은 시대적 가치들이 가족과 친구들의 '선의'로 포장된 채, 내 삶을 시대적 질서 속으로 몰아넣는지!

반대로 삶의 실책들이 오히려 자기가 본래 무엇인지 아는 데 도움이 된다고 합니다. 니체는 다시 한번 말해요. '우리가 본래 무엇인지, 어떻게 자기 자신이 되는지'에 대해 우리는 알지 못한다고. 그렇기 때문에 자신의 본래 모습을 예측할 수 있게 해 준다는 점에서, 삶의 실책들마저 의미와 가치를 갖는다고. 그래서 옆길로 새거나, 길을 잘못 들거나, 주저하거나, 중요하지 않은 과제들에 시간을 허비하는 것조차, '나를 알게 한다'는 점에서 의미와 가치가 있다고 말이지요. 이것이 니체가 삶을 사랑하는 방법입니다.

다음, '힘'에의 의지: 나쁜 경우를 유용하게 만드는 '능동적 힘'에 대해.

나로 하여금 반감을 품게 만드는 기술을 나는 알지 못한다. … 나는 나 자신에게조차 반감을 품지 않는다. … 누구든지 나쁜 경험을 하게 되는 그런 것들에 대해서마저도,

내 경험은 예외 없이 그것들에 유리한 말을 한다.

— 『이 사람을 보라』, 나는 왜 이렇게 현명한지, 4

내게 가장 의심스럽고도 가장 위험한 것마저도 내게 유리
하게 이용할 수 있을 정도로 나는 충분히 강하며, 또 그로
인해 더 강해지는 나이기에, 나는 바그너를 내 삶의 큰 은
인이라고 부른다.

— 『이 사람을 보라』, 나는 왜 이렇게 영리한지, 6

‘우연한 나쁜 경우’를 제대로 해석하게 되면 우리는 알게
됩니다. 나쁜 경우는 없고, 그것을 나쁜 경우로 만드는 우리의
능력이 있다는 것을요. 어떤 사태에 대한 ‘반동적 힘’(그것에
굴복하거나 그것과 대결하려는 힘)이 그 사태를 나쁜 경우로 만
드는 거지요. 그래서 니체의 ‘능동적 힘’(나쁜 경우를 활용하여
유용하게 만드는 힘)은 다시 한번 말합니다. “나를 죽이지 못하
는 것은 나를 더욱 강하게 만든다.” 내가 약자일 때 그것은 나
를 죽이는 방식으로 작동하지만, 내가 강자일 때 그것은 나를
더욱 강하게 만듭니다.

이렇게 충분히 강력해진 내게 적대적인 어떤 것도 존재하
지 않게 됩니다. 특히 “나 자신에게조차 반감을 품지 않는다”는
니체의 통찰이 흥미롭습니다. 나에게 가장 나쁜 일은 다른 것
을 부정하는 게 아니라 자신에게 반감을 품는 일, 스스로에 대

한 자기혐오이기 때문입니다. 또한 다른 사람들에게 나쁜 경험이 된 것도 나는 유리한 경험으로 만들어 버리지요. 삶에 대한 이런 태도가 자기 운명을 사랑하는 '운명애'입니다. 이때 운명애는 삶의 어떤 경우든 내 건강의 재료로 이용할 수 있다는, 어떤 관계든 내 철학의 자원으로 활용할 수 있다는 힘에의 의지의 표현입니다.

이제 가장 의심스럽고 위험한 것마저 내게 유리하게 이용할 정도로 나는 충분히 강합니다. 또한 가장 의심스럽고 위험한 것으로 인해 나는 더욱 강해집니다. 그래서 니체는 자신을 몰락시킨 바그너를 삶의 큰 은인이라고 부르는 경지에 도달하게 됩니다. 니체는 어째서 자신을 몰락시킨 바그너를 은인이라고 부르게 된 걸까요? 첫째, 바그너로 인해 청년 니체라는 한 시대가 몰락하고 새로운 니체가 탄생하게 되었기 때문이지요. 둘째, 이제는 바그너를 적수가 아니라 은인으로 부를 만큼 니체가 강력해졌기 때문입니다.

니체(1844~1900)에게 바그너(1813~1883)만큼 중요한 의미를 갖는 존재가 또 있을까요? 이쯤에서 니체와 바그너의 애증의 연대기를 잠시 개괄합니다. 바그너와 그의 음악에 기대어 철학을 시작했던 만큼, 바그너는 니체에게 가장 강력한 적이었습니다. 바그너와 결별하면서 청년 니체의 시기는 끝나고, 바그너와 적대하면서 이행기 니체의 시기를 건너지요. 그리고 바그너를 넘어선 성숙기 니체에게 바그너 비판은 더 이상 중요한 과제가 아니었지요. 여전히 바그너를 힘에의 의지를 퇴화시키는 데카당으로 비판하지만, 바그너 음악 내부에서 자기 극복의 가능성을 보는가 하면 바그너를 시대성을 극복하는 데 활용하기도 합니다. 이처럼 바그너를 적대하지 않게 된 데에는 바그너와 니체의 힘 관계의 전도가 있었습니다.

아모르파티 효과: 운명을 사랑하면 무엇이 달라지나

이제까지 운명애의 방법, 운명을 사랑하기 위해 건강한 힘에의 의지가 필요하다는 것을 보았지요. 운명을 사랑하려면 운명을 사랑할 줄 아는 능력을 가져야 합니다. 건강한 힘에의 의지가 바로 운명을 사랑하는 능력이자 기술이지요.

　이제 운명애의 효과, 운명을 사랑하게 되면 무엇이 어떻게 달라질까 살펴보려고 합니다. 운명애의 창조 의지는 그 자체로 우리 삶의 모든 순간들을 건강하게 만들지요. 나아가 운명을 사랑하는 자는 세계의 모든 존재를 긍정하게 됩니다. 또한 운명을 사랑하는 자는 지금의 삶을 다시 한번 살기를 원하게 됩니다. 운명에 대한 사랑이 가져올 능동적이고 긍정적인 효과들을 검토할 차례입니다.

운명을 사랑하는 자는,
세계의 모든 존재를 긍정한다

삶에 대한 즐겁고 충일한 긍정 … 존재하는 것에서, 빼 버
릴 것은 하나도 없으며 없어도 되는 것은 없다!

— 『이 사람을 보라』, 비극의 탄생, 2

운명에 대한 사랑은 어떻게 모든 존재를 긍정하게 될까
요? 운명애는 삶의 어떤 재료든 유용하게 만들 수 있는 능력을
전제로 합니다. 따라서 운명애는 삶에 대한 충일한 긍정과 모
든 존재에 대한 무한한 애정으로 확장됩니다. 어떤 사건이든
삶을 아름답게 하는 재료로서 긍정하게 되고, 어떤 사물이든
그 자체로 세계에 존재하는 이유를 이해하게 되지요.

그래서 "존재하는 것 중에서 내 삶에서, 그리고 이 세계에
서 필요 없는 것은 하나도 없다"라는 존재에 대한 절대 긍정에
도달하게 됩니다. 이처럼 건강한 힘에의 의지를 전제로 하는
운명에 대한 사랑은 당연하게도 삶의 모든 순간을 긍정하게 되
고, 존재하는 모든 것들에 대한 절대 긍정으로 나아가게 될 것
입니다.

각 개인은 미래와 과거로부터의 운명이며, 앞으로 도래
할 것과 앞으로 될 모든 것에 대한 또 하나의 법칙, 또 하

나의 필연성인 것이다. 그에게 "달라지라"고 말하는 것은,
모든 것에게 달라지라고 하는 것을 의미한다.

— 『우상의 황혼』, 반자연으로서의 도덕, 6

그의 존재의 운명은 이미 존재했었고 또 앞으로도 존재할
모든 것의 운명에서 분리될 수 없다. 그는 특정 의도나 특
정 의지나 특정 목적의 결과가 **아니다.** 그와 함께 '인간의
이상' 또는 '행복의 이상' 또는 '도덕성의 이상'에 이르려
는 시도는 하게 되지 않는다 — 자신의 존재를 어떤 목적
에 **넘겨주고자** 하는 것은 허무맹랑한 일이니까. '목적'이
라는 개념은 **우리**가 고안해 낸 것이다: 사실 목적이라는
것은 **없다** … 사람들은 한 조각 필연이며, 한 조각 운명이
다. 사람들은 전체에 속하며, 전체 안에 **있다.** … 어느 누
구도 더 이상은 책임지지 않는다는 것, … **바로 이것이야말
로 위대한 해방이며** — 이로써 생성의 **무죄**가 비로소 다시
회복된다.

— 『우상의 황혼』, 네 가지 중대한 오류들, 8

한편 운명애는 우리 존재를 생성의 흐름 가운데 일부로서
긍정하게 합니다. 우리 존재는 특정 의도나 특정 의지나 특정
목적의 결과가 아니며, 위대한 생성의 흐름 속에서만 정당화됩
니다. 우리 각자는 거대한 생성의 흐름 가운데 이미 존재했던

모든 것들의 필연적 결과이며, 앞으로 존재할 모든 것들의 필연적 원인이지요. 따라서 우리 각자는 생성하는 세계의 한 조각 필연이며, 세계의 한 조각 운명이지요. 우리의 존재 이유 역시 생성 이외에 아무것도 없습니다. 우리 삶에서 인간적 목적이나 시대적 가치 같은 것들을 지우면서 운명애는 이렇게 말할 것입니다. "모든 생성은 무죄다. 자유롭게 창조하고, 자유롭게 생성하라!"

때로 우리는 삶에 절망합니다. "내 운명은 이미 정해져 버린 게 아닐까? 이번 생은 망했어!" 니체는 이렇게 말합니다. "그것이 무슨 문제인가. 얼마나 많은 것이 아직도 가능한가! 운명을 사랑하라, 네 삶을 사랑하라." 그리고 사랑과 연민이 가득한 눈빛으로 이렇게 말하죠. 삶이 우리의 모든 것이라고, 우리가 빛과 불꽃으로 변화시키는 재료가 삶이며 우리와 만나는 모든 것이라고, 삶 이외에 다른 도리가 없다고.

"괜찮아, 그냥 낱말일 뿐이야. 물 위에 쓴."
"때론 텅 빈 페이지가 가장 많은 가능성을 선사하죠."

— 짐 자무쉬, 「패터슨」

영화 「패터슨」은 미국 뉴저지주의 소도시 패터슨에 사는, 이름도 패터슨인 버스 운전사의 일주일을 담고 있지요. '패터슨의 버스 운전사 패터슨'은 그에게 주어진 필연적 세계, 곧 운명입니다. 반복되는 노동은 현대인을 무기력으로 이끌지만, 패터슨의 운명애는 그의 일상을 다르게 만듭니다. 그는 소도시의 비슷한 승객들을 태우고 매일 똑같은 경로를 운전하지요. 아이들의 핼러윈 분장 이야기, 무정부주의자에 대한 대학생들의 대화, 두 남자의 시답잖은 연애담 같은 사람들의 일상을 패터슨은 놀이처럼 즐기면서 시의 재료로 삼기도 하지요. 그래서 특별할 것 없는 버스 운전이 그에게 삶이 되고 놀이가 되고 시가 됩니다. 이것이 운명을 사랑하는, 그래서 운명을 아름답게 만드는 패터슨의 역량입니다.

평화로운 패터슨의 일상에 대형 사고가 터지는데, 반려견 마빈이 그의 시 노트를 산산조각으로 찢어 버린 거지요. 그동안 쓴 시들이 하루아침에 분쇄되고 맙니다. 하지만 그는 잠시 망연자실할 뿐 분노하지도 원망하지도 않아요. "괜찮아, 그냥 낱말일 뿐이야. 물 위에 쓴." 하지만 완전히 괜찮은 것은 아니어서 때로 의욕을 상실한 듯 멍해지기도 해요. 그때 우연히 만난 일본 시인은 그에게 새로운 노트를 선물하면서 말합니다. "때론 텅 빈 페이지가 가장 많은 가능성을 선사하죠." 이것이 삶의 어떤 것이든 존재하는 모든 것을 있는 그대로 긍정하는 패터슨의 의지입니다.

운명을 사랑하는 자는,
지금의 삶을 다시 한번 살기를 원한다

선악의 저편에 있는 사람…은 가장 대담하고 생명력이 넘치는 세계를 긍정하는 이상에 눈을 뜨게 되었을 것이다. 그러한 인간은 … **과거에 그렇게 존재했고, 현재도 그렇게 존재하는 방식대로** 그것(*세계를 긍정하는 이상)을 다시 갖고자 한다. 자기 자신에 대해서뿐만 아니라 인생이라는 전체 작품과 연극에 대해서, 이러한 연극이 필요한 … 사람에 대해, 영원을 넘어 지치지 않고 다시 한번da capo을 외치면서 말이다!

— 『선악의 저편』, 56

운명에 대한 사랑은 어떻게 지금의 삶을 다시 욕망하게 될까요? 운명애는 영원회귀의 결론이지만, 운명애는 다시 영원회귀를 의욕하게 됩니다. 영원회귀라는 생성의 거대한 흐름은 운명애의 창조하는 의지를 부릅니다. 동시에 운명에 대한 창조 의지는 스스로 이러한 운명을 다시 한번 의욕합니다. 운명에 대한 창조적 능력과 의지만이 필연적 운명을 아름답게 만들 수 있고, 이 삶과 세계를 존재하는 그대로 긍정할 수 있기 때문이지요. 이렇게 운명을 창조할 줄 아는 자는 이 삶과 세계에 대해 "영원을 넘어 지치지 않고 다시 한번"을 외치게 됩니다. 영원회귀는 운명애를 욕망하고, 운명을 사랑하는 자는 영원회귀를 의욕하게 됩니다.

> "너는 이 삶을 다시 한번, 그리고 무수히 반복해서 다시
> 살기를 원하는가?"
>
> — 『즐거운 학문』, 341

> 용기는 더없이 뛰어난 살해자다. 공격적인 용기는. **"그것
> 이 삶이었던가? 좋다! 그렇다면 다시 한번!"** 이렇게 말함
> 으로써 용기는 죽음까지 죽인다.
>
> — 『차라투스트라는 이렇게 말했다』, 환영과 수수께끼에 대하여, 1

어떤 의지가 이 삶과 세계의 영원한 '다시 한번'을 의욕할까요? 니체는 용기라는 이름의 힘에의 의지가 이 삶과 운명의 '다시 한번', 수없는 반복을 원한다고 합니다. "그것이 삶이었던가? 좋다! 그렇다면 다시 한번!" 운명애의 창조하는 의지는 이 운명과 삶을 새로움과 다양성을 만들어 내는 과정으로 생각할 것입니다. 하지만 지치고 부정적인 의지는 이 운명과 삶을 고통과 무의미가 반복되는 헛된 지속으로 느낄 것입니다. 창조 의지에게 이 삶은 기쁨이겠지만, 부정 의지에게 이 삶은 고통일 뿐입니다. 이 삶과 운명에 대해 전자는 "다시 한번!"이라고 말하겠지만, 후자는 "이제 그만!"이라고 외칠 것입니다.

"당신 인생을 전부, 처음부터 끝까지 알 수 있다면, 그걸 바꾸겠어요?"…

"결과를 알고 있음에도, 어떻게 흘러갈지 알면서도, 난 모든 걸 껴안을 거야. 그리고 그 모든 순간을 반길 거야."

— 드니 빌뇌브, 「컨택트」

영화 「컨택트」의 언어학자 루이스는 지구에 출몰한 외계인과 대화하면서 자신의 과거-현재-미래를 평면처럼 보게 됩니다. 인간의 언어와 달리 외계의 헵타포드어는 시작과 끝이 없는 원형이며, 외계인의 시간 역시 직선이 아니라 과거-현재-미래가 하나로 체험되지요. 루이스는 결혼을 하고 아이를 낳지만, 아이는 불치병으로 죽고 남편과도 이혼하는 미래를 보게 됩니다. 이 모든 미래를 알면서도 루이스는 자신의 모든 운명을 받아들이지요. "그 병은 막을 수가 없어. 네 수영 실력이나 글솜씨 같은 모든 놀라운 재능처럼!" 삶은 불행과 행복으로 나누어지지 않는 것, 그녀는 딸의 존재가 주는 불행과 행복을 모두 받아들입니다.

영화는 우리에게 묻습니다. 당신이 전 생애를 다 보게 된다면 지금의 삶을 바꾸겠는가? 그리고 루이스의 말로써 대답합니다. 나는 이미 알고 있는 모든 운명의 여정을 포옹하고 매 순간을 환영하겠노라. 결국 어떤 삶이든 긍정할 수 있는 운명애만이 "지금의 삶을 다시 한번 완전히 똑같이 살아도 좋다"라는 영원회귀를 선택하게 합니다. 삶의 모든 순간을 영원처럼 사랑하는 운명애만이 영원회귀를 욕망할 것입니다.

아모르파티, 자기 운명을 사랑한 사람들

니체의 철학적 자서전 『이 사람을 보라』는 "인간은 어떻게 자기 자신이 되는가?"라는 물음에서 시작합니다. 그것은 '다른 자신'이 되는 것을 원하지 않는 것, '자기 자신'을 하나의 운명처럼 받아들이는 것입니다. 우리는 운명에 대한 사랑이 운명을 아름답게 만들 수 있는 힘에의 의지라는 것을 배웠지요. 건강한 힘에의 의지는 삶의 어떤 것도 운명을 아름답게 만드는 재료로 활용합니다. 특히 위기와 고통은 우리가 가진 잠재적 능력이 펼쳐지는 계기가 됩니다. 이 과정에서 우리는 무엇을 할 수 있으며 무엇을 욕망하는지, 결국 자신이 누구인지 알게 됩니다. 그렇게 우리는 다른 무엇이 아니라 자기 자신이 되는 것입니다.

보르헤스,
실명의 운명을 사랑하다

보르헤스(Jorge Luis Borges, 1899~1986)는 세계적인 소설가입

니다. 그는 『픽션들』, 『알렙』으로 대표되는 단편소설로 자신의 문학세계를 구축하였고, '보르헤스적'이라는 자기 스타일을 만들었지요. 보르헤스를 말하지 않고서는 현대문학을 말할 수 없을 만큼 그는 20세기의 결정적 사건이었습니다. 특히 그가 구축한 환상적 사실주의는 과학적 사실주의에 기반한 20세기 모더니즘의 세계를 허물었습니다. 보르헤스 이후 서구의 문학, 철학, 사상은 모두 그의 환상적 허구의 세계 속으로 빠져들게 되지요.

그런데 보르헤스를 세계적인 작가로 만든 두 가지가 바로 책과 실명입니다. 삼십대 후반부터 시력이 약해지자 그는 책 읽기와 소설 쓰기를 어머니와 친구, 비서 등 다른 사람에게 의지해야 했어요. 소설 쓰기와 책 읽기는 모두 시각에 의존하는 활동인데, 실명이 어떻게 그의 운명을 이끌었을까요? 보르헤스는 어떻게 실명을 긍정하게 되었을까요? 이것이 곧 '실명'이라는 암흑이 보르헤스의 운명애가 된 이유입니다.

나는 평생 동안 과분한 영예를 얻었지만, 그 어떤 영광보다도 나를 흡족하게 해 준 것이 하나 있습니다. 그것은 바로 국립도서관의 관장이었다는 사실입니다. … 나는 항상 천국을 도서관과 같은 종류로 상상했습니다. 그런데 거기에 바로 내가 있었습니다.

— 『불한당들의 세계사』, 「보르헤스가 보르헤스에 대해 말하다」, 137쪽

유년 시절부터 일생 동안 보르헤스가 가장 좋아했던 것은 바로 책이었습니다. 어릴 때부터 천 권이 넘는 책이 있는 아버지의 도서관에 틀어박혀 지냈지요. 젊은 시절, 38세(1937년)부터 9년간 부에노스아이레스의 시립도서관 사서로 일하게 됩니다. 업무가 간단하고 월급이 많지 않았던 대신 지하 서고에 숨어들어 혼자 책을 읽으며 창작에 몰두할 시간을 얻지요. 이렇게 눈을 혹사하면서 이 시절의 시력 감퇴는 이미 돌이킬 수 없는 수준이 되었어요. 1946년(47세)에 페론 정권에 의해 시립도서관 사서에서 해고되었지만, 페론 정권이 무너지자 1955년(56세)에 아르헨티나 국립도서관장으로 임명되어 18년을 보냅니다. 거의 시력을 잃었지만, 당시의 감격을 이렇게 말해요. 천국에 바로 내가 있었다고.

단지 큰 글자로만 된 책을 읽을 수 있었던 때가 있었지요. 그다음에는 책 표지와 책등의 글자만 읽었던 때가 있었지요. 그리고 더 이상 아무것도 읽을 수가 없게 된 때가 왔지요. … 나는 나의 운명이 어떻게 될 것인지에 대해서는 알고 있었습니다. … 국립도서관장에 임명되었을 때 나는 이미 책을 읽을 수가 없었습니다. 나는 도서관장과 실명이라는 이상한 아이러니를 깨달았습니다. … 그래서 나는 「자비에 관한 시」라는 시 한 편을 썼지요. 나는 그 시에서 신에 대해 말하면서 다음과 같이 썼습니다. "누구도 눈

물 흘리거나 비난으로 깎아내리지 말기를. 형용할 길 없
는 아이러니와 함께 / 신은 내게 책들과 밤을 동시에 주었
다.” 8만여 권에 달하는 국립도서관의 책들, 그 당시 나를
덮쳐 오고 있던 밤.

— 『불한당들의 세계사』, 「보르헤스가 보르헤스에 대해 말하다」, 136~137쪽

시력의 상실에는 어릴 때부터 한 독서가 한몫했지만 결
정적인 것은 보르헤스 가계에 흐르는 실명의 저주 때문이었
지요. 할머니와 아버지를 포함하여 그는 집안의 유전질환으로
여섯 번째 실명자가 됩니다. 시립도서관 사서였던 삼십 대 후
반부터 서서히 시력을 잃기 시작해서 『픽션들』, 『알렙』을 집필
한 사십 대에 이미 읽고 쓰는 것이 힘들어졌고, 국립도서관장
이 된 오십 대 중반에는 거의 실명 상태였지요. 8만여 권의 책
을 관리하게 되었지만 정작 한 권도 읽을 수 없었던 절망스러
운 상황을 보르헤스는 ‘축복의 시’로 씁니다. 이 상황을 누구도
슬퍼하거나 비난하지 말라고 하지요. 오히려 신이 책(국립도
서관장)과 밤(실명)을 동시에 주신 것은 ‘경이로운 아이러니’
라고 말이지요.

시력의 상실은 확실히 나의 작품에 영향을 미쳤지요. 나는
단 한 번도 장편소설을 써본 적이 없습니다. 왜냐하면, 장
편소설이 … 작가에게 연속의 방식으로 존재하기 때문입

니다. 반대로 단편소설은 단 한 차례 읽는 것으로 끝낼 수 있는 어떤 것이라 말할 수 있지요. 나는 … 머릿속에 담고, 다듬고, 고치면서 도시를 돌아다닐 수 있습니다.

— 『불한당들의 세계사』, 「보르헤스가 보르헤스에 대해 말하다」, 138쪽

보르헤스를 세계적 작가로 만든 단편소설이야말로 실명이 가져다준 선물입니다. 시력의 약화로 읽고 쓰기가 어려워지자 긴 분량의 장편은 머릿속에 오래 담아둘 수가 없었지요. 그래서 그는 자연스레 시나 단편소설, 에세이 같은 짧은 글을 쓰게 됩니다. 거의 장님이었던 그는, 대신 놀라운 기억력과 집중력을 가지게 되었어요. 그는 단편소설 한 편을 통째로 머릿속에 넣고 도시를 돌아다니면서 다듬고 고치면서 작품활동을 합니다.

그의 작품들은 '실명의 위기를 딛고' 만들어진 것이 아니라 '실명의 위기를 활용하여' 얻어진 것입니다. 니체와 마찬가지로, 보르헤스의 경우에도 이 둘은 분명히 다릅니다. 이것이 실명에 굴복하지도 그것과 대결하지도 않고, 실명이라는 운명을 사랑한 보르헤스의 아모르파티입니다.

보르헤스와 그의 작품은 동시대의 세계로부터 유리되어 있다. 시간적으로나 공간적으로 멀리 떨어져 있는 그의 세계는 상징적이고 마술적이다. 그의 세계는 상상의 존재

들, 환상들, 미로들, 단도들, 거울들로 가득 차 있다. 보르
헤스는 인터뷰 동안 그것들을 '내가 미치도록 사랑하는
것들'이라고 칭하면서, 덤덤하면서도 향수에 젖은 얼굴로
자신의 작품과 삶과 친구들과 좋아하는 장소들에 대해 말
했다.

— 『불한당들의 세계사』, 「보르헤스가 보르헤스에 대해 말하다」, 136쪽

환상적 사실주의라는 보르헤스의 작품 스타일 역시 실명
의 축복입니다. 그의 세계가 현실 세계와 유리된 것은 실명과
무관하지 않습니다. 시력을 상실한 그는 다른 눈을 발명하게
됩니다. 망막으로는 세상을 볼 수 없게 된 그는, 다른 눈을 통
해 환상적 사실주의라는 다른 현실을 창조하지요. 그의 작품세
계는 합리적 사실을 조롱하는 환상적 유희들로 가득 찹니다.
그리고 이 환상적 유희들은 20세기의 과학적 사실주의를 전혀
새롭고 낯선 세계로 인도합니다.

이 세계에서는 사실과 허구의 이분법이 허물어지고, 사실
과 허구가 마구 뒤섞이지요. 과거-현재-미래라는 일방향의 시
간은 과거를 향해 거꾸로 흐르기도 하고요. 현실 세계에서 전
체는 항상 부분보다 컸으나, 이 세계에서는 부분이 전체를 포
함하기도 하지요. 이처럼 과학적 사실주의의 이분법적 사고와
경직된 해석을 조롱하면서, 보르헤스의 환상적 사실주의는 진
실보다 강렬한 허구의 세계를 구축합니다. 그의 다른 눈을 통

해서 말입니다. 이것이 보르헤스가 실명이라는 그의 운명을 사랑하는 방법입니다.

차라투스트라,
몰락의 운명을 사랑하다

"나는 저 아래 깊은 곳으로 내려가야 한다. 네(*태양)가 저녁마다 바다 저편으로 떨어져 하계에 빛을 가져다줄 때 그리하듯, 넘치도록 부유한 천체여! 나는 이제 사람들을 만나기 위해 저 아래로 내려가려 하거니와, 나는 저들이 하는 말대로 너처럼 **몰락하지** 않을 수 없는 것이다." … 이렇게 하여 차라투스트라의 몰락은 시작되었다.

— 『차라투스트라는 이렇게 말했다』, 차라투스트라의 머리말, 1

"나 이제 죽어 사라지노라. … 그러나 나를 얽어매고 있는 원인의 매듭은 다시 돌아오리라. 돌아와 다시 나를 창조하리라! 나 자신이 영원한 회귀의 여러 원인에 속해 있으니. 나 다시 돌아오리라. … 새로운 생명이나 좀 더 나은 생명, 아니면 비슷한 생명으로 다시 오는 것이 아니다. 나는 더없이 큰 것에서나 더없이 작은 것에서나 같은, 그리고 동일한 생명으로 영원히 돌아오는 것이다. 또다시 만물의 영원한 회귀를 가르치기 위해서 말이다. 또다시 위대한 대지와 위대한 인간의 정오에 관해 이야기하고, 또다시 사람들에게 위버멘쉬를 알리기 위해서 말이다. 나는 나의 말을 했으며, 그 말로 인해 파멸한다. 나의 영원한 운명이 바라는 것이 그것이다. 나 예고하는 자로서 파멸의 길을 가는 것이다! 몰락하는 자가 그 자신을 축복할 때가 되었다." 이렇게 차라투스트라의 몰락은 **끝난다**.

— 『차라투스트라는 이렇게 말했다』, 건강을 되찾고 있는 자, 2

『차라투스트라는 이렇게 말했다』는 차라투스트라의 몰락에서 시작하여, 그의 몰락으로 끝나는 이야기입니다. 차라투스트라의 운명애는 '몰락'으로 정의됩니다. 차라투스트라는 몰락의 운명을 타고난 존재이므로, 그의 여정은 몰락에서 시작하여 몰락으로 끝납니다. "나의 운명은 위버멘쉬와 영원회귀를 말하는 것! 나의 말을 했으니, 그 말로 인해 나는 파멸한다. 그것이 나의 운명이 바라는 것이다." 차라투스트라는 영원회귀를 가르치는 교사이며, 위버멘쉬를 예고하는 자이지요. 위버멘쉬를 알리고 영원회귀를 가르치기 위해 몰락을 시작하여, 그 말을 했으므로 이제 몰락을 끝내는 것입니다.

차라투스트라가 위버멘쉬를 가르칠 때마다 드는 의문이 있지요. 차라투스트라와 위버멘쉬는 같은 인물인가, 아닌가? 두 존재는 어떤 관계에 있을까? 차라투스트라 스스로 자신은 위버멘쉬를 예고하는 존재일 뿐, 위버멘쉬는 아니라고 합니다.

인간과 마찬가지로 자신도 극복되어야 할 존재로 규정합니다. 위버멘쉬의 출현을 위해서는 인간적 한계를 가진 존재로서 자신은 몰락해야 한다는 거지요. 그런데 몰락이란 동시에 생성을 의미합니다. 차라투스트라의 몰락은 위버멘쉬의 출현과 완전히 일치합니다. 그는 차라투스트라로서 몰락하면서 위버멘쉬로 출현하게 되는 거지요. 이것이 차라투스트라가 사랑한 몰락의 운명입니다.

나 너희에게 위버멘쉬를 가르치노라, 인간은 극복되어야 할 그 무엇이다. 너희들은 인간을 극복하기 위해 무엇을 했는가? 지금까지 존재해 온 모든 것들은 자신 이상의 것을 창조해 왔다.

— 『차라투스트라는 이렇게 말했다』, 차라투스트라의 머리말, 3

인간에게 위대한 것이 있다면, 그것은 그가 목적이 아니라 하나의 교량이라는 것이다. 인간에게 사랑받을 만한 것이 있다면, 그것은 그가 하나의 과정이요 **몰락**이라는 것이다.

— 『차라투스트라는 이렇게 말했다』, 차라투스트라의 머리말, 4

보라, 나 끊임없이 자신을 극복해야 하는 존재다.

— 『차라투스트라는 이렇게 말했다』, 자기 극복에 대하여

『차라투스트라는 이렇게 말했다』는 차라투스트라의 위버멘쉬에 대한 가르침에서 시작하여, 위버멘쉬의 출현 직전에 끝납니다. 차라투스트라는 위버멘쉬를 간절히 기다리지만, 차라투스트라의 말이 끝날 때까지 위버멘쉬는 나타나지 않습니다. 인간의 그림자가 완전히 사라지는 위대한 정오, 위버멘쉬의 시간에 차라투스트라가 떠나면서 이야기는 끝납니다. 위버멘쉬가 나타나지 않은 채로 끝나는 것은…, 맞습니다! 차라투스트라 자신이 위버멘쉬로 변신했기 때문이지요. 그는 자신을 떠나 다른 존재가 되었고, 그래서 아무도, 심지어 그 자신조차 그를 알아볼 수 없었던 거지요.

사실 차라투스트라는 위버멘쉬를 가르치면서 위버멘쉬가 되어 가고 있었던 것입니다. 그는 인간의 자기 극복으로서 위버멘쉬를 가르치는 한편, 스스로를 극복해야 하는 존재로 자각함으로써 위버멘쉬-되기를 하고 있었던 것입니다. 차라투스트라 자신은 알지 못했을지라도, 그의 운명은 차라투스트라를 넘어 위버멘쉬의 출현을 준비하고 있었을 것입니다. 차라투스트라가 우리에게 위버멘쉬를 가르치는 과정은, 차라투스트라 스스로 자기 한계를 극복하면서 위버멘쉬로 변신하는 여정이었던 거지요. 이처럼 차라투스트라는 위버멘쉬를 기다리면서 한 걸음씩 위버멘쉬를 향해 가고 있었고, 자신의 인간적 한계가 완전히 극복되는 어느 위대한 정오에 마침내 위버멘쉬로 변신한 것입니다.

차라투스트라가 산에서 내려와 모든 사람들에게 가장 호의적인 것을 말하는지! 어떻게 그가 자신의 적대자인 사제를 부드러운 손으로 잡고서, 그들과 함께 그들로 인해서 괴로워하는지! ― 여기서 인간은 매 순간 극복되고, '위버멘쉬'라는 개념이 가장 위대한 현실이 된다. … 차라투스트라 유형에 전형적인 모든 특성들이 위대함의 본질이라고는 어느 누구도 꿈꾸지 않았다. 자기의 공간이 넓다는 점에서, 대립적인 것에도 접근할 수 있다는 점에서 차라투스트라는 스스로를 **존재하는 모든 것 중에 최고 유형**으로서 경험한다.

― 『이 사람을 보라』, 차라투스트라는 이렇게 말했다, 6

차라투스트라가 위버멘쉬로 변신한 것은 어느 날 갑자기 일어난 일은 아니었지요. 그것은 어쩌면 차라투스트라가 신의 죽음이라는 복음을 전하기 위해 인간에게로 내려온 처음부터였을 것입니다. 차라투스트라의 여정이 시작되는 이야기의 첫 장면에서, 니체가 본 것은 무엇일까요? 차라투스트라가 자신의 적대자들에게 호의를 보일 때, 니체는 그에게서 인간의 자기 극복이라는 '위버멘쉬의 현실'을 봅니다. 차라투스트라 역시 적대자에게도 호의로 접근할 수 있다는 점에서, 자신을 존재 중의 최고 유형인 '위버멘쉬로 경험'합니다. 차라투스트라가 자신의 적대자를 대립이 아니라 호의로 바라볼 수 있었던 것은, 그가 이미 그들과 다른 높이에 있었고 인간과 다른 위계에 존재하기 시작했기 때문입니다.

니체,
고통의 운명을 사랑하다

니체는 일생을 여러 존재로 살았던 사람이어서, 그만큼 여러 운명을 가졌을 것입니다. 나는 니체의 운명 가운데 고통에 주목하려고 합니다. 청년기에서 성숙기로 넘어가는 이행기 니체의 운명은 '질병의 고통'으로 정의됩니다. 청년 니체는 바그너와 결별하면서 자신이 의존했던 사유 전체로부터 떠나옵니다. 하나의 세계를 떠났으나 도달할 곳을 알지 못한 채 니체는 길을 잃습니다. 이러한 정신적 혼란에 육체적 질병이 결합되지요. 1877년부터 1881년(33~37세)까지 4년 동안 질병과 치유를 반복합니다. 특히 1879년 한 해 동안 118번이나 발작을 일으키면서 고통은 극한으로 치닫습니다.

하지만 니체는 이 질병과 고통을 더 밀고 나가, 자신을 지배하던 낡은 사유를 해체하는 수단으로 활용합니다. 신체의 질병은 익숙했던 감각을 낯설게 만들며, 자신의 가치와 습속을 바꿀 기회를 제공하지요. 니체는 이 시기의 질병과 고통을 활용하여, 바그너에 의존적이던 이전 철학을 해체하고 다른 것과 혼동될 수 없는 자기만의 철학을 준비합니다. 이 시기의 질병과 고통이 없었다면, 니체의 철학적 독립은 좀 더 늦었거나 다른 방식의 우회가 필요했을지도 모릅니다. 니체는 이 시기에 쓴 작품 『아침놀』과 『즐거운 학문』에서, 질병과 고통에 대한 감사를 잊지 않고 언급합니다. 여기서 고통이 더 이상 부정적인 것이 아니라 긍정적인 가치로 전환된 것을 보게 됩니다.

> 그보다 양호한 상태였더라면 나는 그렇게 숙고하지 못했을 것이고, 그럴 수 있을 만큼 충분히 예리하지도, **냉정**하지도 못했을 것이다.
>
> — 『이 사람을 보라』, 나는 왜 이렇게 현명한지, 1

1881년 『아침놀』에서 기성 가치에 대한 비판은 목숨이 위태로울 정도로 건강이 악화된 상태에서 수행되었습니다. 그런데 니체는 『아침놀』의 집필에 대해 이렇게 말합니다. 그러한 '고통에도 불구하고 명석함'을 유지했던 것이 아니라, '고통이 제공해 준 명석함'으로 『아침놀』을 썼다고 말이지요. 이것은 고통에 대한 분명한 퍼스펙티브의 차이를 보여 줍니다. 고통의 방해에도 불구하고 불굴의 의지로 집필한 것이 아니라, 고통이 가져다준 예민하고 냉정한 정신 상태를 활용하여 집필할 수 있었다는 것. 다시 말해 그보다 나은 상태거나 혹은 덜 고통스러웠다면, 집필에 필요한 숙고와 예리함과 냉정을 유지할 수 없었을 거라고. 이것이야말로 고통에 굴복하는 것도, 고통과 대결하는 것도 아닌, 고통을 창조의 재료로 활용하는 긍정입니다.

그러한 심각한 질병과 심각한 회의의 질병으로부터 돌아오면서 사람은 **새로 태어난다**. 낡은 껍질을 벗고, 더 민감해지고 더 악의적으로 되고, 기쁨에 대한 더 세련된 취향을, 좋은 것들에 대한 보다 섬세한 혀를, 더 쾌활해진 감각과 기쁨 안에서 이제 위험한 두 번째 순진함을 지니게 되며, 더 천진난만하고 이전보다 백배나 영리해진 사람으로 다시 태어나게 되는 것이다!

—『즐거운 학문』, 제2판 서문, 4

위대한 고통이야말로 정신의 최종적 해방자이다. … 커다란 고통, 시간을 끄는 길고 오랜 고통, 생나무 장작에 불태워지는 고통만이 비로소 우리 철학자들로 하여금 우리가 지닌 궁극적인 깊이에까지 이르게 하고, 모든 신뢰와 선의, 부드러운 가식, 온순, 중용 등 아마도 우리가 이전에는 우리의 인간성에 쏟았던 것들과 결별하도록 만든다. … 우리는 자기 자신을 지배하기 위한 이 길고 위험한 훈련을 거쳐 다른 사람이 된다. 이와 더불어 우리는 … 이제까지 물어 왔던 것보다 앞으로는 더 많이, 더 심오하게, 더 엄격하게, 더 강인하게, 더 악의적으로, 더 조용하게 질문을 던지겠다는 **의지**를 지니게 된다. 삶에 대한 신뢰는 사라져 버리고, 삶 자체가 **문제**가 되어 버린다. … 삶에 대한 사랑은 여전히 가능하다. 다만 사랑의 방식이 바뀌는 것일 뿐이다.

—『즐거운 학문』, 제2판 서문, 3

질병에서 회복되면서 쓴 1882년 『즐거운 학문』에서도, 니체는 질병과 고통의 가치를 이렇게 말합니다. 먼저, 심각한 질병을 통해 사람은 새로 태어난다고. 감각적으로 더 민감해지고 더 비판적이 되며, 취향에 있어서도 더 세련되고 더 섬세해지고 더 영리해진다고 합니다. 또한, 위대한 고통이야말로 정신의 해방자라고. 생장작이 서서히 타는 것 같은 심오한 고통은 철학자들이 인간성이라고 간주했던 '선한' 가치들과 결별하게 한다고. 그리고, 고통이라는 자기 지배의 위험한 연습을 통해 사람들은 다른 사람이 된다고 말이지요. 여기서 다른 사람이란 내 신체의 잠재성을 형성하고 있던 수많은 '나' 가운데 하나입니다. 이렇게 나는 내게 낯설고 위험한 체험을 통해 또 하나의 나를 만나게 되는 것이지요.

어떤 때보다 내 삶의 가장 어려웠던 시절에 대해 더 깊이 감사해야 하지 않을까. … 높은 곳에서 바라보면 모든 것은 다 필연적이며, 거시경제적 의미에서는 모든 것은 다 그 자체로 유용하다. 그것들을 사람들은 견뎌내야 할 뿐 아니라 **사랑**해야 한다. **운명애**, 이것이 나의 가장 내적인 본성이다. … 나는 나의 건강보다 나의 오랜 질병에 말할 수 없을 정도로 많은 덕을 입은 것은 아닌가? 자기를 죽이지 않는 모든 것에 의해 더 강력해지는 내 **고차**의 건강은 그 질환 덕택이다! **내 철학 역시 내 질환 덕택이다.**

— 『니체 대 바그너』, 후기, 1

니체는 건강보다 질병에 더 많은 덕을 입었다고, 내 철학 역시 질병 덕택이라고 고백합니다. 특히 이 시기에 질병과 치유를 오가면서 '위대한 건강'이라는 신체적 역량을 획득하게 됩니다. 위대한 건강은 질병의 고통에서 나온 예민함과 냉정함을 활용하여 작품을 썼던 니체의 체험에서 만들어진 개념이지요. 그가 말하는 위대한 건강이란 무엇일까요? 먼저, 건강은 좋은 것이고 질병은 나쁜 것, 혹은 건강과 질병은 서로 반대되는 가치라는 건강/질병의 이분법을 넘어서는 관점입니다. 또한, 건강한 상태나 질병의 상태나 신체의 어떤 상태에서도 그것을 자신에게 유용하게 활용할 수 있는 역량을 말합니다. 신체의 모든 상태를 활용하여 자기 건강의 재료로 삼는 자를 병자로 만들기란 불가능할 것입니다.

내가 겪은 심각한 질환의 시기, 그때 얻은 이득을 오늘까지도 다 활용하지 못하고 있는 저 시기에 관해 내가 충분한 감사를 표하지 않고 작별하지는 않으리라 … 수많은 종류의 건강 상태를 거듭해서 통과해야 하는 철학자는, 그만큼 많은 종류의 철학을 뚫고 지나가게 된다: 철학자는 그의 건강 상태를 정신적인 형식으로 옮겨놓을 **수밖에** 없다. 이러한 변형의 기술이 바로 **철학**이다.

—『즐거운 학문』, 제2판 서문, 3

그리고 니체는 이 시기의 질환으로 얻은 이득에 대해 충분한 감사를 표합니다. 그에 따르면 철학자란 자신의 건강 상태를 정신의 형식으로 옮겨 놓는 자이며, 철학이란 신체의 건강을 정신으로 변형하는 기술입니다. 따라서 끊임없이 새로운 가치를 생성하는 철학자는 수많은 철학만큼 수많은 건강을 뚫고 지나가야 합니다. 수많은 종류의 철학을 위해, 수많은 유형의 건강 상태를 체험하는 것이 바로 '철학자의 위대한 건강'입니다.

니체 철학의 변신, 니체의 문체

니체의 토양: 기독교 문화·그리스 문화

니체의 성장 배경에는 그의 철학적 토양이 되는 두 가지 맥락이 있습니다. 하나는 기독교 문화이고, 또 하나는 고대 그리스 문화입니다. 이 두 가지는 서양 문화의 중요한 정신적 토대를 이루고 있지요. 니체는 본격적인 철학 작업을 시작하기 전에 기독교 문화와 고대 그리스 문화에 대해 전문 지식을 갖추고 있었습니다.

니체는 기독교 문화를 우리의 삶을 병들게 하는 약자의 가치로 비판하면서, 그리스 정신을 건강한 삶을 위한 강자적 가치로 제안합니다. 니체가 서양의 철학적 사유 전체를 대상으

로 가치전환을 시도할 수 있었던 것은 이러한 철학적 토양 덕
분입니다.

기독교적 성장 배경 :
 기독교적 서양 문화에 대한 비판 자료를 얻다

‘그리스도교’라는 말 자체가 벌써 오해이며, 근본적으로
는 오직 한 사람의 그리스도교인만이 존재했었다. 그는
십자가에서 죽었고, ‘복음’도 이 십자가에서 **죽어 버렸다.**
이 순간부터 ‘복음’이라고 불리는 것은 이미 **그 유일한 그**
리스도교인이 체험했던 것과는 정반대였다. ‘나쁜 소식’
즉 화음Dysangelium이었다. ⋯ 그리스도를 통한 구원에 대한
믿음에서 그리스도교인의 표지를 찾는 일은 터무니없을
정도로 잘못된 것이다. 오로지 그리스도교적 실천만이,
즉 십자가에서 죽었던 그가 살았던 것처럼 사는 것만이
그리스도교적이다.

— 『안티크리스트』, 39

니체 철학의 반기독교 사상은 『안티크리스트』를 비롯하
여 니체 작품의 전반에서 나타납니다. 그의 말처럼, 니체가 반
대(anti-)한 것은 ‘그리스도의 삶과 복음’이 아니라 그리스도에
대한 ‘기독교적 해석’입니다. 그래서 니체는 예수 그리스도만

이 유일한 그리스도교인이라고 합니다. 니체는 비판합니다. 그리스도가 죽자 그의 '복음'도 죽었고, 이후 기독교의 해석은 그리스도와는 정반대인 '화음'(禍音)이라고. 그리스도를 통한 구원이라는 해석은 터무니없으며, 그리스도적 삶과 실천만이 그리스도적인 것이라고. 특히 '삶-고통-죄-심판'으로 연결되는 기독교적 교리는 삶을 병들게 하고 생명력을 약화시킨다고.

니체는 1844년 10월 15일 프로이센(독일)의 작센 지방 뢰켄이라는 작은 마을에서, 루터교 목사 아버지와 목사의 딸이었던 어머니 사이에서 태어납니다. 2년 뒤에는 여동생 엘리자베스, 또 2년 뒤엔 남동생 요제프가 태어나지요. 하지만 니체가 다섯 살 때, 아버지에 이어 남동생이 세상을 떠납니다. 아버지가 사망한 후, 돈이 없었던 니체의 가족은 외할머니에게 얹혀살았어요. 그래서 니체는 여자들(외할머니, 두 명의 이모, 어머니, 여동생, 하녀)에게 둘러싸여 여성적인 보살핌을 받으면서 어린 시절을 보냅니다. 당시 독일 가정에서 아버지의 권위는 엄격하고 절대적이었는데, 니체는 어린 시절부터 아버지에 대한 복종으로 길러진 아이들과는 달랐지요. 아버지의 부재로 인해, 니체는 절대적 권위에 무의식적으로 따르는 대신 스스로 판단하고 자기 행동에 책임지는 사람으로 자랐습니다.

한편 기독교적인 분위기에서 자라난 어린 시절 니체의 꿈은 목사가 되는 것이었습니다. 니체는 여섯 살이 되자 가난한 아이들이 다니는 시립학교에 들어가는데, 신앙이 깊고 생각이 많았던 니체는 '꼬마 목사'라고 불렸어요. 평생 동안 니체를 괴롭혔던 고질적인 두통과 심각한 근시가 시작된 것도 이 무렵이었지요. 학교의 또래 아이들과 잘 어울리지 못한 어린 니체에게 유일한 친구는 음악이었어요. 피아노에 재능이 있어 직접 작곡을 하기도 합니다. 열 살 때는 기독학교로 옮겼는데, 여기서 좋은 성적을 얻어 이후 명문 학교 슐포르타에 입학할 수 있었지요.

대학 전까지 니체의 성장 배경은 기독교적인 집안 분위기와 아버지의 부재로 요약할 수 있습니다. 이는 니체가 기독교적 서양 문화에 비판적일 수 있었던 중요한 조건이 됩니다. 먼저 목사 집안에서 태어나 유년 시절 기독학교와 신학 공부를 거쳐, 대학에서도 신학 학부에 들어가게 되지요. 이런 과정을 거치면서 니체는 기독교 문화와 종교 지식을 자연스럽게 흡수하게 됩니다. 한편 아버지의 부재는 절대적 가치와 기성의 권위가 전승되는 통로를 차단하는 효과를 가집니다. 이로부터 니체는 시대의 지배적인 가치와 권위에 상대적으로 자유로운 관점을 갖게 됩니다. 이처럼 기독교 문화에 정통하면서 동시에 기성의 가치로부터 자유로운 니체의 태도는, 기독교 중심의 서양 문화와 대결하는 데 결정적인 역할을 합니다.

니체가 반기독교적 태도로 돌아서게 된 것은 20세 대학 생활을 시작하면서부터입니다. 어머니의 바람에 따라 신학 학부에 들어갔지만, 니체는 한 학기 후에 어머니의 분노에도 불구하고 신학 공부를 중단하고 신앙도 상실합니다. 그것은 다비드 슈트라우스의 『예수의 생애』(*Das Leben Jesu*, 1835)가 청년 니체에게 깊은 영향을 주었기 때문입니다. 이 책에서 슈트라우스는 예수의 신성을 부정하고 예수에 대한 전승이 신화적으로 변형되었다고 주장하여, 당시 유럽 기독교에 큰 충격을 줍니다. 이때부터 니체는 기독교에 대해 근본적인 의심을 품기 시작했고, 21세에 라이프치히 대학으로 옮기면서 신학을 중단하고 문헌학에만 집중하게 됩니다.

문헌학적 전문 지식 :
고대 그리스 문화에 대한 철학자료가 되다

> 그리스인은 호메로스의 신들을 자기 위의 주인으로 보지 않았으며, 유대인과 달리 자신들을 신들의 아래에 있는 하인이라고 보지도 않았다. 말하자면 그들은 (*신들을) 자신들의 사회계층의 가장 성공적인 모범으로 … 보았던 것이지, 자신의 본질과 대립되는 것으로 보지 않았다. … 인간은 자신에게 그런 여러 신들을 부여할 때 스스로 고귀하다고 생각하며 … 올림포스의 신들이 사라진 곳에서 그리스인의 삶 역시 더 어둡고 불안해졌다. — 반면 그리스도교는 인간을 압박하고 완전히 파괴시켜 깊은 진창 속에 빠트렸다. … 그리스도교의 모든 심리학적 발명은 감

정의 이러한 병적인 과도함과 거기에 필요한 머리와 마음 속의 깊은 파괴를 향해 작용했다: 그리스도교는 파멸시 키고, 파괴하고, 마비시키고, 도취시키려고 한다.

— 『인간적인 너무나 인간적인 I』, 114

유년 시절부터 니체는 고대 그리스·로마 문화에 흥미를 가지기 시작했습니다. 슐포르타에 입학한 니체(14세)는 그리 스어와 라틴어 수업을 특히 좋아해서 학년 말에는 거의 수석 을 차지했어요. 고대 그리스·로마의 고전을 읽으면서 그리스· 로마 문화에 매혹되었습니다. 니체(20세)가 본 대학을 선택한 것은 당시 이름난 고전 문헌학자였던 리츨(Friedrich Wilhelm Ritschl) 교수 때문이었지요. 리츨 교수는 니체가 문헌학에서 철학으로 학문적 변화를 시도할 때까지 그를 지지했던 든든한 스승이었습니다.

니체(21세)는 리츨 교수를 따라 본 대학에서 라이프치히 대학으로 옮기면서 본격적으로 문헌학 연구에 전념합니다. 고 대 그리스 고전에 관한 전문적인 연구를 통해 그리스 철학에 대한 깊이 있는 이해가 가능해집니다. 디오게네스에 관한 논문 으로 문헌학자로서 니체(22세)의 이름이 알려지기 시작하지 요. 여기에 니체의 문헌학에 대한 높은 평가와 리츨 교수의 강 력한 추천으로, 니체(25세)는 스위스 바젤 대학의 고전 문헌학 교수가 됩니다. "내가 39년 동안 강단에서 학생들을 가르쳐 본

이래로, 이토록 고전 문헌학에 특출난 재능을 가진 학생을 본 적이 없다." 불과 25세의 나이에, 아직 학생 신분에, 박사학위도 없이 바젤 대학의 최연소 교수가 된 것은 정말 이례적인 경우였다고 하지요. 건강 악화와 자유로운 철학 작업을 위해 퇴직할 때까지, 니체(35세)는 10년 정도 바젤 대학에서 교수로 있었어요.

바젤 대학에서 고전 문헌학을 가르치는 동안 니체는 학생들 사이에서 콧수염을 기른 교수로 통했다고 해요. 니체 하면 떠오르는 트레이드 마크인 콧수염이 등장한 것은 이때부터였습니다. 학생들과 나이 차이가 크지 않았던 젊은 교수 니체는 콧수염으로 좀 노숙한 티를 내고 싶었던 거 같아요. 그의 강의는 긴 시간을 뛰어넘어, 고대 그리스의 호메로스, 소포클레스, 플라톤과 같은 위대한 인물들과 사상을 생생히 들려주었습니다. 기독교의 영향으로 병약하고 퇴폐적인 당시의 문화는, 운명을 피하지 않고 그것과 의연하게 대결하는 고대 그리스의 정신을 통해서 극복될 수 있다고 보았습니다. 즉 기독교 문화를 병약하고 쇠퇴하는 약자의 문화라고 비판했다면, 그리스 문화야말로 건강하고 상승하는 강자의 생명력으로 긍정했습니다.

이즈음 니체는 문헌학자로서 주목받으면서도 철학으로의 학문적 변화를 꿈꾸고 있었지요. 니체의 주된 관심은 철학으로 이동하고 있어서, 이제 문헌학은 철학의 자료로만 가치를 지니게 됩니다. 그리고 니체(28세)의 첫 철학적 저술인 『비극의 탄생』이 출판됩니다. 예술가-형이상학, 디오니소스적 예술 충동과 아폴론적 예술 충동, 소크라테스에 의한 그리스 비극의 몰락 등 이 책은 문헌학이라기보다 철학적이었습니다. 그 결과 『비극의 탄생』은 다른 학자들로부터는 비교적 긍정적인 평가를 받았지만, 동료 문헌학자들로부터는 모욕적인 평가와 공개적인 반박들이 이어졌지요. 이로써 '문헌학자 니체'의 명성은 실추되었지만, 이는 '철학자 니체'의 탄생을 알리는 시작이기도 했습니다.

한편 니체는 평생을 어떤 국가에도 속하지 않은 무국자로 살았습니다. 1866년 프로이센 수상 비스마르크가 독일제국 건설을 표방하며 전쟁을 일으킵니다. 1867년 니체는 군대에 소집(23세)되어 훈련받던 중 지독한 근시 때문에 말에서 떨어지는 부상(24세)을 입고 군 복무를 지속할 수 없게 됩니다. 때마침 리츨 교수는 병가로 휴식을 취하고 있던 니체(25세)를 스위스 바젤 대학의 문헌학 교수로 추천하지요. 바젤 대학은 니체가 다시 군대에 불려 나가기를 원치 않았기 때문에, 니체에게 프로이센 시민권을 포기하고 스위스 국적을 가질 것을 제안합니다. 그래서 니체는 프로이센 시민권을 버렸지만 스위스 시민권을 취득하는 데 필요한 요건을 채우지 못합니다. 결국 니체는 무국자로 살게 되는데, 어쩌면 이는 국가를 낡은 우상으로 비판한 그에게 합당한 행로가 아닐까 싶습니다.

니체의 변신: 세 번의 철학적 변신

『차라투스트라는 이렇게 말했다』 1부는 세 가지 변신에 대한 이야기와 함께 시작하고 있다. "어떻게 해서 정신은 낙타가 되고, 낙타는 사자가 되며, 사자는 마침내 어린아이가 되는가"… 니체에 의하면 이러한 세 가지 변신은 다른 무엇보다도 자신의 저작들이 전환되는 계기들을 의미하며, 또한 자신의 삶과 자신의 건강의 단계들을 의미한다.

— 들뢰즈, 『들뢰즈의 니체』, 9~10쪽

차라투스트라가 말하는 낙타-사자-어린아이라는 정신의 세 가지 변신을 요약하면 이렇습니다. 먼저 낙타는 시대적 가치를 짊어지고 사막을 건너는 존재를 상징하며, 따라서 낙타의 정신이란 시대적 가치에 복종하는 정신입니다. 그리고 사자는 시대적 가치와 대결하여 사막의 주인이 되려는 존재를 말하며, 따라서 사자의 정신이란 시대적 가치에 저항하는 정신입니다. 마지막으로 어린아이는 사막을 놀이터로 만드는 존재이며, 어린아이의 정신은 시대를 넘어 새로운 가치를 창조하는 정신입니다.

들뢰즈에 의하면 정신의 세 가지 변신은 니체의 작품들이 전환되는 계기이며, 니체의 삶과 건강이 변화되는 단계를 의미합니다. 청년 니체(낙타 시기), 이행기 니체(사자 시기), 성숙기 니체(어린아이 시기)에 이르는 세 가지 계기를 통해, 니체는 어떻게 철학적 변신을 이루는 걸까요?

청년 니체와 바그너 :
1869~1876년(25~32세)

청년 니체의 시기는 대체로 1869년부터 1876년까지인 7년 정도입니다. 바젤 대학 교수(25세)에서 시작하여 바그너와 결별(32세)하면서 끝납니다. 철학 연구가 본격적으로 시작된 이 시기를 전후한 니체의 일정들은 이렇습니다. 앞서 말한 것처럼, 20세에 본 대학에서 신학과 문헌학 공부를 시작하고, 21세에는 라이프치히 대학으로 옮기면서 문헌학에 집중하다가 얼마 지나지 않아 철학으로 연구의 중심을 전환하지요. 이 시기에 젊은 날의 니체에 결정적인 영향을 끼친 쇼펜하우어(Arthur Schopenhauer)와 바그너(Wilhelm Richard Wagner)를 만납니다. 그리고 니체의 첫 작품 『비극의 탄생』이 1872년(28세)에, 『반시대적 고찰』이 1873~1876년(29~32세)에 쓰여 출판됩니다.

청년 니체는 한마디로 '바그너와 쇼펜하우어'로 정의됩니다. 니체는 부르주아 문화의 허구와 위선을 넘어서는 진정한 가치를 쇼펜하우어 철학과 바그너 음악에서 찾습니다. 라이프치히 대학으로 옮긴 니체(21세)는 어느 늦가을 그가 사는 건물 1층에 건물주가 운영하는 '론'이라는 이름의 헌책방에서 우연히 쇼펜하우어의 『의지와 표상으로서의 세계』를 발견해요. 이 책은 니체로 하여금 철학적 사유로 입문하게 한 중요한 계기가 되었고, 이후 쇼펜하우어 철학의 영향 속에서 『비극의 탄생』이 쓰입니다. 『반시대적 고찰』에서 쇼펜하우어를 교양 속물이 지배하는 허위 문화에 대항하는 문화의 모범으로 제시합니다. 하지만 쇼펜하우어의 염세주의가 삶의 피로와 절망을 향하고 있음이 드러나면서 그를 떠납니다.

> 나는 그(*바그너)를 모든 '독일적 덕목들'에 맞서는 **외국**으로, 대립으로, 저항의 화신으로 느꼈고 존경했다. … 자, 보라! 바그너는 한 사람의 혁명가였다 — 그는 독일인한테서 도망쳤었다. … 내가 바그너를 결코 용서할 수 없는 점은 무엇인가? 그가 독일인에게 **응해 주었다**는 점 — 그는 독일제국적으로 되었다는 점이다.
>
> — 『이 사람을 보라』, 나는 왜 이렇게 영리한지, 5

> 외견상으로는 승리자였지만 사실은 부패해 버린 절망적인 낭만주의자 리하르트 바그너가, 갑자기 의지할 데 없이 무너져 버린 채 그리스도교의 십자가 앞에 무릎을 꿇었던 것이다.
>
> — 『인간적인 너무나 인간적인 II』, 서문, 3

한편 스위스 바젤 대학 교수로 있던 니체(25세)는 리츨 교수의 소개로 트립셴에 머물던 바그너(56세)를 방문합니다. 니체는 바그너 음악을 즐겨 연주할 만큼 바그너를 좋아했고, 두 사람 모두 쇼펜하우어 철학에 심취해 있었기 때문에 금방 친해질 수 있었지요. 니체와 바그너는 30년이라는 나이 차이가 났지만, 아버지 없이 자란 니체는 바그너에게 아버지를 느꼈고, 바그너도 니체를 아들처럼 대했다고 해요. 바그너는 트립셴 집에 니체의 방을 따로 마련해 줄 정도로 니체를 아꼈고, 니체도 매일같이 방문하여 바그너의 집에 거의 살다시피 하지요.

니체는 첫 작품 『비극의 탄생』에서 바그너 음악을 '예술을 통한 삶의 구원'을 위한 전형으로 제시하고, 이 책을 바그너에게 헌정합니다. 그리고 바그너의 열성적인 지지자가 되어, 바그너의 바이로이트 축제를 기획하고 바그너의 문화 프로그램을 위한 전위대를 자처합니다. 하지만 바그너에 대한 개인 숭배가 노골화되고, 바그너 음악이 기독교적 낭만주의, 독일 민족주의로 기울자 그와 결별합니다. 니체는 이제 혼자가 되었고 누군가에 의지하는 것이 불가능해지자, 청년 니체의 시기가 끝납니다.

니체의 청년기는 복종의 정신을 의미하는 낙타의 시대입니다. 쇼펜하우어와 바그너라는 기성의 가치에 의존하면서 철학을 시작했기 때문이지요. 니체도 처음부터 니체는 아니었습니다. 철학에 입문한 젊은 니체는 아직 스스로 설 수 없었고,

쇼펜하우어와 바그너라는 기존의 가치에 기댈 수밖에 없었지요. 당시 지배적인 부르주아 문화를 비판하는 철학적 과제를 수행할 때, 쇼펜하우어 철학과 바그너 음악을 빌려 자기 사상을 전개했습니다.

이 시기의 쓰인 『비극의 탄생』과 『반시대적 고찰』은 이들의 그림자가 짙게 배어 있습니다. 니체는 나중에 자기비판을 하면서 쇼펜하우어와 바그너는 찬양의 대상이 아니라 나의 사상을 말하기 위한 수단이었다고 합니다. 이들을 넘어서면서 니체는 기성의 가치에 의존한 철학자에서 기성의 가치와 대결하는 철학자로 변신합니다.

이행기 니체, 질병과 치유의 반복 : 1877~1882년(33~38세)

우리는 낡은 것으로 되돌아갈 **수도** 없다. 우리는 이미 배를 불태워 버리고 **말았다**. 용감해지는 수밖에 없다.

— 『인간적인 너무나 인간적인 I』, 248

이행기의 니체는 대체로 1877년부터 1882년까지 5년 정도입니다. 바그너와 결별 후 33세 무렵에서 시작하여 질병과 치유를 거쳐 건강을 되찾은 38세까지입니다. 이전으로 돌아갈 수 없었던 니체는 용감해져야 했습니다. 이 시기를 이행기라고 말하는 것은 청년 니체에서 성숙기 니체로 넘어가는 '이행'의 시기라는 의미입니다. 33세부터 건강이 악화되기 시작한 니체는 35세에 바젤 대학 교수직을 그만둡니다. 한편 니체는 37세 때 조르주 비제의 「카르멘」을 보고 감격한 나머지 비제를 바그너에 맞서는 음악적 전형으로 평가하지요. 이 시기의 병은 니체의 말대로 익숙했던 감각을 낯설게 하여 철학적 가치를 바꿀 기회를 제공합니다. 질병의 고통을 넘어 오히려 병이 가져다준 새로운 감각으로 1878년부터 1880년(34~36세)에는 『인간적인 너무나 인간적인』을, 1881년(37세)에는 『아침놀』을, 1882년(38세)에는 『즐거운 학문』을 씁니다.

그 당시 내게 결정적이었던 일은 바그너와의 결렬이 아니었다. 나는 내 본능이 총체적으로 길을 잃고 있다는 것을 것을 느꼈으며, 바그너는 … 그 총체적인 길 잃음에 대한 징후에 불과한 것이었다. 나 자신을 **참을 수 없다**는 생각이 돌연 나를 엄습했다; 이때 나는 다시 **내 정신으로** 돌아오기에는 지금이 절호의 시기라고 생각했다.

— 『이 사람을 보라』, 인간적인 너무나 인간적인, 3

병증이 **서서히 나를 해방시켜 주었던 것이다** ; … 병은 내 모든 습관을 바꿀 권리를 나에게 부여했다; 내 병은 망각을 허락했고, 망각하라고 **명령했다.** … 가장 밑바닥의 자아가

… 마침내 **다시 말을 하기 시작했다.** 나의 삶에서 가장 아팠고 고통스러웠던 그 시절에 내가 느꼈던 행복보다 더 큰 행복을 나는 결코 가져보지 못했다; … '**나로의 귀환**'

— 『이 사람을 보라』, 인간적인 너무나 인간적인, 4

니체에게 이행기는 '질병과 치유의 반복'으로 정의되는 시기입니다. 바그너와의 결별은 바그너의 이름으로 전개된 니체 사유와의 결별이었습니다. 결정적이었던 것은 '바그너와의 결렬'이 아니라, '총체적인 길을 잃었다'는 점이지요. 니체는 길을 잃었고, 1877년에서 1881년까지 4년간을 질병과 치유 사이에서 극심한 고통을 체험합니다. 평생을 신체적 통증과 정신적 우울을 겪었지만, 이때는 비교할 수 없을 정도로 심각했어요. 하지만 한 해 동안 118일이나 발작을 일으켰던 1879년을 정점으로, 건강을 되찾은 1880년을 거치면서 철학적 각성이 일어납니다.

　한편 극심한 두통과 안통으로 시력이 악화되어 글 읽기가 어렵게 된 것은 니체에게 또 다른 축복이었습니다. 니체는 책 읽기에서 벗어나 스스로 생각하게 되었고, 자기만의 사유에 집중하게 됩니다. 니체는 『즐거운 학문』에서 이 시기의 질병과 고통을 '정신의 해방자'라고 긍정합니다. 총체적인 길 잃음이 '내 정신으로 돌아오기에 절호의 기회'였고, 질병과 고통이 '나로 귀환'할 수 있는 계기를 제공했다는 거지요.

이행기의 니체는 비판의 정신을 의미하는 사자의 시대입 니다. 쇼펜하우어와 바그너를 비롯하여 모든 시대적 가치에 대 해 전면적 비판 작업을 수행합니다. 니체는 이 시대가 올바르 다고 말하는 보편적 가치가 실제로는 아무런 토대가 없음을 발 견합니다. 가령 선악의 기준은 그 시대의 도덕에 따라 변해 왔 으며, 신의 존재는 오히려 인간이 창조한 것이었지요. 국가는 신의 죽음 이후 등장한 새로운 우상이고, 민주주의는 다수결의 원칙 아래 대중적 가치로 하향 평준화하는 방식이었지요. 게 다가 이 시대의 모든 가치는 거꾸로 서 있다는 걸 보게 됩니다. 이를테면 인간은 극복 대상이 아니라 최종 목적으로 간주되었 고, 약자적 삶이 강자적 가치로 추구되고 있었지요.

따라서 니체는 모든 가치의 가치전환Umwertung을 철학적 과제로 설정합니다. 시대의 보편적 가치를 비판하고 새로운 가 치로 전환하는 것에 모든 에너지를 집중합니다. 가치전환을 자 기 과제로 설정한 이유에 대해, 니체는 『이 사람을 보라』에서 자신의 힘에의 의지가 그것을 욕망하기 때문이라고 합니다. 무 엇보다 자신이 이렇게 뒤집힌 가치를 알아차리는 '힘'을 가지 고 있고, 또한 자신을 거짓에 맞서는 대립자로 '의지'하기 때문 이라는 거지요. 이렇게 자기 시대를 비판하면서, 한편 새로운 시대의 씨앗을 키웁니다. 이제 니체는 시대적 가치와 대결하는 철학자에서 새로운 가치를 생성하는 철학자로 변신합니다.

성숙기 니체와 영원회귀 :
1881~1889년(37~45세)

인간은 어떻게 자기 자신이 되는가?

—『이 사람을 보라』, 부제

니체의 성숙기는 1881년에서 1888년까지 8년 정도의 시간입니다. 즉 니체가 37세에 스위스 질스마리아에서 영원회귀의 영감을 받은 때로부터 45세에 이탈리아의 토리노에서 정신착란으로 쓰러지기 전까지를 말합니다. 니체는 마침내 '니체 자신'으로 존재합니다. 니체에게 철학이란 결국 '자기 자신'이 되는 것이었지요. 니체의 대표작 『차라투스트라는 이렇게 말했다』가 1883~1885년(39~41세)에, 『선악의 저편』이 1886년(42세)에, 『도덕의 계보』가 1887년(43세)에 발표됩니다. 그리고 『우상의 황혼』, 『안티크리스트』, 『바그너의 경우』, 『니체 대 바그너』, 『이 사람을 보라』, 『디오니소스 송가』 등 여섯 개의 단편이 모두 1888년(44세) 한 해에 쓰입니다. 토리노에서의 정신착란으로 철학자로서 생명은 끝나고, 니체는 10년간의 투병 후 20세기가 시작되던 1900년 8월 25일 56세의 나이로 숨을 멈춥니다.

차라투스트라의 내력을 이야기하겠다. 이 책의 근본 사

상인 **영원회귀 사유**라는 도달될 수 있는 최고의 긍정 형식
은—1881년 8월의 것이다 : "인간과 시간의 6천 피트 저
편"이라고 서명된 채 종이 한 장에 휘갈겨졌다. 그날 나는
실바프라나 호수의 숲을 걷고 있었다. 수르레이에서 멀지
않은 곳에 피라미드 모습으로 우뚝 솟아오른 거대한 바위
옆에 나는 멈추어 섰다. 그때 이 생각이 떠올랐다.

— 『이 사람을 보라』, 차라투스트라는 이렇게 말했다, 1

성숙기의 니체는 '영원회귀'로 정의됩니다. 영원회귀의
영감으로 차라투스트라를 탄생시키고, 이 사상으로 인해 신체
가 파괴되지만 결국 불멸의 존재가 되니까요. 니체는 1881년
8월 스위스의 실바프라나 호수의 숲을 걷다가 거대한 바위 옆
에 멈추었는데 바로 그때 영원회귀의 영감이 떠올랐다고 합
니다. 영원회귀 사상은 그날로부터 18개월의 성숙을 거쳐
1883년 2월 『차라투스트라는 이렇게 말했다』를 낳습니다.

그리고 영원회귀는 니체 철학의 특이성을 표시하는 핵심
사상이 됩니다. 니체는 『이 사람을 보라』에서 인류 운명에 결
정적인 영원회귀의 비밀을 폭로한 대가로 자신이 파괴될 것이
라고 합니다. 그리고 1888년이 철학자로서 마지막 해가 될 것
을 예견한 듯합니다. 오랫동안 기획했던 긴 호흡이 필요한 『권
력에의 의지』라는 작품을 완전히 포기하지요. 대신 이 한 해
동안 마지막 힘을 모아, 철학적 자서전 『이 사람을 보라』를 포

함해 철학 작업을 마무리하는 여섯 개의 단편을 쏟아 냅니다. 들뢰즈는 이때를 '위대한 1888년'이라고 합니다.

니체가 니체 자신으로 존재했던 이 시기는 생성의 정신을 의미하는 어린아이의 시대입니다. 생애의 마지막에 어린아이가 된다는 것은 아이러니처럼 생각되지요. 하지만 니체 철학에서 어린아이는 새로운 것을 창조하는 생성을 의미합니다. 시대에 복종하는 낙타의 정신은 물론 시대와 대결하는 사자의 정신도, 모두 지금 시대와의 관계에 의해 정의되지요. 하지만 어린아이야말로 지금 시대와 관계없이 새로운 시대를 생성하는 '비시대적 존재'입니다.

시대적 가치를 넘어서는 진정한 방법은 그것을 부정하는 것에 그치는 것이 아니라 새로운 가치를 창안하여 시대적 가치를 낡은 것으로 만드는 것입니다. 여전히 낡은 가치를 비판하지만, 이제 니체 철학의 중심은 새로운 가치를 만들어 내는 것으로 이동합니다. 이 시기에 오면 이제까지 작품에서 전개되었던 철학적 방법론과 개념들이 니체 철학의 고유한 것으로 정립됩니다. 철학적 방법론을 대표하는 가치전환·위대한 건강·퍼스펙티비즘(perspectivism)을 비롯하여, 위버멘쉬·힘에의 의지·영원회귀·아모르파티 같은 철학적 개념들이 니체 철학이라는 하나의 특이성으로 빛나기 시작합니다. 이렇게 그는 새로운 가치를 창조함으로써 낡은 가치를 소멸시키고, 새로운 세계를 구축함으로써 낡은 세계를 종식시킵니다.

니체의 문제 : 아포리즘과 시

니체를 다른 어떤 철학자와도 구별되는 존재로 만든 것은 그의 특이한 사상만큼이나 독창적인 문제입니다. 철학의 특이성은 단지 내용만이 아니라 문체에 있어서도 다른 것과 섞이지 않는 고유한 스타일에 의해 구축됩니다. 그런 의미에서 내용형식으로서 그의 철학과 더불어 표현형식으로서 그의 문체는 니체 철학의 특이성을 구축하는 데 결정적입니다. 니체 철학의 독창성을 표시하는 니체의 문체가 바로 아포리즘과 시입니다. 그의 작품 대부분은 압축적이고 강렬한 아포리즘이나 시로 이루어지고, 그래서 논리적이기보다 문학적인 어펙트를 남깁니다. 니체 특유의 아포리즘과 시는 니체 철학에 어떤 효과를 가질까요?

니체 철학의 스타일을 구축하는
아포리즘과 시

1. 가장 필요한 것은 **생명**이다. 스타일(문체)은 **살아 있어야** 한다.

8. 가르치려는 진리가 추상적일수록, **감각**을 진리에 끌어들여야 한다.

— 『유고(1882년 7월~1883/1884년 겨울)』, 1[109] 문체론을 위해

니체는 1882년 「스타일(문체론)을 위해」라는 제목으로 열 개의 아포리즘을 작성한 적이 있습니다. '루 살로메를 위한 메모들'로 묶여 있는 이 아포리즘은 마지막에 "F. N. 어느 좋은 아침. 나의 사랑하는 루!"라는 서명이 붙어 있어요. 루 살로메를 위해 글을 쓸 때 필요한 지침 같은 것을 만들어 준 거지요. 『차라투스트라는 이렇게 말했다』 작업 얼마 전에 쓴 이 메모는 문체에 관한 그의 생각을 요약하고 있습니다.

니체가 가장 가장 중요하게 생각한 것은 스타일의 생명력입니다. '문체가 살아 있어야 한다'는 것은 무엇일까요. '어떤 작품이 문체(스타일)에 있어서 다른 작품과 구별되는 독창성을 지녀야 한다'는 거지요. 아무리 '뛰어나도' 자신만의 독창적인 어펙트를 갖지 못하면 그 문체는 살아 있다고 말할 수 없습니다. 이렇게 살아 있는 문체가 그 작품을 살아 있게 합니다. 니체 특유의 아포리즘과 시는 니체 철학을 살아 있게 만드는 무기입니다. 강렬하고 직설적인 아포리즘과 상징적이고 아름다운 시적인 방식은, 니체 철학을 표현하기에 적합할 뿐 아니라 니체 철학을 활력 있게 만드는 주요한 기술입니다.

같은 글에서 니체는 문체에 감각을 동원할 것을 제안합니다. 우리를 움직이게 하는 것은 인식 이전에 어펙트 혹은 감응이지요. 철학이 개념을 도구로 하는 진리게임이라고 할 때, 진리에 감각을 끌어들이는 니체의 방식이 아포리즘과 시입니다. 논리적인 방식이 개념을 수단으로 이성에 호소하는 방식이라면, 아포리즘·시는 감각을 수단으로 감성에 호소하는 방식이지요. 전자가 주로 이론가들이 사용하는 설득적이고 계몽적인 방식이라면, 후자는 예술가들이 채택하는 감응적이고 감염적인 방식입니다. 니체가 그의 철학에 아포리즘과 시를 끌어들인 것은 그것이 논리적 방식보다 감응을 촉발시키는 힘이 크기 때문입니다. 문제는 그 철학이 지닌 감응의 생산능력이며, 이를 위한 니체의 선택이 아포리즘과 시입니다.

> 니체는 철학에 아포리즘과 시라는 표현 방법을 끌어들이고 있다. 이러한 형식들 자체는 철학에 대한 새로운 개념과 사상가와 사상에 대한 새로운 이미지를 포함하고 있다. 인식이라는 이상과 참된 것(*진리)의 발견이라는 목적을, 니체는 해석과 가치 평가로 대체하고 있다. … 아포리즘은 해석하는 기법인 동시에 해석되어야 하는 대상이기도 하다. 시는 가치 평가하는 기법인 동시에 평가되어야 할 대상이기도 하다. 해석자는 생리학자 혹은 의사이며, 현상들을 증후로 보면서 아포리즘을 통해 말한다. 가치 평가하는 자는 '관점들'을 고찰하고 창조하는 예술가이며, 시를 통해서 말하는 자다. 미래의 철학자는 예술가이자 의사이며, 한마디로 말해서 입법가이다.
>
> — 들뢰즈, 『들뢰즈의 니체』, 29~30쪽

니체는 철학에 아포리즘과 시라는 독특한 표현 방식을 끌어들이지만, 이것은 다시 그의 철학을 독특하게 만듭니다. 니체의 '아포리즘과 시라는 새로운 표현 방식'은 '철학과 사상에 대한 새로운 이미지'를 포함하기 때문입니다. 새로운 문체는 새로운 철학을 끌고 옵니다. 즉 아포리즘과 시는 철학에 대한 새로운 이미지를 만들어 냅니다. 니체는 이전의 철학에서 인식을 '해석'으로 대체하고, 진리의 발견을 '가치 평가'로 대체합니다. 그리고 해석은 어떤 현상의 '의미'를 결정하며, 가치 평가는 이런 의미들 간의 '가치 위계'를 결정합니다. 이때 아포리즘과 시는 표현 방식을 넘어 해석과 가치 평가의 기법이 됩니다.

먼저 아포리즘은 해석의 기법입니다. 아포리즘은 하나의 현상에 고정되어 있는 의미를 다양하게 발산합니다. 우리가 잘 알고 있다고 생각하는 사물들을 낯설게 하지요. 따라서 아포리즘적 해석은 기존의 고정된 해석을 해체하여 새로운 해석을 가능하게 합니다. 그래서 해석하는 자는 어떤 사물과 사건을 분석하는 의사이며, 이런 현상들을 어떤 징후로 보면서 아포리즘을 통해 말합니다. 한편 시는 가치 평가의 기법입니다. 시는 예술이 가진 창조와 생성을 생명으로 하지요. 따라서 시적 가치 평가는 '무엇이 보다 창조적이며 생성적인가'를 기준으로, 여러 의미들 간의 가치 위계를 결정합니다. 그래서 가치 평가하는 자는 여러 관점들을 고찰하고 창조하는 예술가이며,

시를 통해 말하는 자입니다. 결국 미래의 철학자는 의사이자 예술가이며, 한마디로 새로운 가치를 만드는 입법가입니다.

니체의 철학적 연대와 문체의 변화

7. 문체는 그가 자신의 사상을 **믿고 있으며**, 사고할 뿐만 아니라 **느끼기도 한다**는 것을 증명해야 한다.

— 『유고(1882년 7월~1883/1984년 겨울)』, 1[109] 문체론을 위해

아포리즘과 시가 니체의 무기가 된 데에는 아이러니하게도 '나쁜' 건강 상태가 직접적으로 작용했습니다. 평생 그를 괴롭혔던 고질적인 두통과 심각한 근시, 특히 30대 중반의 극심한 질병과 고통을 거치면서 니체는 이제 읽고 쓰는 것이 어렵게 됩니다. 그래서 논리적이고 긴 문장보다 상징적이고 짧은 문체를 선호하게 된 거지요. 그리고 짧고 강렬한 아포리즘과 시가 독자에게 강한 어펙트를 전달할 수 있음을 깨닫지요. 이로써 니체는 아무도 흉내 낼 수 없는 독창적인 문체를 가지게 됩니다.

'니체의 질병'은 「6장 아모르파티, 운명을 사랑하라」에서 언급한 '보르헤스의 실명'과 많은 부분에서 겹쳐집니다. 보르헤스는 평생 장편소설을 쓰지 않았는데, 그를 세계적 작가로

만든 단편소설은 아이러니하게 '실명'의 선물이었지요. 실명으로 읽고 쓰는 게 힘들어지자, 보르헤스 역시 짧은 글 위주로 쓰고 시각 저편의 환상적 유희를 즐기게 됩니다. 이것이 결국 그를 세계적인 단편 작가로, 환상적 리얼리즘의 대표 작가로 만든 것입니다. 니체의 철학이나 보르헤스의 단편 모두 '고통과 실명에도 불구하고' 얻어진 것이 아니라 '고통과 실명을 재료로' 성취한 것입니다. 즉 니체의 고통과 보르헤스의 실명이 없었다면 니체의 문체, 보르헤스의 작품은 불가능했을 것입니다.

우리는 앞에서 인간 존재뿐 아니라 비인간 존재의 의지를 살펴보았지요. 문법의 의지는 언어의 힘이 만들어 내는 대표적인 언어의 의지입니다. 사실 철학을 포함하여 우리가 사용하는 모든 개념에서 언어의 힘만큼 중요한 것이 있을까요. 푸코는 그의 작품 『말과 사물』에서 '말의 권력이 어떻게 사물의 질서를 구성하는지' 말한 적이 있습니다. 특히 니체는 언어의 표현 방식(문체)이 갖는 힘과 의지를 활용하여 작품 활동을 했습니다.

니체는 그의 철학적 연대에 따라 세 가지 방식의 문체를 사용합니다. 논리적 방식은 청년 니체의 주요 표현 방식으로 『비극의 탄생』, 『반시대적 고찰』이 그렇게 쓰였습니다. 아포리즘 방식은 이행기 니체의 표현 방식으로 이 시기에 쓰인 『인간적인 너무나 인간적인』, 『아침놀』, 『즐거운 학문』이 모두 아포리즘으로 구성되어 있습니다. 시 혹은 산문시 방식은 성숙기 니체의 주요 표현 방식으로, 니체의 대표작 『차라투스트라는 이렇게 말했다』는 산문시로 쓰였으며, 그의 마지막 작품이 된 『디오니소스 송가』도 시로 쓰인 작품입니다.

물론 각 시기마다 예외적인 방식들이 섞여 있지요. 성숙기에 쓰인 『도덕의 계보』는 논리적 방식이고, 『선악의 저편』, 『우상의 황혼』 등은 아포리즘 방식입니다. 또 이행기에 쓰인 『메시나에서의 전원시』와 『즐거운 학문』에 수록된 「포겔프라이 왕자의 노래」는 시적 형식입니다. 하지만 논리적-아포리즘적-시적 표현 방식이 니체의 철학적 연대기를 대표한다고 보는 것은, 이 표현 방식이 이 시기 니체 철학의 기획을 반영하기 때문입니다.

청년 니체의 논리적 방식은 하나의 결론을 중심으로 주제를 집중시키는 서술 방식입니다. 논리적 방식은 철학의 일반적인 형식인데, 기성의 가치에 의존하여 철학을 했던 니체의 낙타 시대에 조응하는 표현 방식이지요. 이 시기 니체는 철학적 가치에 있어서나 표현형식에 있어서나 기성의 것을 따를 수밖에 없었기 때문입니다.

이행기 니체가 선택한 아포리즘 방식은 의미를 다양하게 발산하고 가치의 고정성을 해체하는 방식입니다. 이 파편적인 프래그먼트(fragment) 기술 방식은 내용의 집합적 순서나 논리적 연관은 없고, 텍스트들 간의 가족 유사성만 존재합니다. 아포리즘 방식은 기성의 가치와 대결하여 가치전환을 철학적 과제로 삼았던 사자 시대에 걸맞은 표현 방식이지요. 이때는 자기 가치를 주장하기보다는 기존의 가치에 의문을 던지고 지배 가치의 절대성을 흔들어 놓는 것이 무엇보다 중요했기 때문입니다.

이제 성숙기 니체는 시라는 방식으로 자기 철학을 표현합니다. 논리적 내지 아포리즘 방식은 기성의 철학에 의존하거나 그것과 대결해야 했던 반면, 시적 방식은 더 이상 기성의 철학이 아니라 새로운 철학에 의해 정의되는 표현 방식입니다. 시적 방식은 새로운 가치 생성을 철학적 과제로 삼았던 어린아이 시대에 적합한 표현 방식이지요. 새로운 가치의 창조는 그 표현에서도 예술적이고 창조적인 방식이 필요했기 때문입니다.

니체의 경우, 철학적 과제가 달라지면 철학을 표현하는 기술적 방법도 달라져야 했습니다. 왜냐하면 철학의 표현 방식에는 그것이 만들어 내는 효과로서 표현 방식의 의지가 작동하기 때문이지요. 따라서 기성의 가치를 비판하는 과제는 절대적 가치를 해체하는 기술로서 아포리즘이 필요했으며, 새로운 가치를 생성하는 기획은 완전히 새롭고 창조적인 방식인 시로 표현되어야 했습니다.

참고 문헌

1. 니체의 작품

『권력에의 의지』*Der Wille zur Macht*, 이진우 옮김, 휴머니스트, 2023.

『니체 대 바그너』*Nietzsche contra Wagner*, 백승영 옮김, 책세상, 2002.

『도덕의 계보』*Zur Genealogie der Moral*, 김정현 옮김, 책세상, 2002.

『바그너의 경우』*Der Fall Wagner*, 백승영 옮김, 책세상, 2002.

『선악의 저편』*Jenseits von Gut und Böse*, 김정현 옮김, 책세상, 2002.

『아침놀』*Morgenröthe*, 박찬국 옮김, 책세상, 2004.

『안티크리스트』Der Antichrist, 백승영 옮김, 책세상, 2002.

『우상의 황혼』*Götzen-Dämmerung*, 백승영 옮김, 책세상, 2002.

『유고』(1882년 7월~1883/1984년 겨울)*Nachgelassene Fragmente Juli 1882 bis Winter 1883~1884*, 박찬국 옮김, 책세상, 2001.

『유고』(1888년 초~1889년 1월 초)*Nachgelassene Fragmente Anfang 1888 bis Anfang Januar 1889*, 백승영 옮김, 책세상, 2004.

『이 사람을 보라』*Ecce homo*, 백승영 옮김, 책세상, 2002.

『인간적인 너무나 인간적인 I』*Menschliches, Allzumenschliches I*, 김미기 옮김, 책세상, 2001.

『인간적인 너무나 인간적인 II』*Menschliches, Allzumenschliches II*, 김미기 옮김, 책세상, 2002.

『즐거운 학문』*Die fröhliche Wissenschaft*, 안성찬 옮김, 책세상, 2005.

『차라투스트라는 이렇게 말했다』*Also sprach Zarathustra*, 정동호 옮김, 책세상, 2000.

2. 일반 단행본

『꽃들에게 희망을』*Hope for the Flowers*, 트리나 폴러스 지음, 김석희 옮김, 시공주니어, 2017.

『나는 바퀴를 보면 굴리고 싶어진다』, 황동규 지음, 문학과지성사, 1978.

『니체와 악순환』*Nietzsche et le cercle vicieux*, 피에르 클로소프스키 지음, 조성천 옮김, 그린비, 2009.

『니체와 철학』*Nietzsche et la philosophie*, 질 들뢰즈 지음, 이경신 옮김, 민음사, 2001.

『달몰이』*Le Meneur de lune*, 조에 부스케 지음, 류재화 옮김, 봄날의책, 2015.

『들뢰즈의 니체』*Nietzsche*, 질 들뢰즈 지음, 박찬국 옮김, 철학과현실사, 2007.

『불한당들의 세계사』*Historia Universal De La Infamia*, 보르헤스 지음, 황병하 옮김, 민음사, 2005.

『아직도 가야 할 길』*The road less traveled*, M. 스캇 펙 지음, 최미양 옮김, 율리시즈, 2023.

『안티 오이디푸스』*L'Anti-Œdipe*, 질 들뢰즈·펠릭스 가타리 지음, 김재인 옮김, 민음사, 2014.

『알렙』*El Aleph*, 보르헤스 지음, 황병하 옮김, 민음사, 2004.

『에티카』*ETHICA*, B. 스피노자 지음, 강영계 옮김, 서광사, 2007.

『위대한 작가가 되는 법』*How to be a Great Writer*, 찰스 부코스키 지음, 황소연 옮김, 민음사, 2016.

『의미의 논리』*Logique du sens*, 질 들뢰즈 지음, 이정우 옮김, 한길사, 2015.

『죽고 싶지만 떡볶이는 먹고 싶어』, 백세희 지음, 흔, 2018.

『카프카 전집 1-변신』*Die Verwandlung*, 프란츠 카프카 지음, 이주동 옮김, 솔출판사, 2007.

3. 영화·인터넷 자료

「나의 문어 선생님」My Octopus Teacher, 피파 얼릭·제임스 리드, 2020.

「밀크」Milk, 구스 반 산트, 2010.

「바람과 함께 사라지다」Gone With the Wind, 빅터 플레밍, 1939.

「소셜 딜레마」The Social Dilemma, 제프 올롭스키, 2020.

「아임 낫 데어」I'm Not There, 토드 헤인즈, 2007.

「어나더 라운드」Another Round, 토마스 빈터베르, 2022.

「엑스페리먼트」Das Experiment, 올리버 히르비겔, 2001.

「우리들」THE WORLD OF US, 윤가은, 2016.

「인간의 두 얼굴」, 3부 평범한 영웅, EBS 다큐프라임, 2008.8.13.

「컨택트」Arrival, 드니 빌뇌브, 2016.

「택시에서 써 내려간 2200명 승객들의 일기」, tvN 유 퀴즈 온 더 블럭, 2022.4.27.

「패터슨」Paterson, 짐 자무쉬, 2017.

「하비 밀크의 시간들」The Times of Harvey Milk, 롭 엡스타인, 1984.